U0148965

尋覓「新男性」

論五四女性小說中的男性形象書寫

廖冰凌著

現代文學研究叢刊

文史哲出版社印行

國家圖書館出版品預行編目資料

尋覓「新男性」：論五四女性小說中的男性
形象書寫 / 廖冰凌著. --初版. --臺北市：文
史哲, 民 95
　面: 公分 -- (現代文學研究叢刊；23)
　ISBN 957-549-674-4(平裝)

　1.中國小說 – 歷史 – 現代（1900-　　）2.
中國小說 – 評論
820.9708　　　　　　　　　　95010274

現代文學研究叢刊　23

尋覓「新男性」
論五四女性小說中的男性形象書寫

著　　者：廖　　冰　　　凌
出 版 者：文　史　哲　出　版　社
http://www.lapen.com.tw
登記證字號：行政院新聞局版臺業字五三三七號
發 行 人：彭　　　正　　　雄
發 行 所：文　史　哲　出　版　社
印 刷 者：文　史　哲　出　版　社
臺北市羅斯福路一段七十二巷四號
郵政劃撥帳號：一六一八〇一七五
電話886-2-23511028・傳真886-2-23965656

實價新臺幣三四〇元

中華民國九十五年（2006）五月初版

尋覓「新男性」：

論五四女性小說中的男性形象書寫

目　　錄

序一

以性別與女性主義文學批評研究
中國現代文學的新典範

—— 序廖冰凌《尋覓「新男性」：
論五四女性文學中的男性形象書寫》

王潤華（元智大學中語系主任）

一、越界跨國的文學解讀

我在《越界跨國文學解讀》（臺北：萬卷樓，2004）書中
指出，今天學術疆界消失在無國界的世界中。

這是一個大學沒有圍牆，學術無國界的新紀元。從全球化
的創新知識經濟來看，民族國家開始終結，我們生活在一個無
國界的地球村。不分國界的語言與思維的新典範（shifting
paradigm），改變了這個世界，尤其人類的思想概念。以中國
為中心及其他西方傳統思維與概念分析文學，不是唯一的一種
思維方式。

我所說的「越界跨國」，不單指跨越民族國家區域的界限，

也指跨越學科、文化、方法的、視野的邊界，同時也超越文本，進入社會及歷史現場，回到文化／文學產生的場域。有時也有必要打通古今，進出現代與古代之間，所以解讀的也包括現代與古典文學。中文演變成華文後，華文文學在世界各地蓬勃地發展，因此我們也要突破傳統中國文學的領域。種種跨越，為的就是要設法貼切的去解讀文學作品。

就因為這種趨勢的大改變，本書作者從馬來西亞受完高中教育，前往臺灣接受中文系的訓練，猶嫌不足，前往英國研習西方漢學（Sinology）與中國學(Chinese Studies)，後來再到東西交匯的新加坡國立大學完成博士論文。追求這種學術經驗的廖冰凌的第一本最有系統的著作，值得我們再三閱讀。

二、從區域研究到中國研究：超越傳統的詮釋模式

美國學術界自二次大戰以來，已開發出一條與傳統漢學很不同的研究路向，這種研究中國的新潮流叫中國研究或中國學（Chinese Studies），它與漢學傳統有許多不同之處。它很強調中國研究與現實有相關，思想性與實用性並重。強調研究當代問題時，跨越知識領域。中國研究是在區域研究（Area Studies）興起的帶動下從邊緣走向主流。區域研究的興起，是因為專業領域如社會學、政治學、文學的解釋模式基本上是以一種文明如中國或西方文明為典範而發展出來的，對其他文化所碰到的課題涵蓋與詮釋性不夠。對中國文化研究而言，傳統的中國詮釋模式是只用中國文明為典範而演繹出來的理論模式，如後殖民文學、女性主義文學、性別研究與文學問題，那是以前任何專業學科都不可能單獨涵蓋和詮釋的。在西方，特別是歐美，從中國研究到中國文學，甚至縮小到更專業的領

域，如中國現代文學或世界華文文學，都是在區域研究與專業研究衝擊下產生的多元取向的學術思考與方法，它幫助學者把課題開拓與深化，創新理論與詮釋模式，溝通世界文化。

　　瞭解世界學術思想的轉變，就容易閱讀廖冰凌的著述。

三、突破臺灣學術圍牆，到歐美尋求方法的突破

　　廖冰凌在馬來西亞出生和長大，完成中學教育，到臺灣政治大學讀中文系。後來再到英國愛丁堡大學亞洲研究院進修，研究中國現代文學，獲得碩士後，她申請新加坡國立大學為吸引全球年輕學術精英而設的優厚的研究生獎學金。我當時負責遴選中文系的獎學金，瞭解到這是一位難得的人才，便大力推薦而成功。留台大馬中文系學者，能突破臺灣學術圍牆，到歐美尋求方法的突破來研究中國現代文學者，廖冰凌是例外。其他人如李永平、林建國都是出身英文系。當我發現她在愛丁堡大學學的是女性主義文學批評、性別研究與中國現代文學，我很高興指導她寫這篇博士論文。唯一遺憾的是，在這篇論文整體完成後，未通過審查獲得學位前，我已轉任臺灣元智大學中語系教授兼主任。

　　我在〈重新解讀中國現代文學 —— 本土多元文化的思考〉一文中說過，馬來西亞的馬六甲應該被肯定為現代西方漢學研究的一個極重要的起點。英國漢學大師理雅各（James Legge）、馬禮遜（Robert Morrison）兩人，都是到了馬六甲的英華學院，其漢學研究興趣才開始，後來馬禮遜成為英國漢學最早的開拓大師，而理雅各成為英國牛津大學首任漢學教授。他們在東西文化交通要道上的中西文化交流經驗，建立起跨越國界的文化視野，這種突破傳

統思考方式去思考中國文化現象的多元性的漢學傳統，是新加坡與馬來西亞學者探討研究中國文化的重要傳統。可能是因爲這種傳統，馬來西亞出了好幾個大師級的學者，如研究海外華人史的王賡武教授與科技史的何秉郁教授。

在這種多元文化與國際視野環境中成長的廖冰凌，擁有非常可貴的文化資源與視野。譬如，在六十至八十年代，當臺灣各大學還嚴禁中國現代文學的教學與研究，甚至售賣、閱讀也查禁時，廖冰凌在自由開放的馬來西亞，自小便有機會熟讀這些書籍，再加上她遠赴女性主義文學批評與性別研究的重要發源地——英國深造。本書的研究證明她非常善用自己的文化資產來進行研究。

四、從性別與女性主義文學批評研究
中國現代文學的新典範

本書是目前以女性主義文學批評、性別研究來研究中國現代文學的一個新典範。作者以性別研究爲視角，探討五四女性文學中的男性形象。具體的分析主要是從小說文本著手進行解讀，同時結合女性主義文學批評、性別研究、西方男性研究觀點，以及五四歷史文化背景等多方面的研究工具和材料方法，嘗試跨學科綜合研究。這種跨越學科的研究方法正是我在《越界跨國文學解讀》分析西方現代文學研究新方向新發展所得出的結論。

如本書第一章所呈現，出身於中文系，精通中英文的廖冰凌，對西方理論第一手資料的掌握與瞭解，使她探討與分析問題時可說是左右逢源：

八十年代開始，性別研究（Gender Studies）已成為重

要的學術學科，強調重視不限於女性而是男女兩性的關
係課題研究。女性主義文學批評也同樣吸收了這種兼顧
兩性的性別理論，對過去所堅持的性別差異立場作出調
整，開拓了女性文學的批評與研究空間。從性別視角出
發探索文學中兩性關係的發展內容，以期闡釋出能產生
促進兩性和諧以及社會文明進步的意義，是筆者在進行
中國現代女性文學批評時所秉持的研究態度。

正由於女性主義運動熱潮洶湧，在文學研究裏，女性文學
批評變成時髦，許多研究對象和成果偏向女性課題，使得性別
研究幾乎被視為女性主義研究的同義詞。廖冰凌發現在中國現
代女性文學研究裏，女性主義研究和性別研究也因其有重迭的
領域而出現了相似的失衡現象 —— 男性性別研究乏人問津，現
代女作家文本中的男性人物通常被充當為解讀女性書寫和經
驗的反襯品。

本書尋找出的「新男性」，在文學、文化、政治上的意義
重大。當男性人物作為「被觀察者」和「被看者」，出現在新
女性文本中，與五四男性文學所體現的「新男性」—— 往往是
國家、民族、政治意義上的「新國民」、「新青年」形象 ——
很不同，五四女性文學中的男性形象，多是從性別範疇出發，
所營構的是性別意義上的「新男性」，強調了性別的「多元向
度之特性」。

五、從文學走向文化研究的新模式

本書作者不但開闢了以性別研究與新女性批評來研究中
國現代文學的新研究領域，更由於作者對五四女性文學文本中
的男性人物形象進行分析時，是從外在視覺形象、情慾心理、

家庭角色和工作事業等多個方面展開研究的，因此挖掘出許多新見解。譬如從平視、俯視、逼視、仰視的分析，發現五四女性文學所進行的男性建構，乃是女性關懷自己、關懷男性的慾望和情感投射之一，同時也發現男性情慾認知和實踐與民主化概念的關聯，以及男性的「新父親」角色內容等等。因此這本論文除了對文學有所貢獻外，對研究中國現代文化、社會、政治也帶來許多新的知識與見解。這是從狹窄而專精的文學分析研究，走向寬闊的中國學（Chinese Studies）所重視的現實性、實用性、文化思想性的探討。這樣的學術處理，現在通稱爲文化研究。

所以這是一本研究現代中國各個領域的學者都應該閱讀的好書。

序二

容世誠（新加坡國立大學中文系副教授）

　　冰凌的新書即將出版，希望我寫一篇序言。其實我當冰凌的論文導師，是有點「坐享其成」的。2002 年底系主任王潤華教授榮休，並赴臺灣出任元智大學文學院院長，由我接任冰凌的論文指導工作。當時冰凌的論文初稿已經接近完成，「性別研究」和「五四文學」又非我所長，在整個指導的過程中，我只能從論文寫作方法和文學理論的大原則上提供意見。我初讀冰凌的論文初稿，觀察到冰凌擅長「文本分析」，對於文學作品的藝術技巧和主題內容，有十分細緻深入的討論。在這個基礎上，我建議冰凌不妨把詮釋的視野擴大，將她所提出的五四的「尋覓新男性」現象，放回當時的社會文化脈絡來觀察。冰凌接受了我的意見，到圖書館閱讀了一大堆文學社會學和近代物質文化史的中外專著。

　　提到西方文學訓練，冰凌在英國愛丁堡大學深造，對當代文學理論和西方漢學有透徹的理解。另外，冰凌畢業於臺灣政治大學中文系，受過深厚的傳統國學訓練。冰凌所具備的跨越中西學術背景，和我們中文系強調的「貫通東西學術，涵融多元視角」教研方向，十分配合。在這種優越條件底下，冰凌能夠游刃於抽象的外文理論和浩瀚的典籍文本之間，能夠掌握理論而不囿於理論，立足於堅實材料以尋求現代詮釋，從一個跨學科的視角體察當代中國文學的不同課題。這種貫穿傳統現代，開放而務實的研究態度，一直都是我們對研究生的期盼。

　　現欣見冰凌學有所成，更將博士論文修改增飾出版，在忙碌中欣快地寫下這篇短序，作為冰凌新書面世的祝賀。

2006 年 4 月 24 日於新加坡國立大學中文系

第一章　緒　論

　　五四女性小說是五四時期一批女作家的白話文學作品。目前，有關這些女性文學作品的研究和批評狀況面臨了失衡現象，即偏向粹純以女性爲焦點的研究視角，如：女性人物形象、女性問題之探討，而文本中的另一性之存在意義則明顯受到忽略。本論文意欲挖掘五四女性小說中男性形象的呈現面貌，並分析其中的特殊意義與不足之處，以期跨越趨向以女性人物形象爲研究對象的偏頗現象，爲中國現代女性文學批評提供新的解讀視角和意蘊。特別是這些男性形象揭示了女性文學文本中的「尋覓『新男性』」現象，以及有關男性性別建構的書寫成果。本論文將以性別爲視角，探討男性形象和五四女性小說的關係。具體的分析主要是從文本著手進行解讀，同時也結合女性主義文學批評、性別研究、西方男性研究觀點，以及五四歷史文化背景等多方面的研究工具和材料方法，嘗試跨學科綜合研究。

第一節　研究概況與問題緣起

　　首先從女性主義文學批評和中國現代女性文學研究的發展現狀談起，說明兩者的研究概況和影響關係，以及本研究的問題緣起和題目確立。

一、女性主義文學批評的發展現狀

女性主義文學批評興起於六、七十年代的歐美，主要以女性爲中心研究文學文本、女性文學和西方文化傳統。女性主義文學研究可以上溯至二十年代時英國女作家 Virginia Woolf 所發表的 *A Room of One's Own*（《自己的屋子》），提出女性應爭取自己的書寫權力、文學空間、獨立的經濟和社會地位。[1] 之後再有法國作家 Simone de Beauvoir 的名著 *The Second Sex*（《第二性》），認爲女性性別是形成的，而且一直被視爲劣於男性，是男性的「他者」，是社會中的「第二性」。[2] 而男性文學中的女性形象正說明了男性統治和虛構女性的事實。到了六、七十年代，隨著婦女解放運動的風起雲湧，女性與文學的關係發展更爲成熟豐富。

在紛紜的觀點意見當中，英美派與法國派是最具代表性的兩支流派。它們之間的差異正如 Elaine Showalter 所說，「英國女權主義批評基本上是馬克思主義的，它強調壓迫；法國女權主義批評基本上是精神分析學的，它強調壓抑；美國女權主義批評基本上是文本分析式的，它強調表達。然而，它們都是以婦女爲中心的文學批評。」[3] 英美派女性主義文學批評的發展基本上強調女性經驗和文本批評，努力從女性主義角度解釋女作家、作品的意涵。早在六十年代末時，英美派所進行的女性文學批評採用了「雙性同體美學」標準，其實也就是男性審美標準，但經過七十年代女性主義批評揭示了男性文化的權威後（重要的著作如 Kate Millett 的 *Sexual Politics*《性別政治》[4]），英美派便

---

1 Woolf, Virginia, A Room of One's Own (1929) (London: Hogarth, 1931/1935).

2 Beauvoir, Simone de, The Second Sex (1949) (London: J. Cape, 1953).

3 Showalter, Elaine, "Feminist Criticism in the Wilderness," in Elaine Showalter, ed., The New Feminist Criticism: Essays on Women, Literature, and Theory (New York: Pantheon Books, 1985), pp. 248-9. 原載期刊 Critical Inquiry , 1981: 8, 頁 243-270。

4 Millett, Kate, Sexual Politics (New York: Ballantine Books, 1970).

從一般的文學文本（主要是男性文學作品）之女性形象研究轉向以女性作家、作品爲研究對象的新階段，著重發掘女作家、作品的女性意識和審美體驗，以期建立屬於女性自己的文學傳統。其中，英國女性主義批評又傾向於以馬克思主義理論來進行批評，强調社會性別與階級之間的關係。此外，性別理論也是英美派女性主義批評在七十年代中末期開始生發的理論，針對文本中的性別建構方法和表述問題展開研究。與英美派相比較，法國派最大的特點在於側重理論、語言、哲學和心理分析的研究，而不是對作家、作品的實際研究。法國派受後結構主義和心理分析學的影響，並大量吸收西方哲學和文學的各種話語系統，再從中分析女性課題。

　　不管怎樣，女性主義文學批評的目的基本上是爲了要解構男權中心、反抗父權制度，建立女性的閱讀、寫作與批評系統。[5] 然而，隨著七十年代中旬學者們陸續對純女性的研究視角產生質疑，形成了從「以女性爲中心」轉向以「社會性別爲中心」的研究趨勢。如：Gayle Rubin 便首先提出「性／社會性別制度」的概念[6]，Natalie Davis 也認爲以女性爲限的研究是不足够的，應該注意兩性和性別群體在不同社會、不同階段中的性別角色和性徵之演變。[7] 八十年代開始，性別研究（Gender Studies）已成爲重要的學術學科，强調重視不限於女性而是男女兩性的關係課題研究。女性主義文學批評也同樣吸收了這種兼顧兩性的性別理論，對過去所堅持的性別差異立場作出調整，開拓了女性文學的批評與研究空間。從性別視角出發探索文學中兩性關係的發展內容，以期闡釋出能產生促進兩性和諧以及社會文明進步的意義，是筆者在進行中國現代女性文學批評時所秉持的研究態度。

---

5 朱棟霖 主編《文學新思維》（上卷）（南京：江蘇教育，1996），頁 241。

6 Rubin, Gayle, "The Traffic in Women," in Reiter, Rayna R. ed., Toward an Anthropology of Women (New York: Monthly Review Press, 1975), p. 159.

7 Davis, Natalie, "Women's History in Transition: The European Case," Feminist Studies, No. 3 / 4 (Winter 1976), p. 90.

二、「莎菲」窠臼：

中國現代(五四)女性文學研究的失衡

　　儘管在七十年代，美國學者提出了性別研究，目的是從社會性別角度重審婦女受壓迫的問題，以加強對婦女經驗和性別課題的關注。但由於女性主義運動熱潮洶湧，許多研究對象和成果依舊偏向女性課題，使得性別研究幾乎被視爲女性主義研究的同義詞。而其另一項重要目標——重新審視包括男女兩性的性別（gender）——則明顯受到冷落，這造成一種偏頗的研究現象。實際上，性別絕非也不應是單數的，性別基本上就包含男女兩種性／別。在中國女性文學研究方面，女性主義研究和性別研究也因其有重迭的領域而出現了相似的失衡現象——男性性別研究乏人問津。而筆者所關注的是中國現代女性文學研究（1919－1949）的發展狀況，尤其是五四時期（1917－1937）的女性文學研究，因爲這塊耕地也面臨了同樣的失調問題。

　　中國現代女作家和作品的誕生與五四運動、五四新文化運動休戚相關，沒有這兩者所掀起的反封建傳統、提倡新文化、解放婦女等多項文化和社會改革，便難以造就這批中國文學史上真正意義的女作家、作品。當時重要的女作家如，陳衡哲（1893－1976）、盧隱（1898－1934）、冰心（1900－1999）、馮沅君（1900－1976）、蘇雪林（1897－1999）、丁玲（1904－1986）、凌叔華（1900－1990）等等，她們的作品大都以新舊交替社會爲背景，故事主題則多以女性爲中心，描寫她們在新舊文化、思潮和社會變動的歷史情境下，如何重新審視家庭、婚姻、愛情和理想，以及最重要的是：女性的自我定位和身心解放問題。著名的作品有如，盧隱《海濱故人》（1923）、冰心〈兩個家庭〉（1919）、丁玲〈莎菲女士的日記〉（1928）、馮沅君〈隔

絕〉（1924）、蘇雪林《棘心》（1929）、凌叔華〈繡枕〉（1925）、
謝冰瑩《從軍日記》（1928）等，在當時的文壇上都引起了很大的反
響。由於這批女作家和作品別具革命性的意義和時代特色，因此在日
後被統稱爲五四女作家、作品。[8]

　　五四女作家的重要性在於她們象徵了中國女性首次主動爭取書寫
權力並獲得外界的認可，她們的作品因而是具有歷史性的研究價值
的。在二、三十年代時，文壇上就已經出現了有關五四女作家、作品
的系統化介紹和專著研究，如：譚正璧的《中國女性的文學生活》（即
後來的《中國女性文學史》）、阿英（黃英）的《現代中國女作家》、
賀玉波的《中國現代女作家》、草野的《中國現代女作家》、黃人影
編的《當代中國女作家論》，以及張若谷的專論文章系列《中國現代
的女作家》等等。還有其他衆多的單篇文章，都是討論當時的女作家
和作品的，如茅盾的〈冰心論〉、〈女作家丁玲〉。這些研究基本上
圍繞著五四時代的主題（如五四運動、五四新文化運動、文藝大衆化
等等）來解讀五四女作家、作品。八十年代以前，有關這些女作家、
作品的研究論著，依然有增無減，當中還吸引了外國學者的參與。然
而，真正形成一股中國女性文學的研究風氣，要到八十年代以後。這
主要是因爲受到西方婦女解放運動和女性主義文學批評的影響。重要
的專著有：殷國明、陳志紅合著的《中國現當代小說中的知識女性》[9]
（1990）、喬以鋼的《中國女性的文學世界》[10]（1993）、劉思謙的
《「娜拉」言說——中國現代女作家心路紀程》[11]（1993）、吳宗蕙

---

8 將五四時期的女作家和作品冠上「五四」名稱的做法可見於：李玲〈重返社會公共
　生活領域——「五四」女性文學研究之一〉，《漳州師院學報》，1998年第3期，
　頁36-42，及頁107；陳寧〈簡論「五四」女作家小說的敘事特徵〉，《天津大學
　學報》，2001年12月，第3卷第4期，頁282-6；徐岱〈民國往事：論五四女性
　小說四家〉，《杭州師範學院學報》，2001年第5期，頁1-8，等等。
9 殷國明、陳志紅合著《中國現當代小說中的知識女性》（廣州：廣東高等教育出版
　社，1990，初版）。
10 喬以鋼《中國女性的文學世界》（武漢：湖北教育出版社，1993，初版）。
11 劉思謙《「娜拉」言說——中國現代女作家心路紀程》（上海：上海文藝出版社，

的《女作家筆下的女性世界》[12]（1995）、盛英主編的《二十世紀中國女性文學史》[13]（1995）上、下卷，以及閻純德的《二十世紀中國女作家研究》[14]（2000）等。至於相關的文章方面，更有許多對這批女作家或作品的個別評論發表，或者以整個女作家群爲研究焦點的也有。總體而言，這些論著與西方女性主義文學批評的發展步調很相似——主要以女作家本人和作品中的女性形象爲研究對象，進而漸漸注意到性別研究視角的運用。例如：孟悅、戴錦華合著的《浮出歷史地表——中國現代女性文學研究》[15]（1989）、林丹婭的《當代中國女性文學史論》[16]（1995）、周蕾的《婦女與中國現代性——東西方之間閱讀記》[17]（1995）、〔英〕Tani Barlow 主編的 *Gender Politics in Modern China: Writing and Feminism* [18] (1993), 〔美〕Wendy Larson 的 *Women and Writing in Modern China* [19] (1998)等等，都開始嘗試以性別的角度分析中國女作家、作品，然而這顯然是不夠的。

如此，中國現代女作家、作品研究領域目前仍然呈現了不平衡的研究現象：大部份的論著都開宗明義地採用女性主義理論作爲研究方法，有小部份學者從性別視角進行分析，但總體而言，研究焦點依然凝聚在女作家、其作品中的女性話語，或作品中的女性人物身上。其中的原因可歸爲以下幾點：一、現代女作家在中國女性文學史，以及

1993，初版）。

12 吳宗蕙《女作家筆下的女性世界》（北京：首都師範大學出版，1995，初版）。

13 盛英 主編《二十世紀中國女性文學史》（上下卷）（天津：天津人民出版社，1995）。

14 閻純德《二十世紀中國女作研究》（北京：北京語言文化大學出版社，2000）。

15 孟悅、戴錦華合著《浮出歷史地表：中國現代女性文學研究》（臺北：時報文化，1993）。

16 林丹婭《當代中國女性文學史論》（廈門：廈門大學出版社，1995，初版）。

17 周蕾《婦女與中國現代性——東西方之間閱讀記》Women and Chinese Modernity: The Politics of Reading between West and East （臺北：麥田出版社，1995）。

18 Barlow, Tani E., ed., Gender Politics in Modern China: Writing and Feminism (Durham and London: Duke University Press, 1993).

19 Larson, Wendy, Women and Writing in Modern China (Stanford, California: Stanford University Press, 1998).

以男性為主導的知識界、文學界上，是首批得到正式認可的重要先峰，其研究意義之非凡不言而喻。二、現代女作家作品當中自我抒情、自我叙述和女性意識的表現居多而且出色。譬如冰心對母愛的款款表達，廬隱、丁玲等對五四女青年的苦悶心理之剖白，都極為扣人心弦。這也是大部分男性作家因寫作性別的障礙而難以達致的成就。三、現代女作家作品中的女性人物書寫遠比男性人物來得多，來得深刻，更重要的是具有代表性。信手拈來的例子便有丁玲的莎菲女士（〈莎菲女士的日記〉）、廬隱的露沙們（《海濱故人》）、馮沅君的繼華（〈隔絕〉），等等。反觀能引起注意的男性人物則寥寥無幾，充其量是冰心的化卿先生（〈斯人獨憔悴〉）或丁玲的凌吉士（〈莎菲女士的日記〉）。因此，歷來的學者們側重於研究女作家本身和她們文本中的女性叙述、課題、人物，或以女性主義的方法研究之，實是最自然也最合適不過的，而且這些學者的輝煌成績亦是有目共睹的。

　　然而這也形成筆者的問題意識所在了：男性人物形象是否因為代表性不如女性人物而當真研究價值卑微？男性人物形象在現代女作家作品中受到邊緣化處理的現象是否遭到誇大？也因此，就連在女性文學批評的領域裏，文本中的男性人物只能充當作解讀女性書寫和經驗的反襯品？簡而言之，現代女作家、作品的男性人物形象是否有其特殊的意蘊所在？

　　提出這些問題，筆者並無挑戰女性主義學說之意，僅欲從另一個角度來看待這批女作家的作品，即是從她們筆下的男性角色入手，討論男性形象在女性文學作品中的呈現和意義，以及女作家如何觀察、表現男性，並對男性作出怎樣的批判性評價。

　　目前，有關中國現代女作家研究的眾多著作和評論文章裏，以男性人物形象為切入點來進行探討的並不多。

　　（一）在成書方面，與文學中男性人物有直接關係的著作有：范

揚的《陽剛的隳沉：從賈寶玉的男女觀談中國男子氣質的消長軌迹》[20]（1989）、謝鵬雄的《文學中的男人》[21]（1992）、李碧華的《中國男人》[22]（1993）、易中天的《中國的男人和女人》[23]（1998）、黎活仁《林語堂和簡媜筆下的男性與女性》[24]（1998）、聶石樵主編的《古代文學中人物形象論稿》[25]（2000）、鄒平的《閱讀男人：文學百雄批評》[26]（2001），以及李仕芬的《女性觀照下的男性——女作家小說析論》[27]（2000），但都沒有涉及到現代女作家、作品的研究。還有一些編撰性質或非正式研究的著作，如：馬玲編的《名家談男人女人》[28]（1995）、倪文杰、李本剛、汪澎主編的《最佳男性描寫辭典》[29]（1993）。劉慧英著的《走出男權傳統的樊籬——文學中男權意識的批判》（1995）中，有兩節的內容是屬於較針對性的討論（第二節：從渲泄自我到自我的隱匿，第三節：「上帝死了」——「男子漢」在女性理想中消退），但也主要以當代女性文學為研究對象。[30] 另外王德威的《如何現代、怎麼文學？》（1998）中也有一小節談到父親角色——〈叫父親，太沉重？——父權論述與現代中國小說敘述〉。[31] 還

---

20 范揚《陽剛的隳沉：從賈寶玉的男女觀談中國男子氣質的消長軌迹》（北京：國際文化出版社，1989）。

21 謝鵬雄《文學中的男人》（臺北：九歌出版社，1992）。

22 李碧華《中國男人》（香港：天地圖書出版社，1993）。

23 易中天《中國的男人和女人》（北京：中國文聯出版社社，1998）。

24 黎活仁《林語堂和簡媜筆下男性和女性》（臺北：大安出版社，1998）

25 聶石樵主編《古代文學中人物象論稿》（北京：北京師範大學出版社，2000）。

26 鄒平《閱讀男人：文學百雄批評》（上海：上海學林出版社，2001）。

27 李仕芬《女性關照下的男性——女作家小說析論》（臺北：聯合文學出版社，2000）。此為李仕芬的博士學位論文，論文題目原為「臺灣當代女作家小說中的男性角色」（"The Male Characters in the Fiction of Contemporary Chinese Women Writers"）（香港：香港大學出版社，1997）。

28 馬玲　編《名家談男人女人》（成都：成都出版社，1995）。

29 倪文杰、李本剛、汪澎主編《最佳男性描寫辭典》（北京：中國國際廣播，1993）。

30 劉慧英《走出男權傳統的樊籬——文學中男權意識的批判》（北京：生活·讀書·新知三聯書店，1995，第1版）。

31 王德威《如何現代，怎樣文學？——十九、二十世紀中文小說新論》The Making of the Modern, The Making of a Literature: New Perspective on 19th- and 20th-Century Chinese Fiction （臺北：麥田出版，1998，初版）。

有林幸謙的《張愛玲論述：女性主體與去勢模擬書寫》也有相當部分的男性人物分析。[32] 但這些都仍然與現代（尤其是五四）女性文學無太大關聯。

（二）在單篇的評論文章方面，注意到女作家筆下男性角色的學者反倒有日漸增多的趨勢，如：萬直純〈女性尋找：自我世界・男性世界・整個世界——從丁玲創作看現代中國女性的精神歷程〉（1992）、劉曉南〈試論張愛玲筆下的男性形象〉（1996）、劉愛華、〈女性關懷與男性批判——梅娘小說創作論〉（1998/1999）、常彬〈作者情感態度的男性世界——張愛玲小說論〉（2000），以及蘇桂艷〈女性寫作的男性化敘述——論丁玲二十世紀 30 年代的男性觀〉（2002），等等，以上所列文章的研究內容雖然涉獵女作家或作品中的男性人物形象，但都屬於零散不成系統的個別作家或作品研究。鄭明娳〈當代臺灣女作家散文中的父親形象〉（1992）、丘貴芬〈性別／權力／殖民論述：鄉土文學中的去勢男人〉（1993）、李仕芬〈男人的恐懼——臺灣女作家小說一探〉（1999）、〈軟弱與挫敗——女性小說中的男性〉（1998），等等，主要以臺灣文學為研究中心。這些評論文章雖然從各個方面對女性文學中的男性形象進行分析，但針對五四女性小說研究範疇的宏觀探討仍是貧乏的。

（三）至於國內外的學位論文方面，除了李仕芬所撰的博士學位論文「臺灣當代女作家小說中的男性角色」外，另有鍾雪萍 Zhong, Xueping 的 "Representing Chinese Men: Male Subjectivity and Issues of Modernity in Contemporary Chinese Literature" (Ann Arbor: Mich: UMI, 1994)，以及宋耕的"The Fragile Scholar: The Construction of Masculine in Traditional Chinese Romances and its Cultural Constituents" (Hong Kong: Hong Kong University, 2000)，分別研究臺灣當代女作家作品、

---

32 林幸謙《張愛玲論述：女性主體與去勢模擬書寫》（臺北：洪葉文化事業有限公司，2000）。

中國當代文學和中國古代文化中的男性，這都不包括五四女作家、作品的研究。

綜上，我們可以看出無論是廣義上的現代女性文學或是指定性的五四女作家、作品之研究現狀，都顯示了學者們對女作家作品中男性形象的忽略，以及這個研究領域的有待加強發展。

三、確定研究題目

基於中國現代女作家、作品的研究失衡現象 —— 偏向以作品中的女性形象爲研究焦點，以及有感於性別視角所可能提供的突破性嘗試，筆者決定結合兩者作爲本論文的研究方向，即「**五四女性小說中的男性形象書寫**」。

五四女性小說指因應五四新文化運動而生，以白話文從事文學創作的女作家群的作品，所研究的作品形式基本上以小說爲主。至於時限的劃分，首先，本論文所謂的「五四」主要是用以概括一個時代，即與五四運動和五四新文化運動前後相連，歷時二十年的時段。[33] 其次，考慮到陳衡哲在 1917 年便寫了中國白話文學史上第一篇白話短篇小說《一日》，登在《留美學生季報》上，故以 1917 爲五四女性小說的下限。再者，由於 1937 年抗日戰爭爆發以前的白話文學最能體現「五四」精神，故以此爲上限。[34]

「五四」作爲一個概括而籠統的常用特別名詞，基本上擁有兩重意義。它除了是一場發生在 1919 年 5 月 4 日的愛國救亡之政治運動

---

33 關於「五四」的年代劃分，有多種說法。從五四精神和意義方面作考量的話，筆者認爲「五四」最具代表性的時序劃分是 1917-1937 這二十年，因爲這時段最接近而且概括五四運動和五四新文化運動的濫觴期、發展期和成熟期。因此，在這期間出現的女作家和作品自然也最能凸顯當時的時代特色。

34 追求科學與民主，自由、平等和解放的「五四」精神，在 1937 年以後仍有延續。只是因爲各種因素而有極複雜的演變，使「五四」精神的表現較不鮮明。本論文以 1937 年爲「五四」時段的上限，並非意味著之後的時間裏，五四精神便消聲匿跡或蕩然無存。

外，同時也指之前便開始醞釀，再伴隨此政治事件而臻至高潮，並在日後產生重大影響的新文化運動。因此，這裏所言的「五四」是一段歷史時間的簡稱，在這段期間，愛國圖存、振興國民是其政治思想上的特色，而反封建、反孔教、反迷信，提倡新文學新道德、科學民主、個性解放和婦女解放，則是文化思想方面的特色。在五四後期，馬克思主義的影響又造就了另一番景觀，即強調階級解放和社會改革的現象。

　　如此，五四時代一方面提供了當時人一個革命性的，也是走向現代化的歷史、社會和文化條件，讓他們不約而同地對新、舊思想文化進行多面向的反思和調整。在受到置疑的種種傳統價值觀裏，其中要求婦女解放、男女平等的思想和運動，大大刺激了當時的青年男女，並使他們首次從「人」的角度詮釋兩性關係和處境，這是長期以男尊女卑爲主導觀念的中國文化現象裏所未曾發生過的。另一方面，到了五四後期，馬克思主義思想的強勢力量又將人們的性別觀引向社會階級層面的認識。五四人對兩性的重新認識以及他們在性別角色上的變遷反映在各個領域裏，如：文學文藝、思想言論、生活習慣、衣食住行等，這些領域不但記載了五四人的性別觀之變奏，同時也是後人觀察中國兩性在綫性發展過程中的重要綫索。　基於五四時代這些東西文化碰撞交滙、新舊秩序紊亂相競的特殊背景，筆者相信選擇研究這個時代的性別內容是有其特殊意義和收穫的。本論文的研究主題便是在這樣一個特定的歷史和文化背景中進行的。

　　本論文的研究焦點是五四女性小說作品中的男性人物形象。所謂的形象，本義指肖像、影像、映像。初用在造型藝術上，爲視覺形象，若運用在文學上，則常指敘事作品中的人物，並且延伸到形象。在此，筆者除了對五四女性小說中男性人物形象的視覺圖像進行分析外，同時也關注人物形象的形象意涵。

　　至於「尋覓『新男性』」，則是本論文試圖說明的，發現自五四

女性小說中男性形象書寫的一種（主題）現象。本論文試圖通過此一現象闡明五四女性小說中的男性形象之意義，以解決筆者所發出的疑問：女作家、作品的男性人物是否因爲他們的代表性不如女性人物而當真研究價值卑微？男性人物形象在現代女作家作品中受到邊緣化處理的現象是否遭到誇大？在女性文學批評的領域裏，文本中的男性人物是否僅是供作解讀女性書寫和經驗的反襯品？

第二節　「尋覓『新男性』」

「尋覓『新男性』」是本論文發現自五四女性小說中男性形象書寫的一種精神現象。本論文試圖通過此一現象闡明五四女性小說中的男性形象之意義，並特別強調：他們所體現的性別意義上的男性形象內容，揭示了五四女性小說書寫建構男性性別的實踐經驗與成果。這一節將針對此中心議題，分別從以下幾個方面進行說明：一、何謂「尋覓『新男性』」；二、五四女性小說文本中的「尋覓『新男性』」；三、歷史與文化背景中的「尋覓『新男性』」。最後，闡明本研究的意義所在。

一、何謂「尋覓『新男性』」？

本論文所謂的「尋覓」主要是指出現在文學文本中的一種精神現象之象徵詞（如：尋覓精神家園、尋根、尋父），至於作者或隱含作者是否表現出這種「尋覓」情感、意圖，則是作爲輔佐論證的副軸。這是因爲表現這種慾望式的精神現象之媒介是文字文學，這種尋覓意圖便是經由想像的活動和書寫的方式來進行和展現的，因而也就與作者或隱含作者脫離不了關係。

而所謂的「新男性」，「新」在此處的解釋並非純粹強調其與「舊」

的對立面，或專指過去所未曾出現、發生或經驗過的，稱之爲「新」。本論文所定義的「新」，一方面包含了所謂「舊」的對立面意義，即過去所未曾出現、發生和經驗過的事物、現象、理念，但另一方面則更強調其轉變、變化、調整這些層面的意義。也即是說，「新男性」並非刻意特指在過去從未出現過的一群，而且這種情況也是不可能發生的，因爲所有的現象之發生必定有其衍生和演變的過程，不可能在某個特定的時間和空間裏突然就冒起一批具有完全異於「舊」的「新」的意涵之男性群體。五四時代的男性也一樣，他們也是經歷了時代變遷的長期洗刷後才成形的。在內文中，筆者把五四女性小說中的男性形象簡稱爲五四男性，是因爲這群人物形象同是產生於五四此一特定的時代文化和環境社會，因此，他們之所以「新」，並非他們從未在中國男性史上或文學人物史上出現過，而是他們身上的某些特質在「五四」這段特殊的時段裏同時出現在女性作家作品裏，這些特質當中有些部份是過往所未曾出現（如：受西方文化影響而產生的改變）、或被忽略壓抑、或未被認可和充份發揮的（如：陰柔屬性的地父角色）。將這些共通點和相似處集合起來，便可以看到在「五四」這樣一個具革命性意義的時代裏，女性知識份子的男性觀之變遷。如此，也可以看到當時男性的生存狀態有何變化之處。「新男性」是指五四這個特定時段裏，女性文學中男性人物形象的變化，其意義有兩個方面：一是人物形象本身的意涵，即體現在特定的五四歷史、社會和文化氛圍裏的男性面貌；一是人物的表現形態，即人物形象與作家之間不可免避的連帶關係，程度不同地反映作者的性別觀和性別意識，也是女性經驗的一種傳達。

　　總而言之，「新男性」的「新」具有一方面挖掘其「新穎」之處，一方面強調其「調整」、「改變」的雙重意涵，因爲：一、這些男性人物所「新」之處，是有前迹可尋的，從這點來說，不完全新奇，「新」的意義在這裏是指一種變遷、轉變；二、這些男性人物又確實有異於

過去的「新」處，從這點上看，他們是有新意的。

二、五四女性小說文本中的「尋覓『新男性』」

在五四女性小說中多元化的男性形象意蘊裏，我們可以追蹤到一種貫穿其中的微妙情結，即「尋覓『新』男性」的精神現象。「尋覓『新男性』」現象是指女性基於某些原因，對男性生存狀況的發展面貌和變遷可能進行關注性的觀察、思考和想像，然後以形象書寫的方式再現所得感知。儘管筆者發現這種心理、精神現象在文學創作內容中（橫綫性、同時空）重複出現，並且具有相似性，可考慮歸入文藝創作上所謂的主題範圍 。[35] 但不可否認的是，這種現象的呈現狀態是朦朧而良莠不齊的，嚴格說來談不上真正意義上的主題，只能說是「尋覓『新男性』」此一主題的萌芽期。而本論文正是試圖把這種曖昧的現象具體化，以證明其在五四女性小說文本中的存在價值與意義。五四女性小說中的男性形象是有著開闢先鋒的啓蒙意義的，他們是首批出現在中國女性白話文書寫文本裏，並體現一定意義上的「尋覓『新男性』」（主題）現象的男性形象。

在現、當代文學的發展領域裏，「尋覓『新男性』」是個有傳承性的書寫現象。而五四文學可說是此一書寫現象集體化出現的文學階段，這與當時人沸騰的人文關懷與救國濟民之情感願望有關。這以後，我們還可以在現、當代文學裏看到「尋覓『新男性』」的痕跡，如：五、六十年代的「高、大、全」式英雄形象，或八十年代的「男子漢」理想男性。然而，「尋覓『新男性』」現象一直沒被正視的主要原因是，與近代中國歷史政治需求的重要性相比較，性別課題往往被置放於次位。就五四時期的「尋覓『新男性』」現象而言，「人的發現」

---

35 對於主題的界定，本論文採取保守的詮釋，視之為「文本通過形象或形象體系傳達出來的某種審美意識」。

是五四時代的核心精神主題，這是由於五四一代的知識份子一方面有感於國家命運和國民素質的堪憂，一方面受西方思潮影響，而以人爲本所發出的人文關懷，希望可以實現「救亡圖存」的願望。在文學領域裏，這種以人爲本的書寫原則，除了落實到男性文學創作外，同時也落實到五四女性小說文本中。

自晚清開始至五四時代，因人文主義思潮和婦女解放運動的影響，促使當時衆多知識份子重新審視女性的性別意涵，造就了中國現代文學中的「中國娜拉」、「子君」、「莎菲」、「陳白露」等等的「新女性」形象。但男性却因爲長期以來不需要面對刻意確立和認同自身性別的問題，而只有性別姿態上的問題，因此婦女解放運動雖然刺激了男性對女性性別身份的認識和探知，但男性本身的性別內涵却未被置於性別的位置上重估，而是繼續與國家民族的命運和理念相結合來發展。因此，五四時期的大部份男性知識份子的「尋覓『新男性』」動作，主要是建立在改造國民和培育新青年的基礎上，嚴格說並非在尋覓「新男性」，而是在找尋男性「新國民」或男性「新青年」。也即是說，這些男性人物大多只體現了某個特定層面（國家、民族、政治、階級）的內容，而往往忽略了性別層面的男性意涵。例如：郁達夫〈沉淪〉裏的男主人公雖然有大量的情慾表現，但其真正主旨是爲了反映中國當時的國家命運與民族愛國情緒。魯迅〈傷逝〉裏的涓生，儘管也表達了男性對新式愛情和婚姻生活的感受、態度，但其出發點也是傾向於對培育新青年的思考方向。甚至是《阿 Q 正傳》裏的阿 Q，其對小尼姑和吳媽的調戲、求愛，也主要是爲了揭示中國民族的國民性之愚昧與無知。如此可以看到，真正從性別的角度探討五四男性的生存狀態與變遷內容的形象書寫，是很少出現在當時的主流文學當中的。

作爲一種性別群體的代言人「第一次」「浮出歷史地表」[36]，五

---

36 孟悅、戴錦華合著《浮出歷史地表：中國現代女性文學研究》（1993）。

四女作家湧躍於書寫自身的生活閱歷和生存體驗。這種具有女性主體意識覺醒意義的書寫慾望集體出現在五四文壇上，並排山倒海地傾注於中國女性生存狀態的題材表現。因此，我們最明顯看到的創作現象是：女作家對書寫女性題材的熱衷。從大量有關五四女作家、作品的研究著作，我們可以證明這時期「女性書寫女性」的慾望和實踐是備受肯定的事實。然而，「女性書寫男性」此一說法，又有何依憑呢？

首先，女性對男性的書寫慾望源自於一份五四人所共有的人文關懷情感。既然人文關懷是人類對人的生命和生存狀態的關心注意，那女作家所要關懷、所要書寫的對象就不可能僅限於女性。而且，人文關懷的大前提是為了改善人類的生存處境，那組成人類社會的兩大性別──男性和女性──當然也就是互涉互鑒、密不可分的關係了。我們因此有理由相信女性課題絕非五四女作家所唯一關注的，而是應該也包括了對異性的現代化變奏進行留意的觀察。

其次，這種書寫慾望仍舊與女性首次作為獨立意義上的創作主體有關。儘管五四女性小說出現了以女性形象、女性題材為主的書寫現象，但這並不代表男性形象、男性題材便完全在文本中缺席。在明清以前，由於女性的生活經驗、行動視野的範圍受到限制，女性知識份子鮮少以男性為書寫對象。即使有，也偏向以認同既有的男性審美標準進行創作，如歌頌忠義孝悌之士或明君賢臣之類的男性。真正以女性視角去觀察和理解男性，再以自覺的創作主體身份去書寫男性，表現出現代性、開放性、獨立性意涵的書寫慾望者，總體來說是很稀少的。（除了極少數的幾位特例，如李清照外。）至於明清以後女作家、作品的劇增現象，雖然在個別的不同程度上表現了女性渴求擁有知識書寫權力的慾望，但在自主意義上的書寫男性慾望來說，是比不上五四女作家、作品所呈現出來的爆發力的。

相對而言，書寫男性的現象表現在五四女性小說裏是強化了許多的。如：不少出自女性之手，關心男性青年的精神困境之問題小說便

是很好的例證。這種書寫男性的慾望說明女性對客觀世界的認識範疇之擴大，尤其是解除了男女界線的封建禁忌，從而掌握了創作者應有的主體意識，自主、主動地選擇自己所要表達的訊息，並營造承載這些來自女性創作主體本身的訊息之對象：男性形象。從這個層面來說，書寫男性的慾望泉源與五四女性自身的意識覺醒，以及把握知識書寫權力的內在動因息息相關。

女作家對「新男性」有通過「想像」來「書寫」的「慾望」，其（慾望）性質是以「人文關懷」爲出發點的。也即是說，基於人類（女性）對人類（男性）存在狀態的關懷情感和慾望，女作家將這種關懷情結透過想像的思維活動和書寫的具體實踐形式來表達出她們的願望、慾想。在想像男性的多元豐富過程當中，所謂的「尋覓『新男性』」只是其中較爲明顯的共同現象，這是由於五四時代所提供的特殊歷史氛圍，將推崇人文／人道主義精神、改造國民和改善兩性關係的意願推至沸點，直接影響了五四一代的女知識份子（尤其是女作家）在創作時的思考動向。

五四女性小說中的「尋覓」對象是「新男性」，暗示了一女性因爲對現實生活或精神層面上的既存男性有所憧憬而產生的尋找慾望，即女性對男性的理解和認識有所期許和要求，因此她們的關懷對象是男性，關懷在此處也就解釋爲「注意男性的生存處境、精神和思想境遇」。而想像和書寫是這種關懷慾望的方式、過程和實踐行爲，即，以想像活動和文字符號實踐與男性性別內容相關的關懷情感和慾望。

不管是敘述者還是隱含作者，在五四女性小說文本中所呈現的「尋覓『新男性』」現象和結果，主要是從四個方面展示出來：男性的外在視覺形象、情慾心理、家庭角色和工作事業。在這四個方面的尋覓過程當中，我們處處可以發現與性別交叉作用而產生的種種觀察、批判和期望的關懷痕跡，說明了「尋覓『新男性』」現象的存在。而這些不同角度裏的男性形象，又體現了他們在五四女性小說中的雙重意

義 —— 國家民族政治的和性別範疇的。在分析的過程當中，本論文將著重突顯後者，但這並不意味著兩者是絕然對立和分割的。

五四女性小說中對男性的關懷筆調之特色，在於其視角本身始自女性經驗。而這種形成於五四特定氛圍下的女性意識／經驗，使書寫男性性別的呈現方式雙向化：一是傾向以男權意識爲中心的主流思想，即國家、民族、政治、階級等男性爲主的意識形態；二是堅持女性本位身份和個性獨立的性別意識。五四女性小說所體現的關懷性質是包括嚴厲的（如：批判譴責）和寬柔的（如：體諒、欣賞、讚美、期許）。然而，其最終的願望是通過想像中在改變或可能改變的男性來實現兩性關係的和諧相處慾望。

五四女性小說中的男性形象在一定程度上無疑受到以國家民族、以男權文化爲中心的審美標準所影響，但仍然有著其特殊之處，這也是五四女性小說中的男性形象異於五四男性文學中的男性形象之意義所在。五四男性文學所體現的「新男性」往往是國家、民族、政治意義上的「新國民」、「新青年」形象，而五四女性小說中的男性形象則更多的是從性別範疇出發，所營構的是性別意義上的「新男性」，而不僅僅是國家民族或歷史政治意義上的「男人」。所謂性別意義也就是強調性別的多元向度之特性，是概括國家民族或歷史政治意義層面以外的其他內容，如：個人心理、家庭婚姻、兩性關係、性別權力等等。

三、歷史文化背景中的「尋覓『新男性』」

在走進五四女性小說文本中的男性形象世界之前，我們或許會有以下一系列的問題：「新男性」形象的營構背景依據、想像藍圖是什麼？五四人又是如何看待五四男性的呢？現實情境中與男性文學中的「新青年」或「新國民」又是什麼樣的呢？瞭解這些背景情境將有助

於我們把握「新男性」、「新國民」和「新青年」等概念的異同處。

　　「新國民」是比「新青年」較早出現的一個概念，主要源自 1902年梁啓超在《新民叢報》上提倡的「新民說」，認為要建立「新中國」，必須先「維新」中國的國民性。[37] 從那時起，「新（國）民」便成為眾知識份子進行革新民族國家論述的重要依據和用詞。而「新青年」則是由陳獨秀根據「改造國民性」的目標而提出的。他在《青年雜志》的創刊號上便高呼以民主和科學來進行改造國民性，以造就一代「敢於自覺勇於奮鬥」的「新青年」。[38] 之後，隨著《青年雜志》改為《新青年》，「新青年」一詞更是成為五四人的熱門話題，它象徵著五四一代通過文化改革來想像建構嶄新的國家和民族願望。

　　由於新文化運動的活動範圍和參與者以知識份子為主要對象，青年學生也就成了備受注目和期待的新生力量，因而也就產生了所謂的五四「新青年」群。根據五四先輩們對理想中的「新青年」標準之敘述，「新青年」的典型特質首先應該是愛國的，再來是在思想、言行方面做到反對禮教制度、批判封建文化中的三綱五常和倫理約束、擯棄尊卑貴賤的等級之分、追求個性的解放、人性和思想的自由、婚姻與戀愛的自主、信仰科學和民主，等等。能做到以上所說的大部份，便可說是符合了五四「新青年」的資格。然而，五四「新青年」群是各式各樣的，能符合當時所倡導的「新青年」標準者只佔少數。因為五四青年們在熱切追隨新文化運動中所提出來的思想口號之同時，其所作出的回應是千姿百態的。一方面，這些青年似乎是沒有性別的，因為新青年包括男女兩性。但另一方面，所謂「新青年」又似乎泛指男性而言，因為「新式」的女性青年多被稱為「新女性」，而且有其

37　梁啓超〈新民說〉，《新民叢報》，1902 年 2 月 8 日，頁 1-10。〈新民說〉共有　20 節，陸續刊載於《新民叢報》上，本論文所引之處主要來自前三節：〈敘論〉、　　〈論新民為今日中國第一急務〉和〈釋新民之義〉。引文見《梁啓超全集》（第　　2 冊第 3 卷）（北京：北京出版社，1999），頁 655-657。

38　陳獨秀〈敬告青年〉，載 1915 年 9 月 15 日《青年雜志》，第 1 卷第 1 號。

本身相當鮮明的形象特質。足見當時人所說的青年群明顯傾向指男性，而具備相似條件的女性則冠之以「新女性」、「娜拉」或「莎菲」等頭銜。當我們發現這些「新女性」的性別被注意的同時，不禁也疑思著是否有「新男性」的性別存在？或者會問，爲何沒有「新男性」呢？筆者認爲「新男性」的性別形象是存在的，至於爲何從當時到現今都未被正式提出過，未必是被忽略的原故，而是因爲一直以來男性就不存有性別主體的確認問題，而只有性別姿態的問題。因此，「新男性」已經被視爲理所當然，且與「新青年」、「新國民」劃上等號，並不必刻意說明其性別身份。相反的，「新女性」、「娜拉」、「莎菲」等代表五四新式女性的特別名詞之高調出現，正說明了女性的性別主體問題才處於覺醒、成長和追求認同的階段。

嚴格說來，五四女性的性別之所以會被當時的知識份子所強調，主要發端於政治需求。五四新文化運動的支持者基本上是從「國」「民」（國家民族）爲出發點來看待兩性的性別氣質的，一切以強壯我族、救國救民爲原則。提出婦女解放、男女平等也是爲了要改善國民在生理、心理和思想人格上的素質。從這一點上來說，五四時期的性別觀念主要是以政治需求 —— 培養、改良「新國民」的基礎爲中心發展開來的。而爲當時人所津津樂道的「新青年」理想人格，在很大程度上也是建立在「新國民」概念而非性別概念上的。

我們看看當時幾位五四文壇的風雲人物對新青年男女的言說感想，藉此瞭解五四人眼中的五四「新男性」，應該是怎樣的。

陳獨秀在《青年雜志》的發刊詞〈敬告青年〉裏，率先對「新青年」提出了具體的展望內容，主要是爲了改良國民的舊有素質，提高人們反封建傳統、愛國救國的自覺意識。[39] 他列出了六大條自覺的、新的青年所應具備的條件：一、自主的而非奴隸的；二、進步的而非

---

39 陳獨秀〈敬告青年〉，同上。引文見《陳獨秀著作選》（第一卷）（上海：上海人民出版社，1993），頁 129-135。

保守的；三、進取的而非退隱的；四、世界的而非鎖國的；五、實利的而非虛文的；六、科學的而非想像的。在〈《新青年》宣言〉裏，陳獨秀進一步指出「新社會的新青年」「尊重女子的人格和權利」是「社會生活進步的實際需要」。[40] 除了強調女性應該尊重自己的人格和權利外，更是以男性爲特定接受對象，希望青年男性能做到這一點。這尤其在〈婦女問題與社會主義 —— 在廣東女界聯合會演說〉一文裏受到強調 ——「要幫助弱者抵抗強者」、「要幫助婦女抵抗男子壓迫」。[41] 此外，陳獨秀的〈新青年〉更是從好幾個方面寫下對「新青年」的審美要求，其讀者對象也明顯是以男性爲主。[42] 這幾個方面包括：一、身體和生理要健康。認爲「新青年」（新男性）是有別於「舊青年」的。「舊青年」指「美其貌」、「弱其質」、「斯斯文文」，且「縱慾自戕」的「白面書生」、「病夫」，而「新青年」是應該具有「強武有力」、「壯健活潑」的生理體格的，如此才能有精力體魄去進行多方面的活動。二、心理素質要健康。認爲「新青年」不應有「做官發財」的、「腐敗墮落」的利慾思想，應該遠離這些舊制度下的社會惡習，在心理素質成爲真正的「新青年而非舊青年」，才能「謂爲真青年而非僞青年」。三、精神思想要正確。認爲新青年的「精神界慾求」應表現在「明人生歸宿問題」和「明人生幸福問題」上。前者指擯棄「做官求榮」的想法，追求「個性之發展」、「圖貢獻於其群」的理念。後者指摘以金錢財富的「個人發財主義爲幸福主義者」，提倡「兼個人與社會」爲考量的幸福之道。陳獨秀這一系列針對改造國

---

40 陳獨秀〈《新青年》宣言〉，原題爲〈本志宣言〉，1919 年 12 月 1 日《新青年》第 7 卷第 1 號，發表時未署名，收入《獨秀文存》時改爲標題。見《陳獨秀著作選》（第二卷）（1993），頁 40-42。

41 陳獨秀〈婦女問題與社會主義 —— 在廣東女界聯合會演說〉，演講日期爲 1921 年 1 月 29 日，後分別於 1 月 31 日至 2 月 1 日刊於《廣東群報》，以及 2 月 14 日於《民國日報》副刊《覺悟》上，署名隻眼。見《陳獨秀著作選》（第二卷）（1993），頁 267-270。

42 陳獨秀〈新青年〉，載 1916 年 9 月 1 日《新青年》，第 2 卷第 1 號。引文見《陳獨秀著作選》（第一卷）（1993），頁 184-7。

民性和寄望「新青年」的探討言論，都可以在五四女性小說中的男性
形象身上找到深淺不一的烙印。

　　周作人也寫有大量與男女兩性問題有關的散文，多半都是貶低、
批判男性的劣根性，爲女性抱不平的內容。例如：在〈新中國的女子〉
裏，周作人感佩新式女子在革命和戀愛方面的勇敢和堅毅表現，相信
這可以「引導」男性。他「覺得中國男子大抵對於戀愛與生死沒有大
的瞭解與修養」，具有革命思想的男子又不够堅定，反而女性能够以
「大膽」「從容的態度處理自己的戀愛與死」。[43]

　　魯迅在〈我之節烈觀〉裏批判節烈觀的雙重標準：一方面强行要
求女性這類「弱者」群體守節，一方面卻允許「多妻主義的男子」存
在。[44] 葉紹鈞在〈女子人格問題〉裏針對男性的自私心和勢利主義大
加譴責，要求男性尊重女性的人格。他提醒男性：「不尊重他人的人
格，就是貶損自己的人格」。[45] 胡適在〈貞操問題〉裏更是「反對褒
揚貞操的法律」，認爲「貞操是男女相待的一種態度，乃是雙方交互
的道德，不是偏於女子一方面的」，若男子／丈夫對他們的伴侶有不
忠的行爲，「社會上應該用對待不貞婦女的態度來對待他」。[46]

　　從以上數位五四時代的重要人物之言論，我們可以發現改造國民
性和培養新青年是其中共同的目標。而在提出改造和培育新國民或新
青年中的「男人」的方案裏，基本上概括了以下兩項條件：（一）尊
重女性（尊重並欣賞女性的特質／優點、支持婦女解放運動，身體力
行）和（二）自我反省、自我革新（包括自我解放、檢討、改變、調
整）。乍看之下，這兩項條件都顯示了五四知識份子們注意到了改造

43　周作人〈新中國的女子〉，載《語絲》第 73 期，1926 年 4 月 5 日，頁 104-5。收
　　入《澤瀉集》（上海：北新書局，1927）。
44　魯迅〈我之貞節觀〉，原載 1918 年 8 月《新青年》，第 5 卷第 2 號，署名唐俟。
　　引文見《魯迅全集》（第一卷）（北京：人民文學，1973），頁 103-115。
45　葉紹鈞〈女子人格問題〉，載《新潮》第 1 卷第 2 號，頁 252-259。
46　胡適〈貞操問題〉，原載 1918 年 7 月 15 日《新青年》，第 5 卷第 1 號。引文見
　　《胡適文集》（第 4 卷第 2 冊），頁 503-510。

「男人」的需要，但實際上，這些言論思想的中心視角傾向以國家、民族、社會和階級爲主要考量，明顯忽略「性別」視角，甚至將「性別」與國家民族社會之間的關係邊緣化。我們歸納一下這些五四時期重要的相關言論思想，便可清楚看出「性別」視角和概念如何處於隱抑和邊緣的地帶。

自民初開始至五四前期，由於帝國主義列強對中國的侵略和欺侮，一部份知識份子有感於要爭取民族解放、强種健民才能實現抵抗外患、富强國家的願望。因此，積極提倡人民對個人自由權利和愛國的自覺心，鼓勵人民以此擺脫封建專制政治、家族和思想統治，建立一民主自由的社會和國家。這些「解放」和「革命」的出發點、著力點和目標包括以下幾個方面：

（一）「人權天賦」與「自覺心」的理論思想：「人的發現」是五四新文化運動的重要主題和貢獻，經由民國初期和五四早期的知識份子，如：章士釗、李達、陳獨秀等的推動，確立了個人對於國家、社會的獨立價值。他們呼籲人民或青年們必需自覺於個人與國家社會之間的關係，也自覺於個人與自身的關係（如：個人的自由權利），就連「女子解放」運動也是建立在不應剝奪女人的人權此一思想基礎上。[47]

（二）社會系統應調和運作的考量：一部份知識份子如李大釗、李達等結合中國的陰陽辯證法和西方的調和主義，認爲自然社會由男女兩性所組成，故不應只以男性爲中心，忽略或排擠女性，這樣做會造成社會運作的失衡和病態現象。[48]

---

[47] 李達〈女子解放論〉談到真正的民權世界應包括女子的人權，故男子應幫助女子解放以達到擁護人權的理想。原載 1919 年 10 月《解放與改造》，第 1 卷第 3 號，署名李鶴鳴。見《李達文集》（北京：人民出版社，1980），頁 10-23。

[48] 李達在〈女子解放論〉說：「社會是個人的有機體的集合體，即可稱爲男女兩性集合的大系統。有男女始有社會，有社會始有男女 —— 凡是社會上的道德、風俗、習慣、法律、政治、經濟必以男女兩性爲中心，方可算得真道德、真風俗、真習慣、真法律、真政治、真經濟，否則是假的，是半身不遂的」。（見上註。）李

　　（三）人類進化論的角度：另有五四知識份子從人類進化的角度審視男性，強調社會應以男女兩性爲本位才是健全的人類社會，故男人需要對自身的負面表現作出檢討。如：壓迫婦女顯示男人的進化程度倒退；對性的壓抑或不負責任（強姦、嫖妓、三妻四妾、騙婚等）有礙家庭幸福、婚姻生活和保育強種。[49] 因此，男人的自覺和支持婦女解放將有助改善人類的進化。值得注意的是，這些自覺和支持婦女解放的動機和目的幾乎都是以男人的利益和保育強種爲基本考量，以男人和國族爲主要的參照依據。

　　（四）人道主義視角：將女子的被壓迫者、弱者之身份處境置於人道主義視角中觀察，從而認爲男子壓迫女子是不人道的行爲，男子應該幫助女子解放，就像幫助弱者和奴隸一樣。[50]

　　（五）年齡層的角度：另有知識份子從人類的年齡層分析（以男性爲主）人民的生存狀況和存在價值，如陳獨秀在〈敬告青年〉裏強調年輕一代對改造國家、社會和國民素質的巨大潛力，認爲「青年之於社會，猶新鮮活潑細胞之在人身」，「惟屬望於新鮮活潑之青年，

　　大釗在〈調和之美〉、〈辟僞調和〉、〈調和之法則〉和〈調和贅言〉等篇也多次重複男女兩性的陰陽調和是「宇宙之美」。

49 例如：魯迅在〈男人的進化〉一文中便反諷男性所謂「比禽獸『進化』」之處，在於將女性當作泄慾工具、據爲自身「永久的終身的活財產」這些表現上。（發表於 1933 年 6 月 16 日《申報・自由談》，署名旅隼，後收入《准風月談》。引文見《魯迅全集》，第五卷，北京：人民文學，1973，頁 329-331）張競生在〈第三種水與卵及生機電和優種的關係——又名「美的性慾」〉（1927 年《新文化》，第 2 期，頁 23-48）大力提倡兩性通過和諧的性活動能製造優質的胎種，繁衍強健優良的民族。他說：「我國人種的衰弱固然由於後天的種種關係，而於結胎時的不講求女子應出第三種水，又是一種先天的衰弱的根源。〔...〕至於歐洲，他們交媾時認真交媾，大多女子能够出第三種水，故其胎孩格外強壯。又因後天種種教養得法，於是遂成優強的種族了。」

50 陳獨秀認爲「女子與勞動者全是弱者，所以我們要幫助弱者抵抗強者。」（〈婦女問題社會主義——在廣東女界聯合會演說〉）（見註 41。）而李達在〈女子解放論〉裏也說：「世界的大人道家推究這人類社會的真理，曉得男子壓迫女子，是件無人道的事，大聲疾呼的提倡女子解放。因爲女子被閉鎖得如囚犯一般，所以這囚犯是應該解放的。因爲女子被迫得如奴隸一般，所以奴隸應該解放的。」（見註 47。）

有以自覺而奮鬥耳！」[51] 李大釗在多篇文章裏同樣歌頌有自覺意識的青年人，但他並不放棄年老一輩，認爲老年人「貴能自強」，而且老年人的知識修養和生活經驗之積累，是值得青年人學習的長處。[52]

以上的觀點，雖然表面上將男女兩性考慮在內，但實際上仍以男性爲本位作參照。人權和自覺心愛國心、男女陰陽協調、人類、民族和種族進化、人道主義和年齡分層，這五個方面的觀點注意到男人身爲人的個體人權、個體與群體和社會國家的關係，但却唯獨忽略了男人的性別與人類人際、社會和國家的關係。

到了五四後期，由於馬克思主義思潮的日漸普及，原來在五四動運時期的勞工階級這股新生勢力也隨之發展成熟。部份五四文人在馬克思《資本論》和恩格斯《家庭、私有制和國家的起源》等社會主義和共產主義思想論著的影響下，大多從階級壓迫、勞力資源運用（經濟結構）、社會倫理關係的角度分析中國當時人民的生存狀況。這裏，我們就男性的情況而言，當時人注意到男性在等級階級制度中的壓迫者和被壓迫者姿態，注意到男性的勞動生產價值受到不平等和不人道的剝削待遇，也注意到這些階級和經濟制度直接左右男性無產階級、勞工群體和社會倫理的關係，使他們成爲被壓迫者、弱者、奴隸。在這種過份強調社會階級和經濟問題的思想號召下，所謂的「解放」、「自由」和「革命」，都偏向指國家、社會、階級和經濟範疇而言，性別範疇明顯被遺忘。

在多位極具影響力的五四文人當中，李大釗可說是唯一一位將性

---

51 陳獨秀認爲青年應有年青積極、健康活潑的身心，而不是他所見到的「見夫青年其年齡，而老年其身體者十之五焉；青年其年齡或身體，而老年其腦神經者十之九焉」。（見〈敬告青年〉，註釋 38、39。）

52 李大釗〈青年與老人〉，1917 年 4 月 1 日《新青年》，第 3 卷第 2 號。該文曾被 1917 年 5 月 18 日《甲寅》日刊轉載，署名守常。李大釗認爲「青年與老人之於社會，均爲其構成之要素，缺一不可，而二者之間，尤宜竭盡其所長，相爲助援，以助進社會之美利，文明之發展」。老人與青年也可以互相「協力」，「與青年調和」。引文見《李大釗全集》（第二卷）（石家莊：河北教育，1999），頁 565-8。

別和民主、解放、自由、革命結合並論的思想家。他在〈婦女解放與
Democracy〉一文中首先注意到「男子的氣質，包含著專制分子很多」，
「致成男子專制的社會」，對婦女和男子與男子之間也形成專制。[53] 更
重要的是，李大釗借鑒歐美「以男子爲本位」的「不是真正的
Democracy」，尖銳地指出中國當時的民主運動也有同樣的問題，在
「運動、立法、言論、思想」上「都還是以男子爲本位，那一半婦女
的利害關係，他們都漠不關心」。因此，他認爲：

> 婦女解放與 Democracy 很有關係。有了婦女解放，真正的
> Democracy 才能實現。沒有婦女解放的 Democracy，斷不是真
> 正的 Democracy。我們若是要求真正的 Democracy，必須要求
> 婦女解放。[54]
>
> 真正的 Democracy 不是男子所行的民權民主的政治，乃是人民
> 全體所行的民權民主的政治。這裏所謂人民全體，就是包含男
> 女兩性在內。社會上一切階級都可變動，富者可變爲貧，貧者
> 可變爲富，地主、資主可變爲工人，工人亦可轉爲地主、資主，
> 社會若經過適當的改造，這等階級都可歸於消泯，獨有男女兩
> 性是一個永久的界限，不能改變，所以兩性間的 Democracy 比
> 什麼都要緊。我們要是要求兩性間的 Democracy，這婦女解放
> 的運動，也比什麼都要緊。[55]

此外，李大釗也提出以「互助」作爲維持人類關係和社會組織和
諧的原則。這種「互助」原則並不僅僅指物質層面的，而是包括「心」
「靈」層面的改造。顯然，李大釗發現性別壓迫的問題，不應附屬於
階級、社會和經濟革命上，性別革命是一種文化思想和生活內容的革
命，此一需求應該是與各方面的民主解放運動同步進行的。如此，我

---

53 李大釗〈婦女解放與 Democracy〉，《少年中國》第 1 卷第 4 期「婦女號」，1919
　　年 10 月 15 日出版。引文見《李大釗全集》（第三卷）（1999），頁 348-349。
54 同上。
55 同上。

們可以看到李大釗曾經從性別視角出發思考兩性課題的痕迹，這也意味著他以性別視角分析男性的生存狀態。但很可惜，李大釗這些意義深遠的思想論述無法與當時的主流趨勢抗衡或兼容，結果後來不但鮮為人所注意，連他自己也轉向高唱階級鬥爭的暴力革命主流思想當中。[56]

綜觀以上所述，除了李大釗早期的部份觀點外，其他來自眾多五四文人，包括女性婦女解放運動者的文章論述，對男女兩性的問題都忽略了其在性別概念和意義上的思考，特別是對男性的性別意涵之思考方面，幾為一片荒漠。本論文所提出的性別意義上的「新男性」，並非為了要與「新國民」或「新青年」作對立式的劃分，而是要指出並強調：在五四人所熱切追求的民主解放和自由平等的思想內容當中，性別課題是不容忽視的關鍵之一。五四人在個人人權、社會組織、人類民族進化、人道觀念、階級壓迫和勞力剝削等等的許多方面裏，覺察出個人、群體、社會、階級、經濟、政治之間所存在的權力關係，但他們却忽略了性別也是權力結構的其中一種。這主要是因為五四新文化運動的主要倡導者都是男性，故他們無論在思考婦女解放或民族國家問題時，多難超越以男性為本位的主流性別文化思想之影響。而當時的女性婦女運動者或知識份子基本上也身陷由男性主宰的知識文化當中，因此，要求他們擁有從性別角度探討女性和男性的民主解放、自由平等問題這一思考意識，當然言之過早，而且即使有些聲音發出，也難成氣候。然而，這也造成了五四人在「尋覓『新男性』」的過程當中，因忙碌於建構和追尋「新國民」、「新青年」，結果忘却了將男性置於性別視角內進行分析與重建，造成性別意義上的「新男性」面目模糊。

筆者認為，五四女性小說中的男性人物形象，很能代表這類壓抑

---

56 這可以從李大釗的〈暴力與政治〉中文所出其思想的轉型。發表於 1917 年 10 月
15 日《太平洋》，第 1 卷第 7 號，署名守常。

的聲音。他們昭示了一群不僅僅體現了國家、民族、社會意義上的男性面貌，同時還添示了性別意義上的男性內容。性別意義上的男性主要指其包含了表徵的和象徵的內容。表徵的指生物生理上的男性特質，而象徵的則指非政體、非制度性的文化、意識形態和社會關係各方面的男性特質，也即是後來一些學者刻意以「社會性別」一詞來作區分的部分。根據 Scott 的觀點，社會性別（gender）「是指基於兩性生理性別差異之上的諸多社會關係中的一種成分」，它涉及四個相互關聯的因素：（一）文化的象徵意義；（二）對象徵意義做出解釋的規範性概念在宗教、教育、科學、法律、政治理論中表達並使象徵意義固定為男性與女性、男性氣質與女性氣質；（三）有關的政治和社會組織；（四）主體身份認同。[57] 性別並非一個完全獨立的範疇，它與社會現實生活中的各個層面（如：階級、種族、經濟、年齡、區域等等）相互運作，形成男女兩性之間的權力關係。從女性主義的角度看這種權力關係，它通常被稱為父權制意識形態與心理結構，也即是一種由男性所統治的男權文化。這種男性統治的意識形態與文化心理深深滲透入人類社會的各種關係當中，形成不平等的權力關係，也即是性別觀念上的歧視現象。由於父權制或男性統治的意識形態與文化心理經常以隱性的形式反映在人類的現實生活和思想行為裏，故不容易在短期內被覺察或克服、改善。不少五四人顯然也因為這種不平等的性別文化觀念之牽制和阻礙，結果無法從性別視角上找尋新出口，這也是五四一代在思考國家民族意義上的「民主」、「解放」問題時，所出現的盲點。

僅就以男性課題而言，這些盲點可見於以下幾個方面：（一）五四文人在思考男性的外在視覺形象表現時，多不會出現為了擁有觀察

---

57 Scott, Joan W., "Gender: A Useful Category of Historical Analysis," in Robert Shoemaker and Mary Vincent, eds., Gender and History in Western Europe (London: Arnold, 1998), pp. 42-64. 譯文參考李銀河 主編《婦女：最漫長的革命：當代西方女權主義理論精選》（北京：生活・讀書・新知三聯書店，1997），166-175。

主導權力或姿態的性別權力問題，而作出刻意爭取和使用的動作。(二)
在思考男性的情慾問題時，往往只強調男性生而爲人的、個體意義上
的解放和自由權力，忽略了男性將女性視爲客體的情慾姿態，以及男
性的自我認同如何受到傳統主流性別文化觀念影響而產生的種種負面
問題。(三)在思考(男性)勞力生產的壓迫問題時，傾向重視公共
領域職場上的勞力生產如何被剝削，對於男性在家庭領域的勞力活動
和義務(如：家務勞作、撫育幼孩)，以及男性對女性的生育活動的
思想態度，都鮮少顧及。(四)在思考(男性)暴力行爲的問題時，
多會歸之於政治或階級革命需求，但男性在家庭領域或個人方面的暴
力行爲却視爲次要問題或理所當然的現象，而男性氣質作爲當中一個
重要的心理因素，也是不被注意的。

　　如果說李大釗早期的部份觀點裏，流露了他對性別與民主之間的
關係的關注，但那只是理論層面的初步思考。而五四女性小說中的男
性形象書寫，可說是繼承了也深化了這曇花一現式的閃光點，從形形
色色、實實在在的日常生活內容中探索性別課題，並且通過文學形象
來實踐之。這些文學中的男性人物形象在體現他們的形象意涵時，當
中不可否認地出現了向認同男性中心的主流意識形態靠攏之現象，但
這並不妨礙我們解讀文本中的性別意識和男性人物身上的性別內容。
本論文以男性人物爲研究對象，從人物的外在視覺形象、情慾心理、
家庭角色和工作事業四個方面進行分析，以期挖掘出人物身上的性別
內容，以及五四女性小說文本中的性別意識，目的正是要將五四女性
小說中「尋覓『新男性』」現象的實踐行動具體化，同時把這些書寫
成果視爲五四女性寫作傳統的新發現 —— 男性性別建構，並帶出五四
女性小說中男性形象書寫與五四時代建構「新」民族、「新」國家的
論述之關聯，希望將處於邊緣地帶的性別議題曝光，使之呈現於五四
時代有關民主、解放和自由等等複雜的時代內容中。

四、研究意義

本論文將以性別（自然性別與社會性別）爲視角，以五四女性小說文本中的男性人物形象爲焦點，從男性形象的外型、情慾心理、家庭和工作事業角色之表現，探討其在不同場域、不同的關係狀態和位置處境中，相互作用而產生的意蘊。這是爲了證明五四女性小說中的「尋覓『新男性』」現象和成果，闡釋五四女性小說文本中男性形象的存在意義 —— 他們體現了不僅是國家民族或歷史政治層面的形象意涵，更值得注意的是，他們還體現了性別意義上的男性形象意涵。

本論文的研究意義有以下幾點：

（一）五四女性小說文本解讀的新視角、新意蘊

本論文選擇男性人物形象作爲性別視角的中心焦點，對五四女性小說文本進行解讀。通過對女性文學中男性形象研究的新嘗試，期望達到突破以女性形象爲研究和分析對象的失衡現狀之效果。

新的研究視角也爲五四女性小說提供了另一番解讀意蘊。本論文通過分析五四女性小說中的男性形象書寫，一方面揭示五四女性小說中被忽視的多元化男性形象之文本內容。從這些女性文學文本中展示的男性人物群裏，探看男性是什麼（what）、有誰（who）、是怎樣的（how）、爲何是如此（why），等等問題。另一方面說明這些男性形象所反映的共同特質是「尋覓『新男性』」現象，這種現象可視爲嚴格意義上的「尋覓『新男性』」主題的前身或醞釀期。以上兩項解讀結果肯定了五四女性小說文本裏所曾浮現但被忽視的性別想像內容和成果 —— 即具有五四女性意識和審美特色的男性人物形象。肯定這點有助於拓展五四女性小說傳統的現有面貌，揭示了出現在五四女性小說中有關男性生存狀態與處境的書寫內容。

（二）呈現五四女作家另類的寫作經驗

從五四女性小說中男性形象的研究過程裏，我們也側視出五四女

作家群曾擁有的寫作情感、發展潛能，以及曾致力開拓的寫作方向。
這些具有女性主體意識和審美取向的性別文本內容，受「尋覓『新男
性』」此一朦朧主題的意識牽引，經由文本中所書寫的男性人物形象
反映出來。這印證了五四女性作家視角下關懷男性的情感願望，她們
在性別書寫領域裏被邊緣化的寫作成果，以及她們在此領域裏的多元
化嘗試和發展潛能（這裏特指男性形象書寫），因爲作家個人的內在
因素和歷史外在機制的影響而遭壓抑甚至封殺。而這種寫作經驗和潛
能可被視爲豐富「女性寫作」的一項元素，使「男性性別建構」成爲
其中的一部分內容。

（三）學術研究方面

再者，這項研究爲中國女性文學研究提供一種解讀和研究的新角
度：男性人物的形象書寫研究，也爲女性文學批評的性別觀點作出嘗
試性的實踐。此外，這項嘗試也有助於開拓後續研究的空間，即女性
文學中的男性研究。

第三節　研究的理論模式及架構

本論文所採用的研究方法主要是結合女性主義文學批評、性別理
論、男性研究和五四歷史文化背景等觀點材料，進行文本解讀。此外，
在內文中具體的分析也涉及心理學、社會學等學科的觀點，整體的研
究嘗試以跨學科綜合研究方法進行。

以下是本研究中幾個重要的詞語概念和理論架構：

一、性別理論與女性主義文學批評

根據本論文的研究方向和需求，本論文所使用的「女性文學」一
詞是有指定性的，即特指女作家所寫的作品而言。但這些女作家作品

的內容性質却又是包容的，它不限囿於以女性爲中心的問題思考或呈
現，而是包括其他各方面的題材內容，尤其是性別課題。本論文是從
女作家的文本發掘並重視其中有關男性性別的問題思考與表現，再試
圖尋找其與女性經驗、女性創作之間所可能存在的內部邏輯與互動關
係。分析過程所採用的研究觀點基本上仍屬於女性主義文學批評，但
強調以性別（gender，包括自然性別和社會性別）爲視角，以男性形
象爲焦點。筆者希望通過不一樣的角度看待女性文學文本，以尋求開
創性的另類闡釋，如此也可以使女性文學的研究方法增添新氣象。

　　所謂「性別」（gender，亦被譯成社會性別，以強調人類除了自
然性別外還有社會屬性上的性別），是有鑒於強調生物特質的性（sex）
的不足之處而擴生出來的，它在七十年代才開始被廣泛使用。原因是
生物學上的「生理性別」或「自然性別」概念（強調兩性於形態上
morphological 和生理上 physiological 的區別）已無法滿足人們對兩性
內容的理解和闡釋。人們注意到兩性是由社會、文化所建構而成的，
因此認爲性別是包含著生理自然性別與社會性別的。性別研究的產
生，可說是「以社會性別爲中心」取代「以婦女爲中心」的研究態度，
爲的是擴大性別課題的研究範圍，期待有效地達到「性別平衡」。

　　「性別」從七十年代始被廣泛運用後直到今天，它都處於不斷被
重新定義的狀態中。早期的一般解釋是強調性別的社會文化因素，而
且這種觀點主要運用在分析女性受壓迫的課題上，以凸顯性別差異問
題。後來，學者們從不同的角度對性別的意涵和實踐方法作出種種質
疑和闡釋，一再改變並豐富「性別」的意涵內容，形成新的、備受矚
目的性別研究。隨著跨學科研究方法的興起和提倡，性別研究的涵概
面擴至種族、階級、性取向、宗教、經濟、年齡層、國籍等等的不同
範疇，這也帶動了女性文學批評從著重「婦女壓迫」基調轉向多元化
主題研究。

　　而本論文所採用的「性別」視角，正是基於強調它的「多元向度

之構念」[58]，使筆者在解讀五四女性小說時跳脫以女性形象爲焦點的研究窠臼。這表現在兩個方面：一是對「女性意識」概念持開放性態度，這牽涉到女性文學文本解讀的方法與原則；一是選擇以男性形象爲具體的研究焦點之實驗。

（一）在女性主義文學批評的觀點方面，筆者所嘗試做的是對「女性意識」一詞持開放性態度，或是更願意稱之爲「性別意識」。[59] 女性主義文學批評一向視發掘女性文學或女作家的女性意識爲宗旨，因此女性意識是個關鍵詞彙。一般被接受的「女性意識」之說法，是指女性通過自身的思想、眼光、感覺等心理過程，對自我、自身本質、生命意義、在社會地位，以及對外部世界的認識、審視，並賦予女性生命特色的理解和把握。[60] 然而，實際上女性意識一直隨著歷史、社會的變遷而不斷發生變化。因此，筆者認爲女性意識的構成內容應該是流動的、有彈性的，而非單一或固定的。這種流動性和彈性往往使女性文學文本的意涵無法完全由仍待定義的女性意識所概括。有很多時候，女性意識不應是女性文學文本裏唯一的價值構成，因爲文本中常會出現跨越性別的、與另一性（男性）內容互涉互鑒的現象。這也是爲何自七十年代起會出現令人注目的性別研究。如此，筆者嘗試抱持廣義的女性意識概念出發，但欲找尋的不是限囿於女性的內容，而是包含兩性的性別內容。

在具體進行文本解讀工作時，本論文首先強調文本本身（即文學作品）的「相對獨立性和本源性」，及「可被再創造性」，它提供開放性的理解和闡釋可能。然後再從文本出發，根據筆者個人的審美抉擇、賞析能力以及照參工具，進行解讀。

---

58 劉秀娟　編著《兩性關係》Gender Education（臺北：揚智文化，1999），頁 23。
59 王宇在〈男性文本：女性主義批評不該忘卻的話語場地〉一文裏，也認爲「以『社會性別』代替『女性意識』作爲話語的核心能指將會給女性主義批評／研究帶來更加廣闊的話語空間」。（《文藝評論》，2003 年第 2 期，頁 13。）
60 參考喬以鋼在《中國女性的文學世界》（1993）中對「女性意識」的解釋，頁 51。

　　本論文首先承認「文本」的這層定義，但對於文本的「解讀」方式，則並非完全排除創作主體（即女作家）和時代背景等因素在外。也即是說，本論文主要從獨立性的文本出發，挖掘其開放性的理解可能，再以作家、時代背景進行選擇性的參照。因此，文本爲主，作家爲副／輔，這是本論文的「解讀」原則。

　　既然強調文本獨立性，又爲何仍關心文本與作者、文本與時代的關聯呢？筆者認爲這並不相矛盾。因爲作者和時代背景的因素只供本論文在進行解讀分析工程時輔佐論證的材料，最終的目的依舊是爲了達到針對文本作出原創性的解讀。如此，文本是獨立的，解讀方法是多元的。

　　此外，將作者和文本之間的關係完全割切斷絕的文學文本批評方式，並不一定適用於本論文所研究的文本。因爲這些文學作品的作者主體意識相當鮮明，這又是和作者創作和作品生成的時代背景有非常直接和密切的關聯。這說明了這兩者具備了提供解讀文本時一定程度的參照價值。因此，本論文選擇兼容兩種閱讀態度，即強調尊重文本獨立性存在價值及研究意義爲首，然後再參照作者的生平經歷、寫作特色等，以期提煉出具邏輯性的輔佐論證之材料。

　　（二）在以性別視角作爲文本解讀的出發點之同時，本論文選擇以男性形象爲文本中的研究焦點，這是西方女性主義文學批評或女性文學研究學者早已直或間接提出過的。

　　美國非裔女性主義學者 bell hooks 在提倡女性主義的男性研究時，便呼籲女性主義的行動者肯定女人所寫有關男人的作品的首要性，以開放的態度製造兩性主體的對話空間，使兩性的話語可以在和諧的場景中得到抒發與聆聽，以達到分享思想資訊的作用。[61] 她說：

61　bell hooks, Talking Back: Thinking Feminist, Thinking Black (Boston: South End Press, 1989), pp. 127-133. 部分譯文參考顧燕翎、鄭至慧主編的《女性主義經典：十八世紀歐洲啓蒙，二十世紀本土反思》（臺北：女書文化，1999），頁 349-356。

我們身爲女人，真很需要聽聽彼此是如何和男人溝通女性主義思想。努力創造一個女人和男人對話的情境，是具有顛覆性且激進的工作。對話指兩個主體之間的談話，而非主體和客體的談話。那是一種人性化的言語，它挑戰且抵抗了支配。[62]

美國學者 Susan Standford Friedman 也認爲女作家批評和女性文學批評因太過注重社會性別及男女二元系統的差別，導致對作品的作者、人物和文化叙事的解讀沒能得到很好的發展和成果。[63] 她對於超越女性主義文學批評的看法是很可以作爲參考的。她認爲日後的女作家批評和女性文學批評研究的課題應「清醒地估計社會性別是如何同社會身份的其他組成成分交叉作用的」。[64] 例如，男性作家或男性特徵、氣質不應被視爲固定不變的陪襯物，被看成是範疇上的他者。這明示了文本解讀中的作家、人物和時代文化背景之間的非孤立性關聯，而且男性課題和男性人物也是批評研究所應概括在內的重要元素。

如此，我們可以看到性別理論和女性主義文學批評的結合運用是有其可行性和實踐價值的。

二、男性研究觀點與五四女性小說中的男性形象解讀

男性研究觀點和婦女運動、女性主義和性別研究息息相關。

七十年代末，美國一批男性學者受到六、七十年代蓬勃的婦女運動、女性主義思潮影響和啓發，加上有感於美國男性在第二次世界大戰後所面臨的各種問題多與男性的性別角色和男性氣質有關，故開始對自身的性別內容進行反思，紛紛發表論說和組織各種男性運動，如

---

62 同上，頁 353。
63 弗裏德曼 Friedman, Susan Stanford, 〈超越女作家批評和女性文學批評〉（"'Beyond' Gynocriticism and Gynesis: The Geographics of Identity and the Future of Feminist Criticism"），譯文見王政 杜芳琴主編《社會性別研究選譯》Selected Works on Gender Studies（北京：三聯書店，1998），頁 423-460。
64 同上，頁 449。

集體傾訴。此後，逐漸形成男性研究。除了美國外，男性運動和研究在其他國家很快地風行起來，如瑞士、英國等地都先後響應此運動。

　　性別研究也是另一項刺激男性研究興起的原因。Connell 等人便針對性別研究的範疇局限提出將研究視野擴展到男性身上，認爲男性也面對社會性別的問題，也需要得到性別研究學者的關注。[65] 男性研究針對男性提出了一連串的問題，例如：男人究竟是什麼？男人可有改變？需要改變嗎？作出何種改變？男性也有性別政治的問題嗎？男性如何認識自身的性／別？[66]

　　男性運動和男性研究興起的意義褒貶不一，但對性別研究而言，它可視爲「平衡」女性研究稱霸該領域的序曲。由於男性研究仍屬新興學科，其作用是否真能做到正面的「平衡」，或是某些學者所說的僅爲投機份子用以抗衡聲勢浩大的女性研究之手法，筆者不敢也無法斷言其一。[67] 筆者更無意將此當作對抗女性主義之舉，因爲數十年歷史的女性研究僅是個開始，需要繼續努力發展的方面仍非常多。對於男性研究的興起，筆者只從積極面相信男性研究提供了性別研究者一個不一樣的思考方向，這是有助於兩性課題的探討的。筆者因而也相信，男性研究的一些觀點對於鑽研現代女作家筆下的男性人物，可以作爲具有啓發性的借鑒工具。

　　本論文主要取男性研究整體的中心議題、問題意識作爲參考，並

65　見 Connell, R. W., "A Very Straight Gay: Masculinity, Homosexual Experience, and the Dynamics of Gender," American Sociological Review, 57, pp. 735-751.

66　參考 Connell, R. W., Gender and Power: Society, the Person and Sexual Politics (Cambridge: Polity Press, 1987)、王雅各《男性研究》（臺北：五南文化事業機構，2003）、Jesser, Clinton J., Fierce and Tender Men: Sociological Aspects of the Men's Movement (Westport: Praeger Publishers, 1996)，以及臺灣《兩性平等教育季刊》第12 期，2000 年 8 月（該期以「男性研究」爲當號主題），等等。

67　見 Canaan, Joyce E. & Christine Griffin, "The New Men's Studies: Part of the Problem or Part of the Solution?" in Hearn, Jeff and David H. J. Morgan, eds., Men, Masculinities and Social Theory: Critical Studies on Men and Masculinities (London: Unwin Hyman, 1990)，頁 206-214。

不强調屬於哪個派別。這些從男性研究學科裏所借鑒的觀點主要是：
一、男性是什麼？（What men are）；二、人們所理解的男性是什麼？
(What people think men are)；三、人們理想中的男性又是怎樣的？
（What people think men should be）[68] 運用到現代（五四）女性文學
文本的解讀上時，這些中心議題、問題意識就有了針對性，而變成：
一、（五四）女性文學文本中的男性是什麼、是怎樣的？二、女性視
角下所理解的男性是什麼、是怎樣的？三、女性理想中的男性是怎樣
的？

　　根據 Clatterbaugh 的進一步說明，這三個方面的男性議題各別指：
一、男性化的性別角色，即是 roles；二、刻板印象中的男性氣質，即
stereotypes；三、理想的男性性別，即 ideals。爲免陷入純角色分析所
導致的偏激的個人化和性別差異論述，以及考慮到性別並非一獨立而
隔離的範疇，性別內容本身便涉及社會中的其他各種結構，因此，本
論文在進行男性人物分析時將這些問題置於社會關係結構網絡中進行
探討。[69] 在內文中，我們將看到男性課題的討論主要從男性的外在視
覺形象、情慾心理、家庭角色和工作事業四個方面來展開，當中的分
析內容却又是脫離不了與國家民族、政治經濟、歷史文化狀況、人際
關係活動、階級和地域問題等等之間的互動關係。

　　這四個處於關係網絡中的方面，即是本論文對五四女性小說文本
中男性形象的分析架構：

　　第二章：從「觀察」與「看」談「新男性」的視覺形象。此章從
兩性間的「觀察」和「看」的活動所産生之性別政治，對五四男性在
女性文學文本中的視覺形象（身體外型、相貌、體格、風度）進行分

---

68 以下三點主要引自 Clatterbaugh, Kenneth, Contemporary Perspectives on
　Masculinity: Men, Women, and Politics in Modern Society (Coloroda & Oxford:
　Westview Press, 1990)，頁 3。
69 將性別課題置於社會關係結構網絡中進行探討的分析方法，主要參考 R. W.
　Connell 在 Masculinities （Cambridge: Polity Press, 1995）一書中對男性氣質和性
　別建構問題的觀點，見頁 67-86。

析，討論：一、男性人物作爲「被觀察者」和「被看者」在文本中所能施展的現代化視覺形象內容，他們的身體外型、衣著打扮和動作表現所反映的歷史、社會、階級、地域和性別等方面之意義；二、男性人物作爲「被觀察者」和「被看者」在文本中所呈現的性別張力，包括兩性關係、性別權力姿態、女性成爲觀察和書寫活動的主導者，等等之課題。

第三章：從兩性關係談「新男性」的情慾世界。內容主要討論五四女性小說中男性人物對戀愛、婚姻、性等方面的態度與價值觀念，並配合五四時期所盛行的婚戀與性愛觀，嘗試發掘具有特殊意義的「新男性」和「新」兩性關係。分析工具將運用到性別研究中有關男性與性、情感、親密關係、婚姻等方面課題的理論觀點，以及 Antony Giddens 的「民主化」兩性關係，Riane Eisler 的夥伴關係概念。

第四章：從家庭關係中的父親形象談「新男性」。通過從性別角度出發，解讀文本中男性人物在家庭關係範疇內的重要角色 —— 父親（也涉獵丈夫角色），試圖挖掘異於象徵意義上的、以群體姿態出現的父親／父權代表人物類型，即是另類以具體、個體形象出現，體現家庭角色和自然血緣意義的父親。分析過程將使用社會學的角色理論、心理學、性別研究中有關男性與家庭、妻兒以及父親角色關係的觀點。

第五章：從工作與男性氣質的關係面談「新男性」。職業是人類在社會中所從事的作爲主要生活來源的工作。由於「男主外，女主內」的角色分工，工作職業不只直接影響男性自身的生存條件，而且也是他們執行家庭經濟生活供應者義務和展現本身男性氣質的重要依憑。要探索五四時代的男性性別概念之變遷，從工作／職業／事業角度對五四女性小說文本中的男性人物形象進行分析是非常重要的。此章所運用的理論工具包括性別研究中有關男性與工作、男性與暴力、男性與男性氣質、男性與自我認同等方面的觀點，這些觀點分別涉及角色

學、心理學、社會學等等。

　　這四章的分配與彼此間的關聯主要是一種互涉的關係網絡狀態，相互的、不同程度地交織體現：一、五四這個特定時段裏某些特定男性形象與身份的構成內容；二、五四女性小說文本中的（包括傳統的、當時的、想像中理想的）男性觀，也即是女性文學中的性別意識內容。

第二章　視網膜上的擱淺

——從「觀察」與「看」談「新男性」的視覺形象

　　本章將討論男性人物在五四女性小說中作爲「被觀察者」和「被看者」的視覺形象（外型、相貌、體格、風度），並分析其在文本中所能施展的性別想像張力。

　　所謂人物的視覺形象，基本上指人物的面容身體、衣著打扮、姿態動作、表情風度等。視覺形象是觀察者根據自身對被觀察者的理解和感知，將對方再現出來的其中一種方式，它可以反映觀察者的主觀意圖和認知方式，觀察者與被觀察者之間的互動關係，以及被觀察者的身份內容。

　　從西漢劉向的《列女傳》開始，歷代以來多種有關女性道德教育的專著，其目的和作用主要是爲了使女性「服從」男性。例如儒家所推行的「三從四德」，要求女性培養「柔順」的性情、言行和思想，這都是爲了鞏固男性在政治、經濟和性別秩序裏的主導權。[1] 從「在父母舅姑之所，有命之，應『惟』，敬對、進退周旋慎齊。升降、出入、揖遊不敢噦噫、嚏咳、欠伸、跛、倚、睇視，不敢唾、洟。寒不敢襲，癢不敢搔」（《禮記·內則第十二》），到「古者婦人妊子，寢不側，坐不邊，立不蹕，不食邪味，割不正不食，席不正不坐，目不視邪色，耳不聽淫聲」（劉向《列女傳》），再到「凡爲女子，先學立身〔……〕行莫回頭，語莫露唇。坐莫動膝，立莫搖裙。喜莫大

---

1 卜孝萱主編，郝潤華著《婦女與道德傳統》（南京：江蘇古籍出版社，2002），頁25。

笑，怒莫高聲。內外各處，男女異群。莫窺外壁，莫出外庭。窺必掩面，出必藏形」（〔唐〕宋若華《女論語・立身章第一》），在以上種種條規的箝制下，中國古代的婦女想要對外在世界有更多注意性的觀察都是不被鼓勵、不被允許的，更遑論觀察男性的「荒謬」之舉。因爲女子的目光不正便不符「四德」規範，目光稍爲大膽些者更冠之以「淫蕩」、「不規矩」的罪名。而男性儘管受儒家對君子涵養的約束，要求「非禮勿視」，但這並不影響男性在其他更多方面觀察女性的自由與合理，否則我們也不會看到歷代不乏的各式各樣的仕女、美女、妓女圖繪和雕塑，也不會有無數欣賞和讚美女子儀容豐姿的文學創作了。可見長久以來，女性一直處於「被看者」和「不見者」的位置，男性則獨掌「觀看者」或「觀察者」的主導權力。「被看者」位置說明女性不僅被看，而且還處於無權回看，更嚴禁主動的觀看或觀察行爲，是爲「不見者」位置。「看」和「觀察」是人類認識和反映自然社會人生的基本方式。當「看」和「觀察」的權力被剝削，這意味著：一、女性喪失屬於主體自身的視察本能，並多淪爲被（男性）看的客體；二、女性對客觀世界的認識和反映遭到阻隔和扭曲。[2] 在這樣一種失衡的「看」和「觀察」位置上，女性如何「看」或「觀察」異性呢？若不將對象置於被看者的位置上，女性如何對男性進行想像

---

2 根據 Michel Foucault 對權力的論述，他認爲「權力存在於四處各方，並非因爲它概括一切，而是因爲它來自於任何一處」（見 Michel Foucault (1976) 著，Robert Hurley 英譯，The History of Sexuality: Volume 1- An Introduction (New York: Vintage Books/Random House, 1980)，頁 93 ）。權力的操作更與凝視（gaze）活動、主體身份有密切關聯，因爲一個個體所擁有的多重主體位置將可能直接影響該個體說話、書寫、思考或觀察注視的活動。對福柯而言，主體有兩層意思，包括：一個人在生理或精神心理上因被另一個人控制或依賴另一個人而導致從屬於後者，和，一個人自身的自我意識和認識能使他與自我的身份認同產生關聯。（見 "Afterword: The Subject and Power，"in Dreyfus, H. L. and P. Rabinow, (eds.), Michel Foucault: Beyond Structuralism and Hermeneutics (2nd Edition) (Chicago: The University of Chicago Press, 1983)，頁 212。）福柯的這些觀點對女性主義的發展有著相當的影響，尤其是有關「女性凝視」（female gaze）課題的討論方面。例如：Lorraine Gamman, Margaret Marshment, Jackie Stacey 等人便分別從文化視角討論女性身體如何被物化、被情慾化，以及女性的觀察和欣賞活動如何受男性和父權意識形態所壓制。

呢？又，即使成功將男性置於被觀察的位置，女性所看、所觀察、所想像的，又能有多少成份的主體意識呢？瞭解這些，將有助於我們把握五四女性小說中「尋覓『新男性』」和建構「新男性」性別過程的初步表現。[3]

第一節 「觀察」與「看」

縱觀歷代以來的文藝活動和成就，如：繪畫、雕塑、文學創作等，絕大部份的參與者為男性，女性作者的作品充其量只是男性文人雅士們的陪襯品或玩賞物。即使有不少女性作品的出現，但真正受到重視、尊敬，得以流傳的仍屬有限。相較於絕大部份的男性作品，例如各朝代的仕女圖、美女圖、仕女雕刻、塑像、詩、詞、曲、賦、傳奇小說等各文類中的女性形象，佔大多數者仍是男性眼中的「被看對象」和「慾望對象」。[4] 從外在方面來說，這表現在女性形象的面容樣貌、服飾裝扮、體態氣質等，從內在方面來說，則表現在女性形象的言行舉止、性格情感等。不論是唐代人以豐腴豪放為美，還是宋以後以柔弱含蓄為美，都只顯示了男性的審美眼光，而女性對異性的審美權力則不是被壓抑便是被剝奪。明清閨閣女畫家雖繪有高士文人之作，但主要是觀摩父兄或其他男性畫師的畫法，其描繪男性相貌、外型、姿態的取角也是依循以男性為中心的準則來進行的。[5] 歷代女作者在

---

3 有關女性的觀察視角和活動如何影響並形塑男性／男性氣質的問題，可參閱 Kevin Goddard, "'Looks Maketh the Man': The Female Gaze and the Construction of Masculinity," The Journal of Men's Studies, Vol. 9, No.1, Fall 2000, pp. 23-39；Rozsika Parker, "Images of Men," in Jacqueline Morreau & Sarah Kent, eds., Women's Images of Men (London & New York: Writers and Readers Publishing, 1985), pp.44-54(Reprinted from Spare Rib, No. 99, October 1980)等文章。

4 廖雯《女性主義作為方式－女性藝術》（遼寧：吉林美術出版社，1999），頁 31。

5 李湜〈明清時閨閣畫家人物畫創作的題材取向〉，《美術史研究》，1995 年第 1 期，頁 43-47。

詩、詞、曲、賦、彈詞等不同文學領域裏書寫男性時，也多以「雄化」自身性別的姿態呈現，這種「閨詞雄音」的風格一直延續到民初甚至五四時期。[6]

正是由於這種單向化觀察位置的霸道，歷來女性畫作、文學創作等文本中的男性形象，和出自男性之手的男性形象差別不大。例如：儒者的相貌端正大方，五官飽滿，體態溫文沉穩，舉止多表現得文質彬彬。而英雄義士的相貌則濃眉銳眼，身形彪悍，動作豪邁粗獷。女性在文本中作為觀察者的眼睛依然是模糊甚至是不存在的，女性對男性的審美內容依然無法「浮出地表」，因為她們在用男性的眼睛看男性。

自明清始，因女性接受教育的情況漸為普及，個體意識萌生，女性急欲打破沈默，發出自己聲音的需求從過往的騷動難安已發展到了呼之欲出的地步。清末民初，隨著中國政局的變動以及西方各種思潮的傳入，加上救國圖存、改良國民素質的願望，使得婦女解放運動成為達成這些目的的重要活動之一。大大小小的婦女解放運動在中國各大城市陸續展開，刺激了女性這股潛伏千年的發言意念，如雨後春筍般戳穿地表，一探閨閣外的世界。一部份興致盎然的女作家，首先便把握住作為創作主體所需有的首要條件[7]，有意識地將男性置放於「被觀察者」的地位，對男性採取了「觀察」行動。

John Berger 從藝術觀察的角度指出「看」與「被看」是男女之間的主要對應關係。[8] 這種主客現象同樣也發生在文學創作的表現上：

---

6 王力堅〈清代「閨詞雄音」的兩難困境〉("A Paradox: Masculine Style in the Female Ci-Poetry of the Qing Period")，這是王力堅分別在「2000 年澳門國際詞學研討會」和國立新加坡大學中文系(2.9.2000)所發表過的一篇論文，內容談及清代女詞人以「男性化」手法抒發自己的感情和意見。

7 劉安海、孫文憲主編《文學理論》（武漢：華中師範大學，1999），頁 194-7，討論「觀察」對文學創作的重要性。

8 Berger, John, Ways of Seeing (London: British Broadcasting Corporation and Penguin Books, 1972), p. 47.

一種情形是女性在男性文學中多以被觀察者的客體身份呈現，另一種
情形是女性的書寫事業在很大程度上因其觀察主體的身份位置無法確
立，結果不是陷於認同男性主流價值便是書寫行為和成果受到邊緣
化。自明清開始至五四時期，女性自身的觀察能力和權力意識逐漸復
甦，而且可以像男性一樣成為觀看主體甚至書寫主體。除了對女性自
身命運和處境的關注性觀察外，五四女作家比明清時期的女作家多了
一份對男性生存狀態表示刻意關注的興趣，並通過觀察行動重寫一則
則看與被看的故事。接下來的分析，將展示作為「被觀察者」或「被
看者」的男性，其在五四女性小說中的視覺形象之延伸意義，呈現方
式與過程的成敗得失，並給予中肯評價。

　　在本章，「觀察」和「看」二詞的使用主要是以五四女性小說為
範圍，以文本中男性人物的視覺形象為研究目標。從廣義上而且是針
對作家而言，「觀察」和「看」這兩個辭彙皆是指主體（這裏特指女
性主體）對外在世界進行主導式的觀看、視察而獲得認知經驗，並以
書寫的方式再現所觀所知的一項行為活動。若要仔細區分的話，「看」
是種意識成份較少的活動，而「觀察」則是有意為之的留心注意。[9] 本
章在討論文本中的男性視覺形象時，大前提上是肯定「看」和「觀察」
在廣義上的相通解釋，但在分析男性視覺形象的效果時，會強調狹義
上的區分。也即是說，廣義上，「看」等同於「觀察」，因為兩者皆
是與眼睛視覺有關的生理反應。狹義上，「看」是視覺圖像在觀察主
體（女作家／文本中的女性觀察者）視網膜上的直接投射，而「觀察」
不僅是生理反應過程，還有組織模式的參與以及主體本人對外物的感
知、理解、體驗等心理活動。[10] 簡而言之，「看」和「觀察」的差異
在於後者比前者多了一層複雜的心理活動，如對事物的理解體驗、聯

9　Sanger, Jack, The Compleat Observer? – A Field Research Guide to Observation (London & Washington, D.C.: The Falmer Press, 1996), p. 3.
10　參閱蔡毅〈論藝術觀察的生成與演化〉，《雲南學術探索》，1998 年 4 期，頁 55-58。

想分析等。當意義相同的「看」和「觀察」運用到不同類型的男性視覺形象上時，我們會發現，那將形成「看」和「觀察」在狹義上的兩種不同觀感和形式，也就造成兩種不同的效果意義。

這兩種不同的形式主要表現在：（一）觀察者（女作家）會設計一個在文本中現身說法的觀察者（女性人物），代為執行和演練觀察行動。也即是說，男性的視覺形象會在文本內透過某指定的觀察者所進行的觀察經過，作近距離的呈現。這種同時扮演旁觀和參與角色的雙重觀察方式，通常出現在文人男性視覺形象的塑造過程裏，而且幾乎所有的觀察活動都是在與兩性關係課題相關的性別環境裏進行的。因此，這種「觀察」形式的功能意義較能體現兩性之間深刻而豐富的性別內容。（二）另一種形式則沒有特定的女性人物擔任文本中觀察者的角色，而是獨獨由作者在文本外對男性進行觀察，是為隱含的觀察者。這類觀察活動通常是在強調貧富階級矛盾的政治環境裏進行的，因此其所觀察的目標雖然仍是男性，但真正的觀看目的卻並非人物個體的內容，而是以傳達人物的政治群像和某種政治思想為最終目的。也即是說，這種「觀察」形式的功能意義傾向於體現與社會階級問題相關的政治性內容。然而，由於觀察者對男性被觀察者已失去了針對性的個體關注，因此導致人物視覺形象的呈現效果缺乏多元化的聯想和認知，而流於單一化，跌入狹義上的「看」的姿態。

不管是「觀察」還是「看」，其共同的主要功能是協助破除成見（bias），因為導致人們視察能力受阻礙或蒙蔽的部份原因來自於人們對既有事物的熟悉（familiarity）。[11] 例如：在封建父權體系下，男尊女卑、陽剛陰柔的概念深深影響中國的社會發展和文化意涵。女性一直都被迫接受並「熟悉」男性賦予她們的定義，對自身的屈從地位逆來順受。直到晚清開始，因受到種種改革運動和西方女性主義思潮

---

11 Sanger, Jack, The Compleat Observer? : A Field Research Guide to Observation (1996), p. 8.

傳入中國的影響，中國婦女才真正看待自己以為熟悉的自身。其實，
她們所最熟悉的本位內容和兩性關係，也正是她們所不熟悉、所忽略
的不見之處，因為她們所接觸的大部份內容，實際上是依附在以男性
為中心的價值體系上的。因此，只有還以自己一個「觀察者」的身份，
女性才能真正認識自己、為自己重新下定義；同時，也真正認識異性
的存在狀況。

第二節　「觀察」文士圖像

　　從男性人物的視覺形象探討女性文學中所想像的五四男性，是否
意味著五四男性有其典型形象？如果從 Kam Louie 所說的「文」「武」
性質來歸類的話[12]，那籠統的說，多半五四男性也不出這兩大範疇。
筆者很不願意認為五四男性是有所謂的典範形象，尤其是簡約化的
一、兩類型，因為這會因時間、空間、種族和階級屬性等問題而有所
不同。但在本論文所要討論的範圍內，由於觀察者、書寫者是女性知
識份子，她們所觀察和書寫的男性對象也因而首先關注當時的男性知
識份子，然後才是中下階層的非知識份子，這又與女作家個別的人生
經歷有關。因此，要在五四女性小說中找尋部份五四男性群體相似的
視覺形象特質，是有可能的。例如：當時有許多男性知識份子到海外
留學，回國後衣著打扮洋化，穿西裝皮鞋、戴洋帽燙捲髮；或仍保留
中國文人氣息的裝扮，都出現在文本中的男性人物身上。但這只說明
了當時男性部份的外在形象，他們的身體並沒有真正被描述到。明清
開始，相機和油畫肖像日漸普及，對人物形象的複製和再現幾可亂真，

---

12 見 Louie, Kam and Louise Edwards, "Chinese Masculinity: Theorizing Wen and Wu,"
East Asian History 1994: 8, pp. 135-148. Kam Louie 在 2002 出版了 Theorising
Chinese Masculinity: Society and Gender in China，進一步系統地闡述中國人的男性
氣質與文武意涵的關係。 (Cambridge: Cambridge University Press, 2002)

人類的身體組織、表情姿態，較古時更易被反復仔細地觀察，然後進行再現動作。然而，比起在五四時期的眾多男性作品，女性文本中的這類細描很少，而且有欠力度。我們可以從魯迅、茅盾、巴金、郁達夫等等的男作家作品中閱讀到無數精緻而具深刻意義的男性形象。[13]

五四女性小說中男性人物在外部視覺（尤其是身體意義）方面的表現雖然不如男性作家作品，但仍有分析他們的必要和意義。研究他們的意義不在於他們的量寡和品質一般，而是在於異於過往獨攬觀察主導權的姿態，他們處於「被觀察者」位置、被女性觀察的特殊意義上。當然，這些男性人物並非毫無變動地處於這種位置，他們當中有的也具備「觀察者」和「被觀察者」的雙重身份。值得注意的是：這些男性人物的女性觀察者通常都直接出現在文本中，與他們展開直接而私人的接觸，參與了整個觀察活動的過程。接下來，我們就男性人物作為「被觀察者」的狀態，依序解讀他們的外在視覺形象內容 —— 相貌身體、服飾風度之表現。

一、又見白面書生

文人書生在中國傳統文化裏是極為普遍的知識份子形象，儘管宋代以前的文人有兼習射騎武藝以強身的習慣，但自宋開始，武略作為體現剛柔並濟的陽剛條件已漸被捨棄，而多轉向以智謀來表現陽剛。不管是純文縐縐或是智勇雙全的男性知識份子，其一般外型特質多是偏向陰柔氣質的。這在中國古代的戲曲和古典小說裏的例子枚不勝舉。如：《西廂記》中的張君瑞、《牡丹亭》裏的柳夢梅、《梁祝》裏的梁山伯、《白蛇傳》裏的許仙，都是面目俊美，身型柔秀，白白

---

13 五四男性作家筆下著名的文人紳士男性人物佳例，如：魯迅的涓生（〈傷逝〉）和四銘老爺（〈肥皂〉）、茅盾的吳蓀甫（《子夜》）、巴金的高覺慧、覺民（《家》）、郁達夫〈沉淪〉裏的中國留學生，等等，無論在人物的視覺形象還是心理狀態各方面都極富時代意義，至今仍得到讀者和評論者很高的評價。

嫩嫩的。小說創作裏要數《紅夢樓》中的賈寶玉和秦鍾為典型的白面
書生，還有李甲（《警世通言・杜十娘怒沉百寶箱》、安公子（《兒
女英雄傳》）等等。這些在民間流傳甚廣的文人男性形象對五四女性
知識份子造成了一定的影響，同時也形成了她們在想像男性知識份子
時的基本印象，造就了即使雜糅西方的紳士氣質，卻也難掩傳統書生
味兒的形象特質。

　　本節將談到的多位男性人物，他們一方面在衣著打扮上表現了中
國於十九世紀末二十世紀初，在東西方文化交融的歷史情境中產生的
洋化氣息極重的一類文人。另一方面，他們卻又變化有限地繼承了中
國男性文人的外型氣質：身軀瘦長、眉清目秀、細皮嫩肉。然而，值
得注意的是，五四時期的反傳統精神主題與魏晉時期放浪不羈、追求
自由的浪子文人有著相通的精神氣質，使得五四女性小說世界中也出
現這類浪子文人形象特色，如：頹廢放蕩、不修邊幅。再加上自甲午
戰爭以後，由自強運動延續而來的自強意識從未中止，到五四時期更
講究國民的健康和體能素質，這也表現在一部份的男性知識份子身
上。不管怎樣，這些男性人物的視覺形象在被描繪和形塑的過程當中，
都深深流露了他們作為女性觀察、想像和慾望投射的客體處境。

二、平　視

　　平視是一種靜態觀察，觀察者採取地位相等的姿勢對男性對象進
行觀察，似寫生作品中的靜物描繪，又似客觀冷靜的敘述，純粹白描，
並不帶太多刻意的批判性情感。這種靜觀平視的現象顯示了女性初探
男性世界的好奇和新鮮態度，也是女性擺脫原有的被觀察者角色的嘗
試。不管被觀察的對象是否同時也是一個觀察自己的人，這些女性都
不會顯得彆扭不自然、害羞不敢回看，反而繼續展開她們探索男性的
初步旅程。

以下是顯示這種平視觀察活動的部份例子：

男性人物	平視觀察過程與成果
大學生雅南	客廳有個亂髮的男子，穿一件毛織的睡衣，蜷在屋角裏的一張沙發上。〔…〕她把頭側過去，注視的想考察那一張已不像從前骯髒而是洗得乾乾淨淨的臉。〔…〕雜亂的短髮魯莽的搖了幾下〔。〕[14]
大學生朱成	學經濟的學生，那穿黃條紋洋服，戴寬邊大眼鏡的，挺著高大的身軀，紅的面頰上老現著微笑，不待聽他說話的腔調，一眼便可認出這是個屬於北方的漂亮的男子。[15]
導演張壽琛	是一位非常整潔的少年，穿一身黑綠色的嗶嘰洋服，斜躺在錦質的沙發上〔。〕[16] 夢珂正憨憨的張著兩隻大眼審視這生人，在那一張刮得乾乾淨淨的臉上，有個很會扇動的鼻孔；在小小的紅嘴唇裏，說話時露出一排雪白的牙齒。左手是那樣的細膩，隨意的在玩弄著胸前的錶鏈。呵，領結上那顆別針，還那樣講究呢！她不轉眼的望著這人，連他說什麼也聽不清楚。[17]
今傑	茜華抬起眼來望著，見男人的樣子和從前沒有多大改變，面色仍然很紅潤，眉目間的清秀也還照舊，頭髮，

---

14 丁玲〈夢珂〉，原載 1927 年 12 月 10 日《小說月報》，第 18 卷第 12 號，署名丁玲。初收小說集《在黑暗中》（上海開明書店 1928 年 10 月初版）。引文見《丁玲文集》（長沙：湖南人民出版社，1982）（第二卷），頁 11。
15 同上，頁 12。
16 同上，頁 38。
17 同上，頁 39。

	服裝是一向那樣的整潔，但不知在哪裏顯示著呆氣，也可以說是過於忠厚的表現。[18]
詩人	是一個「白袷臨風，天然瘦削」的詩人。他的頭髮光溜溜的兩邊平分著，白淨的臉，高高的鼻子，薄薄的嘴唇，態度瀟灑，顧盼含情，是天生的一個「女人的男子」。[19]
棣生	他的又黑又硬又多的剪成法國式頭髮鋪在枕上，紫棠色的臉插在大紅被筒裏，那半醒的眼睞睞著笑意，一張大嘴像鯰魚口半開著，唇上下兩條曲線的末端微微露出可愛的小彎彎兒，這活像小孩子玩的裝小人兒的紅匣子，一開匣子就會迸出一個又逗人愛又可笑的小鬼頭來。[20]
政府官員駿仁	她說完，望了望他。他的面容比以前豐潤，眼邊的大學教授式黑灰圈已經沒有了。身上穿著一件青灰嗶嘰線呢的夾袍，腳上皮鞋擦得閃亮，頭刷得油光，時時透出一種髮油的香，這樣裝束，她覺得以前他沒有過。[21]
革命份子韋護	〔麗嘉〕拿眼在瞅韋護的新洋裝〔…〕簡直是一種專為油畫用的那沉重的深暗的灰黃的顏色，顯然是精選的呢料，裁制得那末貼身，使人一想起那往日藍色的粗布衣，就覺得好笑，仿佛背項都為這有直褶的衣顯

---

18 沉櫻〈喜筵之後〉，收入短篇小說集《喜筵之後》（上海北新書局 1929 初版）。引文見《喜筵之後·某少女·女性》（北京：人民文學出版社，1987），頁 53-54。

19 冰心〈我們太太的客廳〉，原載天津《大公報·文藝副刊》1933 年 9 月 27 日，第 2-10 期。初收入小說集《冬兒姑娘》（北新書局 1935 年 5 月初版）。引文見卓如編《冰心全集》（第三卷）（福州：海峽文藝出版社，1994），頁 28。

20 凌叔華〈他倆的一日〉，原載 1927 年 9 月 17 日、24 日《現代評論》，第 6 卷第 145-146 期。引文見陳學勇編《凌叔華文存》（上卷）（1998），頁 229。

21 凌叔華〈再見〉，原載 1925 年 8 月 1 日《現代評論》，第 2 卷第 34 期。引文見陳學勇編《凌叔華文存》（上卷）（四川：四文藝出版社，1998），頁 66。

	得昂然了。麗嘉又看他腳，穿的是黑漆的皮鞋，反射出藍色的光，整齊得適與那衣裳相配合。髮是薄薄的一片，塗了一點油，微微帶點棕黃，軟軟的、鬆鬆的鋪在腦蓋上。在上了膠的白領上，托出一個素淨的面孔，帶著一點高興，又帶著一點煩惱，〔…〕真是副具有稍近中年的不凡男子的氣質，自自然然會使人生出一種愛好的心，不雜一點狎弄的。麗嘉端詳了他半天，她那慣於嘲諷的嘴，已失去了效用，只能將眼睛睜大，然而卻不是驚愕的神情。[22]
青年教師宋師玉	宋先生的尖滑的臉兒雖不見得怎樣可愛，但大學畢業，洋服穿得大方，修飾得時髦勻整的青年男性，也給她以不少的誘惑！[23] 宋先生那張裝在鏡框裏的穿著和尚褸般和戴著四方帽子的他的大學畢業時的影片，確會使乳犬般的中學生死心塌地的傾慕著〔。〕[24]

　　從以上這些表層的觀察結果，我們可初步勾勒出一類民國時期男性知識份子的外在形象：他們當中有的保留了中式長袍的衣著打扮，有的則模仿並採用西式的服裝和佩飾，如：西式的畢業服裝、西方布料的選用（如：呢絨）、貼身的剪裁（異於中國服裝「肥碩寬大」 的

---

22 丁玲《韋護》，連載於 1930 年 1-5 月《小說月報》，第 21 卷第 1-5 號，1930 年 9 月大江書舖初版。引文見《丁玲文集》（第一卷）（1982），頁 38-39。

23 馮鏗〈最後的出路〉，中篇小說，全篇共 28 章，前 6 章在 1929 年 9 月載於《女作家雜誌》創刊號，署名馮占春，篇名〈女學生的苦悶〉，其餘 22 章是未發表過的手稿。參考張小紅《左聯五烈士傳略》（上海：上海人民出版社，2001），頁 163。又，據魯迅博物館文物資料部整理的《晨光─柔石　馮鏗手稿》（北京：書目文獻出版社，1985）頁 398 所記載，此篇原題為〈一個女學生的日記〉。引文見馮鏗《重新起來》作品集（廣州：花城出版社，1986），頁 166。

24 同上，頁 170。

風格），還有鐘錶、皮鞋、眼鏡、別針等等。[25] 在面容方面，已找不
到象徵中國封建君主制度的辮子存在，取而代之的是或油亮整潔、或
象徵無拘自由的散亂的外國式髮型。此外，人物的五官開始被關注起
來。以上這幾位男性人物基本上仍保留著中國古代文人所強調的面目
清秀乾淨、皮膚細嫩、白晰裏又以紅潤顯示其健康的精神等特色。這
雖然只是當時相當普遍的知識份子輪廓形象，但已說明了女性觀察者
在平視視角下的初步結果，基本上具有兩項特色：一項是男性文人的
臉部普遍受到關注，另一項是他們的衣著打扮也特別吸引女性觀察者
的注意。前者反映了中國五四時代文人男性美的標準在某種程度上是
有其繼承性的，後者在服飾和髮型上的西化改變則較鮮明地反映了當
時人以西方為參照的價值取向和審美時尚。這些多樣化的髮型、服飾
的質地材料、手工剪裁、用途和配帶位置，都顯示了中國從晚清以來，
經歷了半封建半殖民的社會和政治變遷，以及民國時所施行的《剪辮
通令》和一套民國服飾新範例以後，所呈現的一種複雜的時代面貌：
追求平民化、自由化、多元化、現代化、個性化和西方化的精神意義。
[26]

三、饑餓的觀察

除了平視效果下所展示的男性視覺形象，五四女性小說中還出現
了一種對男性外在形象進行熱切而細緻的觀察現象，而且程度不同的
企圖心、佔有慾、主動行動力也通過故事女主人公的主觀意念透露出
來。這形成了一批男性人物處於被善意仰視和被蓄意觀察的特定視角
下，臉部和身體受到一步步的高度聚光寫真，經由他們的身體外型轉

---

25 參考徐清泉《中國服飾藝術論》（太原：山西教育出版社，2001），頁 290-261。
26 同上，頁 90-99。又見華梅《中國服裝史》（天津：人民美術出版社，1989），頁
87-93。

達出女性觀察主體的慾望，一種觀察和想像男性的熊熊慾望。[27]

（一）善意的仰視

這裏所談的仰視純粹是一種女性對男性外型風度的讚歎和欣賞，並流露出崇拜和仰慕之情，但這類仰視視角下的慾望表達是溫和而不帶攻擊性的。這些男性的外型（尤其是身軀）描繪不僅限於其存在的狀態如何（如：臉是紅的、眉是黑的、髮是散亂的），而是強調了男性人物的視覺印象所能為女性觀賞者提供的審美滿足和欣喜，例如：什麼樣和怎樣狀態的男性身體外型給予女性欣賞者什麼樣和怎樣的感覺體會。也即是說，男性人物作為寄託性對象，身上是寄寓了女性主體的觀察慾望和審美情感的。

男性人物	仰視過程的敘述
子儀	此時子儀正睡得沉酣，兩頰紅得浸了胭脂一般，那雙充滿神秘思想的眼，很舒適的微微閉著；兩道烏黑的眉，很清楚的直向鬢角分列；他的嘴，平日常充滿了詼諧和議論的，此時正彎彎的輕輕地合著，腮邊盈盈帶著淺笑；這樣子實在平常采莟沒看見過。他的容儀平時都是非常恭謹斯

---

27 這裏，女性觀察者活動和被觀察者的視覺效果之間的互動關係，直接造成前者產生一種快感或愉悅感的欣賞目的。就像 Lorraine Gamman 和 Belinda Budge 從電影、電視文化的角度討論女性在觀察男性的色相和面對自身的情慾審美需求時所表現出來的積極大膽、主動活躍等特色一樣，五四女性小說中的這些女性觀察者也不同程度地將男性置於屬於女性的情或慾之審美活動裏，接受、享受並表達她們面對男性視覺形象而產生的愉悅感。見 Lorraine Gamman 的 "Watching the Detectives: The Enigma of the Female Gaze" 和 Belinda Budge 的 "Joan Collins and the Wilder Side of Women: Exploring Pleasure and Representation," in Gamman, Lorraine and Margaret Marshment, eds., The Female Gaze: Women As Viewers of Popular Culture (Seattle: The Real Comet Press, 1989) ，頁 8-26，及頁 102-111。

	文，永沒像過酒後這樣溫潤優美。采苕怔怔的望了一回，臉上忽然熱起來。[28]
C君	他是那樣頹廢的樣子，蓬鬆的長髮，亂披在瘦損的臉上，眉毛總是緊皺著，但那顯出的神情不是憂傷而竟是剛強。他很長於談笑，每逢他說起話來，總像把別人全要驚服似的那樣緊張狂放。充滿著光和力的眼睛，從不見有疲倦的時候。幾乎與他那憔悴的臉容是不相稱的活潑。我最初看見他時，似乎覺得有些可怕〔…〕總之，我很喜歡他，不，簡直有點愛他〔。〕[29]
留日學生／文藝青年季平	綺君每次看著季平的蓬鬆而整齊的長髮披在瘦瘦的臉上，把香煙狂吸著的樣子，便莫名地感到很不愉快，同時覺得季平卻有一種不可言說的美，這是那姿容修潔的丈夫所沒有的。[30]
大學生方先生	他是性情很活潑的青年，尤其是在女性的面前，他是顯得非常機敏而又英俊，在薇的心目中覺得他是具有一切可以使人迷醉的男性美的。他是在戀著她，但並不使人生厭的在追求。卻也不顯出懦弱的侷促不安，他的態度總是那樣的動人而又那樣灑脫，在這常常相處的暑假中，薇是完全迷戀著他了。[31]

　　子儀的溫馴祥適，C君和季平的頹廢狂放，方先生的英俊開朗、

---

28 凌叔華〈酒後〉，原載《現代評論》，1925 年 1 卷 5 期，收入《花之寺》（上海新月書店，1928 年 1 月初版）。引文見陳學勇編《凌叔華文存》（上卷）（1998），頁 50。

29 沉櫻〈關於《某少女》〉，選自中篇小說集《某少女》（上海：北新書局 1929 初版）。引文見《喜筵之後・某少女・女性》（1987），頁 101。

30 沉櫻〈慾〉，原載 1929 年 8 月 16 日《北新》，第 3 卷第 15 期。引文見陳甯寧選編《沉櫻小說・愛情的開始》（上海：上海古籍出版社，1997），頁 118。

31 沉櫻〈時間與空間〉，選自《喜筵之後》（上海：北新書局 1929 年版）。引文見《喜筵之後・某少女・女性》（1987），頁 226。

健康活潑，乍看之下展現了好幾種令女性仰慕的男性外型。然而，這些備受欣賞的男性外型之美，正恰恰是五四時代中國本土文化與域外文化相碰撞而造成的多元審美。溫靄祥和的陰柔之美傳承自中國佔多數的書生形象，頹廢狂放一方面源自魏晉「竹林七賢」式的另類文人形象，一方面也受當時日本盛行的浪人文化影響[32]，健康活潑開朗的男性特質可上溯到清代的自強和洋務運動，以及晚清和民國初期的五四先輩改良國民素質的倡議。這幾種類型的男性文人氣質，顯示了文本中女性觀察者對於男性的想像和現實生活環境的某種呼應。

（二）目的性的眈視

在多類觀察方式當中，含征服性質的觀察算是最能彰顯女性觀察者和男性被觀察者之間的權力關係之視角。但這類針對男性視覺形象所進行的強烈的觀察現象並不多見，主要出自丁玲的作品。以下將要談論到的幾位男性文人，其外型（尤其身體）處於極度曝光的狀態，身體的存在主要以一種美的概念進入女性觀察者的視野，成為她們確立和建構男性美的重要衡量尺度，並通過這種目的性極強的觀察視角表達其強烈的企圖心、情色慾望、佔有慾、操縱慾。

之一：南洋學生凌吉士

凌吉士一出場時便被女主人公莎菲驚為天人，這位「高個兒少年」給她留下的第一印象是：

> 可真漂亮，這是我第一次感覺到男人的美，從來我還沒有留心

---

32 所謂的浪人，是指日本幕府時代失去主人、官位和俸祿，四處流浪的武士。明治維新後，有的被軍部所用，從事侵略擴張活動，也有的轉為農商者，但大多仍保持著武士傳統。清末民初時期，有不少的日本浪人在中國大陸活動，詳細的資料可參考趙軍譯著的《辛亥革命與大陸浪人》（北京：中國大百科書出版社，1991），以及趙金鈺著的《日本浪人與辛亥革命》（成都：四川人民出版社，1988）。這裏筆者所談到浪人文化主要指浪人一般所共有的特質：一、具有反抗權威的精神；二、有著豪爽敢言、放蕩不羈，以及「匡時濟世」的俠義精神。這些都相似於魏晉憤世狂狷之士的精神特質。

到。只以為一個男人的本行是會說話，會看眼色，會小心就夠
了。今天我看了這高個兒，才懂得男人是另鑄有一種高貴的模
型，我看出在他面前的雲霖顯得多麼委瑣，多麼呆拙⋯⋯。[33]

作為主體意識極強的女性觀察者，莎菲還將友人雲霖「粗醜的眼
神，舉止」、身高來和擁有完美條件的凌吉士相比較，襯托出雲霖的
「不幸」和「可憐」。從一開始，莎菲便採取主動的觀察權對審美對
象進行掃描，並肆無忌憚地將觀察過程中所獲得的滿足感、快感高度
透明化。

他，這生人，我將怎樣去形容他的美呢？固然，他的頎長的身
軀，白嫩的面龐，薄薄的小嘴唇，柔軟的頭髮，都足以閃耀人
的眼睛，但他還另外有一種說不出，捉不到的豐儀來煽動你的
心。[34]

純視覺的快感還繼續表現在莎菲對凌吉士的男性身體的一連串審
視，但這種視覺上的滿足又與之前所談的仰視觀感不同，因為目的性
視角內的男性客體有嚴重的被觀察主體操控和算計的特點。

我抬起頭去，呀，我看見那兩個鮮紅的，嫩膩的，深深凹進的
嘴角了。我能告訴人嗎，我是用一種小兒要糖果的心情在望著
那惹人的兩個小東西。[35]
我把所有心計都放在這上面，好像同什麼東西搏鬥一樣。我要
那樣東西，我還不願去取得，我務必想方設計讓他自己送來。
是的，我瞭解我自己，不過是一個女性十足的女人，女人只把
心思放到她要征服的男人們身上。我要佔有他，我要他無條件
的獻上他的心，跪著求我賜給他的吻呢。我簡直癲了，反反復

33　丁玲〈莎菲女士的日記〉，原載《小說月報》，1928 年 19 卷 2 號，初收《在黑
　　暗中》（1928）。引文見《丁玲文集》（第二卷）（1982），頁 51。
34　同上。
35　同上，頁 52。

　　複的只想著我所要施行的手段的步驟，我簡直癲了！ [36]

　　凌吉士的視覺形象在文本中的呈現狀態無疑是種「色的誘惑」（頁78）、「美的相貌」（頁81）、一種被女人渴求的「高貴」「豐儀」（頁51），而享受、享用、佔有和攫獲凌吉士美好的身體是莎菲這位女性觀察者的「衝動」和「慾望」（頁52），在以文字再現的文本裏，這便成了女性對男性身體外型美的書寫衝動和慾望。她重複地審視著目標的任何細微處—「頭髮」、「嘴角」、「嘴唇」、「眉梢」、「眼角」、「指尖」（頁51、52、55），「他的嫵媚，他的英爽」（頁59），他「頎長的身軀，嫩玫瑰般的臉龐，柔軟的嘴唇，惹人的眼角」，「嬌貴的態度」（頁69），這些身體外型特徵進而引發觀察者的聯想，使她「夢想到歐洲中古的騎士風度」，「把那東方特長的溫柔保留著」（頁75），成爲她眼裏，「一個傳奇中的情人」（頁81）。

　　之二：詩人鷗外鷗

　　落魄詩人鷗外鷗是另一位成爲目的性女性觀察者目標的男性人物。他吸引女主人公薇底注意的地方並非他具有像凌吉士般的完美外型，相反的，他的「眼皮腫腫的」，有著「灰灰的小眼珠」[37]，還有那因患有肺結核而顯得「蒼黃的臉色，就決不是能刺戟一個健全的女人的」（頁1367）相貌。然而，正是因爲鷗外鷗的模樣所營造的「頹廢」美，刺激了薇底的征服慾和進攻心，以期得到一種屬於主動採取行動並獲得成功的觀察者之自我滿足感。如此，男性的身體外型已成爲女性觀察者實踐自身慾望的媒介，並企圖施展改造被觀察者的消極形態，以激發他陽剛面的男性氣質，滿足「她所須要的有力的，男性的臂膀，和兇猛的吻，以及瘋狂的，癡情的沉重的話語」（頁1373）。這種女性對男性美的觀察和享受慾求，甚至化爲劇烈的吶喊：「我要，

---

36 同上，頁56。

37 丁玲〈一個男人和一個女人〉，原載1928年12月10日《小說月報》，第19卷第12號。初收《一個女人》（中華書局1930年4月版）。引文依原文內容，頁1362。

我要。」（頁 1373）

之三：秀冬

在〈他走後〉[38] 裏的秀冬，兼飾著觀察者和被觀察者的雙重角色。然而，作為一個觀察者，秀冬是處於弱勢狀態的。在他垂涎著麗婀圓潤的手時，他並沒發覺自己同時也成為對方捕捉的焦點，逐步成為被掌控的小觀察者。因此，秀冬只是個小獵手（窺視女性身體），當他「盯視」麗婀的美手時，「那眼光」已「有力」而「沉重的落在〔對方〕心上，她開始感覺得有這眼光的必要」，並且成為麗婀「不願放棄」的「俘虜」（頁 551）。這個幕後更厲害的觀察者才是真正操控秀冬身體、情感和思想的黑手，她巧妙地就勢利用其男性慾望心理之弱點，來滿足自己征服異性和被異性需要的自我主體認同感。

身為一個掌控大局的觀察者，麗婀每一次的觀察行動都是有企圖的，我們可以把這種企圖視為她的極度自戀。這可從麗婀懷念秀冬的手時的心理活動看出：起初，她表現出她對秀冬的手的觀察細微程度，「他的手是那樣大，比她長一寸又寬五分，是正適宜於將她的小手握住，輕輕的撚著的」，然而，很快的，她轉向欣賞自己瘦小柔軟的手，並認為應該「有人會專為了這手來愛她，來犧牲他的一切的」（頁 550）。麗婀這位觀察者對於她的觀察目標是有目的的，她要求得到呼之則來的「快樂」（頁 553）、「愉快」（頁 550）作為「使自己滿足」（頁 554）的回饋。

她對秀冬的男色欣賞也是建立在這種「快樂」意圖上的：

> 秀冬有淡淡的長眉，柔柔的短髮，尖的下巴，兩顆能表示出許
> 多感情的眸子。近來是更其顯得好看了，為了她，生了許多煩
> 惱，頭髮也不梳，不梳就更其嫵媚的，如人意的，散亂的鬆著，
> 而下巴就更覺其尖，那短短的鬍尖，就又稀稀朗朗的鑽了出來，

---

38 丁玲〈他走後〉，原載 1929 年 3 月 10 日《小說月報》，第 20 卷第 3 號，初收入《一個女人》（1930）。引文依原文內容，頁 549-556。

因為並不硬，比髮還柔軟，所以在摸著時，就更使人感到趣味了。因此，秀冬的，一副有著年青的光彩的臉，就又把那可憐的老馬趕跑了。[39]

秀冬的一切，聲音和臉嘴，那可愛的儀態，以及生氣時，求憐時，各種各樣的，宜嗔宜喜的一舉一動，一顰一笑都迴旋的映了出來，那影像實在太可愛了！[40]

麗婀的另一位追求者－老馬，就因為他的外型長相無法令麗婀產生欣賞活動中的愉悅感，而只能是個「可憐」的被觀察者，總讓她覺得「乏味」，甚至想疏離他：

老馬的臉相就跳出來了。怎樣的憂鬱呀，那無告的眼光！那時時掀動的鼻孔和嘴唇，那清黃的顏色，清黃得那樣瑩淨！那黑的眉，寬寬的，那永是蹙著的眉心！比起秀冬來呢，自然是秀冬可愛多了。[41]

在目的性觀察下的男性人物反映了女性觀察者（女主人公和女作家）濃厚的快樂慾求－滿足自己、使自己快樂，這使他們成為女性的慾望對象，顛覆了長久以來中國男性對女性身體的慾望書寫。[42]

如此，我們看到女性的身體敍述不再是唯一能表現女性文學書寫特色的標準[43]，因為文本中的男性視覺形象－外型衣著、面容長相、身軀體格之展示，都說明了男性的身體和外型美不但不再是一種女性文本裏的書寫禁忌，反而成為另一種突破性的書寫願望，使女性審美

---

39 同上，頁 551。
40 同上。
41 同上。
42 中國文學傳統中將女性視為男性的慾望對象之作品有很多，如六朝宮體詩、明清時期的艷情小說等都寫滿了男性對女性身體的慾望投射。可參考毛文芳的《物‧性別‧觀看：明末清初文化書寫新探》（臺北：臺灣學生書局，2001）。
43 女性文學裏有關女性身體和女性慾望的主題書寫往往容易吸引評論者的注意，如丁玲、凌叔華、張愛玲對女性人物在外型和心理方面的細膩描繪一直是備受矚目的。其他女作家作品的相關評論也都傾向於分析女性人物形象，並以此來評估這些作家和作品的寫作特色和藝術價值。

男性的饑渴慾望得到實踐。而五四女性小說中有關五四男性的視覺形象敍述，在此處也提升到一種跨越性別的形體想像。也因此，五四男性的視覺形象才不致於停留在身體被長袍馬褂、或西裝皮鞋、洋帽洋表等所覆蓋的影像。然而，除了從衣飾、容貌、身形等方面的組成部份來探看五四女性小說中男性文人的視覺形象外，觀察的意義也可以延伸到人物在被觀察過程中的表情動作和反應表現上，這也是這些文人男性視覺形象的存在意義－說明文本中書寫和想像男性的主題現象。

四、觀察的延伸意義：女性的主體意識和感知

從男性人物的視覺形象談觀察的意義，主要是因為這種以男性為客體，女性為主體的互動關係顯示了女性在想像和書寫男性時的主體和主導意識表現。儘管這種女性主體意識的表現成份未必可以跳脫既有的男權價值體系之影響，但其中有小部份作家作品仍然做到了強化這些觀察過程中的女性主導姿態。如果我們追蹤這幾位文本中的女性觀察者之目光流程，再配合之前所討論的男性文人視覺形象，再進一步分析他們的神情動作、反應表現，我們將發現，女性觀察者的眼睛高度濃縮了來自於她們本身的主體意識，而形成一個聚焦點，由此提供一特定的感知角度和感知範圍，演繹出她們所觀察到的文人男性之表情風度。

之一：洋化青年的虛偽

丁玲的處女作〈夢珂〉裏，女主角夢珂的眼睛在外形和功能狀態兩方面都被一再反復地形容和敍述－「那對大眼，冷冷的注視著室內所有的人」、「那一排濃密的睫毛」（頁2）、「細長細長的眉尖」和「扇那美麗的眼」（頁4）、「不覺眨起那對大眼驚詫的望著」（頁10），還有處處出現了夢珂在「注視」、「考察」（頁11）、「審視」（頁39）、

「望」（頁 10、19）、「拿眼睛去搜索別的可看的東西」、「聚精會神的把眼光緊盯」（頁 20）、「眯著眼睛清清楚楚的看見她們」（頁 23），等等對外在客觀世界的觀察狀態。而通過她的眼睛所反映出來的青年形象，其外型基本上都流露了新式青年的氣息，這可以從他們的西式服飾、教育背景和生活習慣方面看出。然而，這些「新青年」經過夢珂的觀察和主觀的思維過濾後所得到的理解爲：全是些「虛僞的人兒」（頁 36）。不管是留學法國的曉淞，西洋畫教員淡明、還是圓月劇社的導演張壽琛，他們的外型和學識表面上雖然顯示了他們是屬於五四時代的先進知識份子，然而他們一連串的行爲經過女性觀察者的鑒定後，所共同表現出來的氣質風度卻是：虛僞。曉淞一方面與有夫之婦私通，一方面垂涎夢珂的身體、欺騙夢珂的感情，而淡明一直對夢珂虎視眈眈、心懷不軌，張壽琛則將夢珂視爲能夠滿足觀眾慾望的搖錢樹，三者皆表現出五四時期一類「僞」新青年的虛僞氣質特色。

之二：酒後的溫潤優美

凌叔華的〈酒後〉呈現一個迷人男子醉臥爐邊的美姿。文本中女性觀察者對男性客體的動作細節之留心觀察和靜態再現，揭示了女性對男性陰柔美的崇尙。女主人公采苕爲醉中的男性朋友子儀著迷，要求丈夫允許她吻該男子一下。采苕在採取其觀察者行動時的表現，於某種程度上可說是「擺脫」了自己是丈夫永璋的觀察對象之牽制[44]，而以一種靜態含蓄的欣賞活動來表現自己的審美慾望，這挑戰了女性一貫作爲男性審美對象的定律。以下是采苕一系列對子儀醉姿和氣質的直接、大膽觀察：

> 她看著那男子，與那睡著的人脫了鞋，蓋好了氈子〔。〕[45]
>
> 采苕似笑非笑的看一看他，隨後卻望著那睡倒的人〔。〕[46]

---

44 五四時代基本上仍屬男權社會，而女作家或女性觀察者自覺地掌握觀察主體的身份無疑有其積極一面的意義，即在某種程度上達到「擺脫」部份男權的作用，但並不能因此而推論爲女性獲得完整的自我獨立，或是抗衡男權文化的典型表現。

45 凌叔華〈酒後〉，引文採自《凌叔華文存》（上卷）（1998），頁 47。

> 采苕今晚似乎不像平常那樣，把永璋的話，一個個字都飲下心
> 坎中去，她的眼時時望著那睡倒的人。[47]
>
> 采苕此時似乎聽而不聞的樣子，帶些酒意的枕她的頭在永璋的
> 肩上，望著那邊睡倒的人。[48]
>
> 采苕聽了，想了一想，後來仍望著那睡倒的人。[49]
>
> 采苕怔怔的望了一回，臉上忽然熱起來。[50]

顯然的，采苕對丈夫的甜言蜜語和親昵行為都一反常態地無心理
會，而是全神貫注地陶醉在對觀察客體的欣賞活動當中。我們可以把
這種對男性的溫和性注視，看成是女性對外在世界（尤其是男性世界）
解除避忌的觀察行為。而男性在醉眠時「溫潤優美」（頁50）、「高尚
優美」（頁51）的神態氣質，可說是女性觀察者對子儀這位男性文人於
視覺美感上的總評語。

之三：落魄詩人的困窘

漂零而落魄的詩人鷗外鷗（〈一個男人和一個女人〉）在文本內
是個被女主人公薇底反復逗弄的對象。兩人初次見面時，鷗外鷗已成
為女觀察者眼中鎖定的目標，並且「決了心，在這身上，不取得一個
什麼東西是不肯放鬆」的（頁1367）。帶著這種特定的情感目的，女性
觀察主體和男性被觀察客體之間展開了一場激烈的目光角力。在北海
公園幽會時，薇底「兇猛」「勇敢」的目光，把鷗外鷗追捕得無處逃
遁，甚至狼狽不堪。

> 薇底是在笑，暗暗的向心裏笑。她瞅定他，她懂得他是在躲避
> 那眼光的接觸，她懂得那在皇遽不知所措的心。她為歡喜延長
> 這局面，是始終只默默的隨著鷗外鷗走。男的呢，卻處在相反

---

46 同上，頁48。
47 同上，頁49。
48 同上。
49 同上，頁50。
50 同上。

的地位，心正被一種莫明其妙的情緒騷擾著，只想側個臉去，
又怕那兇猛的勇敢的眼光把自己擄去。[51]

他覺得有個眼光在釘著自己了。他也不敢掉過臉來，他只躊躇
著：他願意能早點被釋放。他實在受不了這審視〔。〕[52]

薇底和鷗外鷗所形成的兩性關係已然成了李仕芬所說的「獵者」
和「獵物」的男女對應關係。[53] 鷗外鷗是薇底設計擒獲的目標，卻又
像貓捉老鼠般將之於股掌間翻覆撥弄，享受追逐的遊戲樂趣，欣賞著
鷗外鷗的惶恐與不安。還一再問他：

「鷗，你怕我嗎？」[54]

「鷗，你怕我啊！」[55]

以這股逼視眼光來看察男性的女性觀察者，顯然是帶著一種特定
的心理動因來觀察男性的。透過這種咄咄逼人、充滿挑釁意味的審視
方式，男性人物窘迫焦慮、煩憂困擾的表情遭到集中特寫。

之四：高個兒的美與醜

在丁玲的〈莎菲女士的日記〉裏，女性觀察者莎菲也把美貌青年
凌吉士盯牢了，並將凌吉士在外貌上的美和思想行為上的醜引導出來。

從莎菲認識凌吉士到她獲得他親吻的整個過程當中，莎菲從未停
止過對凌吉士犀利大膽而主動的觀察。她「覷著那臉龐」（頁78）、「打
量他」、「把他什麼細小處都審視遍了」（頁55），凌吉士「頎長的身
軀，白嫩的面龐，薄薄的小嘴唇，柔軟的頭髮，都足以閃耀人的眼睛」、
「鮮紅的，嫩膩的，深深凹進的嘴角」（頁51），「溫柔的，大方的，
坦白而又多情的態度」（頁67），都是使她愛慕的高貴之美（頁69）。

另一方面，莎菲這位觀察者也看穿凌吉士隱藏的醜陋。他在與莎

---

51 同註 36，頁 1371。
52 同上，頁 1373。
53 李仕芬《女性觀照下的男性》（臺北：聯合文學，2000），頁 180。詳閱頁 173-190。
54 同註 36，頁 1365。
55 同註 51。

菲單獨相處時的淫褻目光，已被對方那清醒的觀察者看穿：「我看到他那被情慾燃燒的眼睛」（頁83），「那情慾之火的巢穴－那兩隻灼閃的眼睛，不正宣佈他除了可鄙的淺薄的需要，別的一切都不知道嗎？」（頁84）

在女性又狠又利的透視底下，凌吉士這位被觀察者根本無從掩飾而原形畢露，呈現出一幅擁有美麗相貌和淫邪心靈的結合形態。

之五：弟弟的可憐相

〈莎菲女士的日記〉中有這樣一個男性人物：葦（弟），他那可憐委瑣的風度表現是在被俯視的視角下所過濾出來的結果。俯視視角是指女性在觀察男性時採取居高臨下的姿態，但又不是單純的「同情」或「憐憫」，而是貶意的可憐情感。對承受這種俯視眼光的客體人物而言，其所得到的可憐，是結合了調侃、戲謔、諷刺和幸災樂禍的惡性成份的。

葦是個比莎菲還大幾歲的年輕人，從他前往探望莎菲時的裝束來看（穿皮鞋大氅、戴皮帽），葦表面上顯然是個新式青年的模樣，但他給人的整體視覺形象卻又是可憐而懦弱的表情特色。這是因為葦的言行舉止和思想方面都表現得很稚氣、很不成熟。對許多讀者而言，他一直是個不太受歡迎的男性人物，更別說是個理想的追求者或伴侶。萬直純索性封他為「膿包」[56]，陸文采、徐淑媛和姚玳玫則齊齊形容他是個「委瑣蒼白」的男子。[57] 在他苦苦追求的女性莎菲眼中，他只是個「可憐」（頁47、48）的「老實人」（頁50）。莎菲可憐他的不夠聰明、他的「不會愛的技巧」、「太容易支使」（頁48），更可憐他因此而無法得到她的愛。

---

56 萬直純〈女性尋找：自世界.男性世界.整個世界 —— 從丁玲創作看現代中國女性的精神歷程〉，《山東師大學學報》（社科版），1992 年第 2 期，頁 66-70。

57 陸文采、徐淑媛〈丁玲與女性文學〉，《武陵學刊》，1991 年第 3 期，頁 17-20；姚玳玫〈現代女性雙重追求的衝突與互補－從丁玲、冰心早期小說的比較談起〉，《當代文壇》，1988 年第 3 期，頁 65-69。

　　莎菲是以一種居高臨下的姿態來審視葦的，因為他根本不是她的對手。他的缺乏挑戰性和趣味性，讓莎菲覺得枯躁煩悶、索然無趣。從一開始，莎菲便坦言她長期以來的觀察結果：「那兩隻望到我眼睛下面的跳動眸子中，我準懂得那收藏在眼瞼下面，不願給人知道是些什麼東西！這有多麼久了，你，葦弟，你在愛我！」（頁47）

　　莎菲所採取的垂直俯視態度，使自己作為觀察主體的身份處於一種主宰性的地位在觀看葦。因此，當她「看到一個二十多歲的男子把眼淚一顆一顆掉到〔她〕手背時」，一種統治男性的快感使她「像野人一樣在得意的笑了」（頁49-50）。

　　莎菲也不是不曾挑釁過觀察客體的互動能力，但對方卻一再地令她失望。例如有一次，葦因為嫉妒凌吉士而和莎菲嘔氣，且在她面前痛哭流涕。莎菲認為這是一種「自私的佔有」（頁67）的表現，故不屑地笑了起來，以搧動葦的怒氣，希望他會有強烈甚至是強硬一點的情感表態，與她正面對峙。

> 我看著他那放亮的眼光，我以為他要噬人了，我想：「來吧！」
> 但他卻又低下頭哭了，還揩著眼淚，跟蹌地走出去。[58]

　　幾天後，他又可憐兮兮地主動向莎菲賠不是。如此缺乏戰鬥能力和競取策略的葦，當然無法成為莎菲感興趣的對手，而註定是莎菲的「弟弟」（頁66），偶而供她寂寞無聊時消遣解悶、或悲傷憤怒時排憂洩恨的對象。

　　莎菲要的是一個鮮活能動的對手，一個她既肯定能征服而又有能耐有資格與她格鬥的對手。她要一場真正的兩性較量，而凌吉士的新鮮感和靈活度符合了莎菲所需的條件，成為供她練招的人選。可憐的葦，當然只能充當她在俯視視角內一個不戰而敗的「小孩子」（頁66），並且繼續在重複的捉弄、諷刺和欺侮中表現他可憐懦弱的形象。

58　同註33，頁67。

之六：惹人厭惡的舊情人

沉櫻的〈喜筵之後〉也出現了以貶意目光看待男性的情形。〈喜筵之後〉裏的失意少婦茜華，爲了報復丈夫對她的冷漠，想借舊男友今傑送她回家的機會，勾引他。然而，今傑畏縮遲疑的言行卻令茜華大失所望，且「只增加了茜華對他的懦弱的輕視」，「在心中浮著一種輕侮的笑容」，以及「卑視起這男人來」等貶視的反應。（頁56-58）

從在喜筵中與今傑重逢到回家的整個過程裏，茜華多次觀察今傑，每一次都給她帶來負面的情緒波動。例如在宴會上看見今傑明知自己在和他說話，他卻「故意裝作沒有聽見什麼」，這使她覺得「討厭」和「不快」；注意他「呆氣」的「老實」、「囁嚅」「不大方」，使茜華覺得他「可憐」和「討厭」；看見他的「沒有志氣」，使茜華「動氣」；看見他的「遲疑」，使茜華「恨」他；看見他的「讓步」，使茜華輕視他的懦弱。

> 見他隨著別人附加著幾句取笑的話，但也總是無趣得可厭。
>
> 看著坐在身邊的那男人頗覺得點憎惡〔。〕
>
> 睨視了一下坐在那裏動也不動的側影，憤然地將臉轉開去。一看到自己現在身邊坐著的男子的樣子，她的心思便立時消滅了，只剩了厭惡之情。[59]

直到這次重逢結束前的最後一看，今傑留給茜華的仍是個「惡劣的印象」。這一系列頻繁而細膩的觀察細節，一再透露了茜華這位觀察者的主體情感之介入和參與，並迅速地對觀察對象作出主觀性的詮譯和反應。

以上種種的觀察歷程，不僅印證了女性擁有觀察者的席位，把男性變成觀察目標，更通過女性本位的主體和主觀意識之作用，干擾著男性客體的呈現狀態，曝光了男性視覺形象的正、負兩面。[60] 這意味

---

59 同註 18，頁 54-58。

60 Kent, Sarah, "Looking Back", in Jacqueline Morreau & Sarah Kent, ed., Women's

著五四女性向過去僅屬於男性的知識界與權力界邁步，同時也逐步參與以書寫和觀察來構築男性的活動。

第三節　「觀看」凋零的勞動身體

　　和第二節裏熱鬧亮相的文人群像相比較，處於社會底層的男性勞動者之形象感薄弱許多，就連供分析的人物例子也倍顯凋零。這主要是因為五四女作家們的生活環境和個人經歷有限，因此往往從身邊熟悉的事物題材出發才能將她們的寫作潛力有效發揮，例如有關女性生活處境的細緻敘述便是她們所最為人稱道的寫作特色。至於對男性生存面貌的書寫，女作家因為所接觸和所觀察的對象範圍以男性知識份子為主，因此在書寫這類男性時也會有令人意想不到的成績，前文所分析的書寫現象便是她們想像和書寫男性的部份成果。然而，對於生活在社會下層的男性（尤其是從事勞力工作者），大多數女作家便很少有機會去接觸和認識他們。養尊處優者，偶爾會注意到家僕傭人，如沉櫻寫有〈主僕〉；生活經歷較豐富者，雖比前類女作家有多些認識，但卻又往往表達功力欠缺深度，或被強烈的政治意識所支配，結果人物流於表面，淪為為政治服務的平面形象。例如：先後成為「左聯」作家的丁玲、馮鏗筆下便常有這類工農形象。正因為如此，出現在這批女作家作品中的男性勞動者形象，其外在視覺成就並不大，而之前在文人男性形象身上所展現的觀察魅力也降低為「觀看」的層次意義。

　　本章在一開始已說明「看」和「觀察」的細微區分在於：後者比前者多一份來自觀者本身對外物感知、理解、體驗以及引發的聯想、

Images of Men (1985), pp. 55-74. Sarah Kent 在其文章中對男性從看者的身份轉變為被女性藝術家描畫的模特兒，談論了這種不平等的主客關係，於藝術界的對調形勢。

想像等心理活動。當然，這並不等於說「看」就是科學解釋上涇渭分明的定義，認爲那是人類的眼睛對某一固定事物最初步的認識活動，並未進入更多方面的深層心理活動。廣義上而言，「看」和「觀察」在女性書寫領域裏都產生了女性主體認識客體世界的權力之共同意義。從這點上說，看或觀察主體都會帶有程度不同的目的意圖對某一特定事物進行審視和探究，而且該事物同時也向主體坦露和發輸訊息。只是「看」在這裏的運用是包含了輕微的「觀察」性質的，以輕微來形容是因爲這種觀察的性質所佔成份偏少，不似嚴格而狹義上的「觀察」那般強調刻意的主體意識內容。

在五四女性小說中男性勞動者視覺形象的呈現方式減低了「被觀察」而增強了普遍意義上的「被看」性質，其中的最大原因在於：

（一）女性作爲文本內「觀察」主體的身份權力弱減甚至完全消失。也即是說，原本由女性人物所擔任的觀者角色已不存在，而男性客體雖然依舊是被看者，但主要是由作者以全知的角度執行性別視角模糊的觀察動作。[61] 與其說是性別模糊，不如說是「中性化」甚至是「男性化」的視角。因爲從這類男性人物的視覺形象，我們可以讀到觀察者對當時的主流政治意識形態（即共產主義）之強烈認同，而共產主義所推行的消除等級階級以達到男女平等、自由解放之思想方針，實際上仍舊是一套以男性爲中心的家國概念，因此在性別範疇裏，這種以男性爲本位的價值觀又再捲土重來了。否則我們也不會在四十年代的女性文學裏看到一批批和男性無異的「女英雄」形象，這些女性在視覺形象上的「男性化」正說明了健壯強悍的工農男性特質是衡量女性美的依據。[62]

（二）這種觀察態度並不針對男性人物的外型作細審，人物在視

---

61 何彬〈談談女作家小說中視角的模糊性〉，《徐州教育學院學報》，2001 年 12 月，第 16 卷第 4 期，頁 40-43。

62 可參考廖雯從藝術形象的角度對「女英雄」「男性化」的形塑特質之分析。見廖雯《女性主義作爲方式 —— 女性藝術》（1999），頁 62-80。

覺形象感的藝術性體現明顯受到刻意的擯棄。這是因為在大眾化文藝的創作原則影響下，強調屬於個人、個體的獨特性是不被鼓勵的，反而大眾群體的共同特質之描寫才是當時大部份作家所認可的正確寫作原則。這造成了泛化而單調的視覺形象效果。因為，「被看」或「被觀察」的客體所可能傳送的多元資訊會被窄化和簡約化（如：高度集中凸顯人物的階級革命表現）。

（三）「觀察」活動的目的從性別政治傳向國家政治。這些現象的產生主要是因為五四早期講求個性自由、思想解放的顛峰期已過，隨著馬克思主義的廣泛流傳，追求為群眾和政治意識形態服務的普羅文學、大眾化文藝，成為中國二十世紀二十年代中旬開始重要的文學現象。

在接下來的分析，我們將會看到以上三項情況如何發生在文本中男性勞動者的視覺形象表現上。

一、沒有臉孔的農民

由於以馬克思主義為主導的政治思想，以及中國當時的社會與政治需求，階級群體取代了個人而成為受關注的對象，尤其是處於社會下層階級的所謂受壓迫者，如：農民和工人。既然強調的是社會階級群體，所以個人個體的形態特質也就不再重要，而只需將工農階層者的總體面貌陳述出來便可，根本不必對人物作太多刻意觀察。因此，在五四女性小說文本裏，我們看到的男性勞動者之視覺形象，幾乎都是面目模糊，只有屬於勞動階層為了與艱苦生活搏鬥而鍛練出來的陽剛外型特質（如：強健身軀、赤紅黝黑膚色）才會出現在人物的外型描述上。

〈阿毛姑娘〉[63] 中的青年農夫于小二是丁玲早期創作生涯裏的首

---

63 丁玲〈阿毛姑娘〉，原載 1928 年 7 月 10 日《小說月報》，第 19 卷第 7 號，初收

個勞動者形象，這時期的丁玲注重個性自我的抒發，對男性的觀察和想像並無強烈的政治或階級立場，女主人公阿毛對丈夫于小二的外型觀感如下：

> 這男子大她八歲，已長成一個很堅實的、二十四歲、微帶紅黑的少年，穿一件灰條紋布的棉袍，戴一頂半新的鳥打帽，出去時又加一條黑綠的圍巾，是帶點城市氣的鄉下人。[64]

我們初步得到的視覺印象是：「堅實」、「微帶紅黑」、穿著本土化，但面目不清楚。再看看標誌著丁玲轉型成功的名作〈水〉[65]，我們發現裏面的農民身體外型必需經由剪貼才能拼湊成形。〈水〉中逃難的那群農人，有「黑臉」的（頁 402）、「不知道疲倦的強壯的」（頁 383）、有著「寬闊的臂膀的」（頁 376），有「裸著半身的」（頁 402），但他們都是沒有嘴臉的形象。甚至是在〈田家沖〉[66] 裏著墨較多的青年農民趙金龍也沒有一張清晰的面容，但這個人物的動作狀態倒是顯示了他的階級生活情況：「兩手全是泥，腳陷在水中」，「濕的腳沿路留下一些泥印，白布的單褲卷得很高，黑布夾衣，裸露著兩條臂膀，都是紅的顏色。」（頁 335）

除了以上這幾位農民外，小蘋那積極參與革命活動的農民哥哥，其外型描繪也是類似的「長成個頑健不過」（頁 300）、有「粗大的手指」（頁 304）和「粗大的臂膀」（頁 306）等形容。（馮鏗〈重新起來〉[67]）談到這裏，我們大致可以勾勒出一幅男性農民勞動者的外型形象，基本上都片面強調人物壯碩粗獷的身軀體魄，這有異於文人男子普遍

《在黑暗中》（1928）。引文見《丁玲文集》（第二卷）（1982），頁 128-170。
64 同前註，頁 134。
65 丁玲〈水〉，連載 1931 年 9 月至 11 月《北斗》，第 1 至 3 期，初收《水》（上海湖風書局 1931 初版）。引文見《丁玲文集》（第二卷）（1982），頁 369-406。
66 丁玲〈田家沖〉，載 1931 年 7 月 10 日《小說月報》，第 22 卷第 7 號，初收《水》（1931）。引文見《丁玲文集》（第二卷）（1982），頁 319-357。
67 馮鏗〈重新起來〉，完成於年月日的未發表之手稿，後被整理出版，收入魯迅博物館文物資料部整理的《晨光 —— 柔石　馮鏗遺稿》（1985）。引文見馮鏗《重新起來》（1986），頁 273-347。

被注意的清秀俊俏之容貌。然而，這種過於簡化的觀看姿態與形塑角度無疑產生不了太大的藝術成就。

二、觀看工人的身體如何說話

比起農民的視覺形象，工人類型則明顯體現較深層的觀感意義。這是因爲工人群體多集中在大城市裏，而五四女作家們也多生活在大城市，因此有更多機會接觸到工人的真實面貌。然而，這些會去注意工人生活的女作家幾乎都是因爲政治信念上的驅動力所致，因此造成了不是強調「被壓迫者」的問題便是宣傳政治希望的刻板特質，人物的視覺形象也和農民相似，集中在身體（但不包含面容）的表現。觀察的功能在這裏雖然有點作爲，但在質和量兩方面來說，都不比文人男性形象的藝術成就來得大。而且，這裏的文本內觀察者之性別身份已不再堅持是個女性，而是將其性別模糊化。

和一般勞動者相似，工人的視覺形象基本上也從硬朗強健的特質開始，但這種陽剛體魄多因操勞透支而轉向萎縮。不管是李永發（丁玲〈奔〉[68]）還是炳生的父親（馮鏗〈重新起來〉），他們都曾擁有健壯的身體外型，但當他們的身體被逼過度消費時，所呈現在文本內的便是一副面目枯槁、形銷骨索的殘軀。張大憨子與在上海工廠裏工作三年的姐夫李永發重逢時，他所看到的李永發是這樣子的：

> 從東邊房裏走出來李永發，他赤著上身，一手舉著短棉裌，赤色壯健的農人的胸脯，已經乾癟，深陷的臉的輪廓使張大憨子認不出他了，可是他還認得張大憨子。他衣服也不穿上便搖著他枯瘦的臂膀走過來，抖著〔…〕[69]

炳生對工人父親的視覺印象也一樣表現在父親的身體變化上：

---

68 丁玲〈奔〉，原載 1933 年 5 月《現代》，第 3 卷第 1 期，初收《夜會》（上海現代書局 1933 年 6 月初版）。引文見《丁玲文集》（第二卷）（1982），頁 39-54。
69 同上，頁 46。

打量著那陌生的父親，我注意到他橫在我胸前粗大的臂膀了！那上面粘著許多汗汗和墨迹，肌肉茁壯得有的隆起又有的凹下，還鋪滿許多可怕的毛髮！[70]

然而這雙因長期無休、勞作過量的臂膀是「一年比一年瘦削下去，只剩一把枯硬的骨頭，露著上身時，那一堆堆的肌肉是沒有了」（頁276）。這些男性的視覺形象顯示了五四女性作家的觀察範疇之變遷，同時也展示了另一類男性被觀察者的身體形態。這些男性人物的身體之所以會受到特寫，是因爲他們文本外的觀察者（女作家）本身在思想情感和藝術觀念方面已隨著時代的演變趨勢而發生變化，選擇認可無產階級文學的社會價值。而由人類身體所提供的勞動力，其產生的經濟功能若得不到合理的使用，會衍生資產與無產、富與貧的階級問題，這當然就引起觀察者對人物身體狀態的關注和描述了。

三、點燃陽剛：鬥士與指引者

部份的女性小說文本也出現了另一種書寫男性勞動者身體形象的方式，即不再強調勞動階級的身體如何受剝削，反而對勞動者受到異化的身體狀態進行頌讚，並在他們身上展示引導群眾的共同氣質之表現。這種情況的重要前提是：他們都必須具有與資產階級鬥爭的反抗精神或行動表現，因爲這是使人物的視覺形象獲得美化甚至神化的資格條件。

之一工人領袖和生

〈重新起來〉裏的工人革命份子和生便是個典型的例子，他那革命鬥士式的美化形象早在故事開始時便在弟弟炳生的口述回憶裏留下伏筆，預告了他處於被壓迫狀態而不畏強權，奮勇到底的經歷。直到故事的最末處，這位理想化的工人戰士才露出其廬山真面目。

70　同註66，頁276。

> 一個身軀高大的人物。他穿了一件不稱身材的污漬的長袍子，
> 〔…〕他瘦陷下去的眼眶凝結著尖銳的光芒，頭髮是毫無光澤
> 的粗亂著。全身的胴體是偉岸的工人的骨骼，是神采奕奕的健
> 康者。71

> 他的聲音尖銳得和他的眼光一樣，總之他是個沉毅機敏的得力
> 的同志，他闊大的肩膀上挑上一擔很重的擔子！他是和生，執
> 委會的委員，是這兒第 X 分部的部主任，是炳生的哥哥。72

如此我們看到，受壓迫的勞動者的視覺形象不再介意其外型的邋
遢憔悴，而是突出其精神煥發而產生的力之美，以及因堅定的政治信
念所流露出來的領導魄力。

之二：貧農革命份子阿柏叔

〈小阿強〉73 裏的貧農革命份子阿柏叔也屬於這類視覺形象的男
性人物。阿柏叔是小阿強的族叔，他一登場即被作者形容爲「一個頑
健得如同一條好水牛的農民」（頁 111），這符合了文藝大眾化運動中
讚美和肯定無產階級的創作原則。在故事中，阿柏叔不只有勞動人民
的強壯體格，他也體認受壓迫的勞動階級者需要鬥爭才能得到真正的
解放，是個在思想上「覺悟的」、「真正的布爾什維克」。他並不像
小阿強的父親般麻木於被強權奴役，逆來順受，反而接受新思想，並
付於實際行動。當他注意到長期被地主和地主的爪牙欺侮剝削的小阿
強心裏有股反抗壓迫的強烈念頭時，認爲他是個「有思想的孩子」，
並進一步引導他加入紅軍結合受壓人民鬥爭地主的革命活動，使他成
爲參與行動的一份子。阿柏叔這位老人指引者向讀者昭示的是：在封
建父權體制下，處於低下層的老年男性受害群並不受到革命者的冷
落，視他們爲無可救藥的封建老頑固。相反的，他們不但可以成爲無

---

71 同上，頁 344。
72 同上。
73 馮鏗〈小阿強〉，原載於《大眾文藝》，1930 年第 2 卷第 5、6 期。引文見馮鏗
　　《重新起來》（1986），頁 108-114。

產階級革命運作的重要行動者，而且還隨時發揮著身為父輩的引導功能。

　　之三：佃農之子兼英勇的搴旗手

　　馮鏗對小阿強這個男孩人物的塑造是有其預設的對象群的，即是「和他同樣、同階級的孩子們」（頁 109）。她以說書的方式展開關於一個小紅軍的故事，這她在一開始便說明了：「親愛小朋友們，請猜一猜我要給你們寫下些什麼呢？」接著作者以簡明俐落的敘述方式交待故事主人公小阿強的家庭背景：出身窮苦，父母都是受地主壓迫的貧農，小阿強則是替地主放牛的牧童，常遭父親和雇主三老爹的毒打，也經常捱餓。他在文本中的部份視覺形象如下：

> 穿著破舊不堪的衣服，披著差不多一尺多長的赤頭髮〔。〕[74]
> 滾在地上扭打著，把已經很髒的臉孔、頭髮……弄得更其髒透，有時還把衣服撕成一片片地快要脫離它整個的組織！[75]
> 小小的頭顱會發青發黑的浮腫起來許多疙瘩－因為大人們兇暴的鐵似的拳頭居高臨下地向孩子們頭上送下去是很不費力的〔。〕[76]

　　相較於其他戰士型勞動者形象，馮鏗這位文本外的觀察者對小阿強的視覺印象是注入了一定程度的聯想成份的，這也是馮鏗這篇作品和小阿強這個人物一直受到評論者肯定的原因所在。[77] 我們看到：小阿強的頭髮如此之長是因為「母親太忙了，太累了，沒機會給他剃光或剪短而任它長下去」，小阿強的衣服如此之破舊、頭髮和臉孔如此骯髒是因為他在放牛時與孩子玩鬧打滾時所致，他經常鼻青臉腫是因

---

74 同上，頁 109。
75 同上，頁 109-110。
76 同上，頁 110。
77 以下兩本有關馮鏗的重要論著都將馮鏗筆下的小阿強評為極具代表性的「革命少年形象」，如：張小紅的《左聯五烈士傳略》（上海：人民出版社，2001），頁 177；鄭擇魁、黃昌勇和彭耀春的《左聯五烈士評傳》（南京：重慶出版社，1995），頁 375-6。

爲被暴力的長輩們隨意毆打。（頁 109-110）

然而，這並不影響小阿強被美化、英雄化的氣質表現－「英勇」。從上一個部份的討論我們知道小阿強對阿柏叔透露其欲反抗地主的強烈念頭後，被阿柏叔帶入農民秘密籌備的地主鬥爭組織裏。在得知批鬥地主的活動因多個送信者中途被捕而遲遲無法展開後，小阿強自告奮勇地「要擔負起這重大的使命」（頁 113），爲村民和村外的紅軍通風報信。結果成功地消滅了地主惡霸，解放了全村受壓迫的農民，而小阿強也因此而成爲受尊敬的小英雄。

小阿強身爲貧農階級份子，卻不甘受壓，反而自覺地起來反抗，是個「真正小布爾什維克」，是個「英勇的擎旗手」、「小鬥士」，他是無產階級的孩子們的典範，這是馮鏗寫〈小阿強〉的最大目的：藉小阿強向孩子們示範他的革命行動，也指引著其他處境相同的小孩（以及點化甘於受壓迫而不知反抗的農民）認識階級革命的重要和急迫，以達到向群眾傳送無產階級革命運動的訊息。

之四：屠戶之子

屠戶之子是個初生男嬰，來自冰心的作品〈分〉。[78]〈分〉被許多評論者視爲是冰心創作態度發生轉變的代表作，說明了冰心從她一貫所推崇的「愛的哲學」之寫作原則轉向對革命文學、大眾文學的嘗試。[79]〈分〉的內容敘述兩個來自不同階級、家庭的初生嬰兒，在醫院裏相處了十多天的情形。一個是教員的孩子，代表資產階級，另一個則是屠戶的孩子，代表貧窮的無產階級。和「左翼」作家丁玲、馮鏗不同的是，當時的冰心是沒有任何政治立場的。因此，屠戶之子的設計並不像一般無產階級作家那樣過度強調人物形象的政治目的。在

---

78 冰心〈分〉，原載《新月》，1931 年第 3 卷第 11 號，後收入小說集《姑姑》，1932 年由北新書局初版。引文見卓如 編《冰心全集》（第二卷）（1994），頁 455-463。
79 楊義《中國現代小說史》（第一卷）（北京：人民文學出版社，1986 年初版），頁 241。

〈分〉裏，文本內的觀察者再次出現，儘管不是個女性觀察者，但他（教員之子）是代表著中、上層（不分男女的）知識份子的眼睛來觀照自身和無產階級代表者－屠戶之子的存在價值的。借著教員之子的眼睛，屠戶之子的視覺形象一步步成形：

> 他圓圓的頭，大大的眼睛，黑黑的皮膚，結實的挺起的胸膛。[80]
> 緊閉的嘴唇，緊鎖的眉峰，遠望的眼神，微微突出的下頦，處處顯出剛決和勇毅。[81]
>
> 他外面穿著大厚藍布棉襖，袖子很大很長，上面還有拆改補綴的線跡；底下也是洗得褪色的藍布的圍裙。他兩臂直伸著，頭面埋在青棉的大風帽之內，臃腫得像一隻風箏！[82]

當「我」和屠戶之子作比較時，「我」的存在狀態和價值總是受到貶低，突顯了屠戶之子陽剛格調的形象美。他（屠戶之子）長得健康黑壯，「我」細弱白嫩；他身穿劣質破舊且不合身的棉衣，我卻被小白絨緊子、白絨布長背心、睡衣、豆青絨線褂子、帽子和襪子等一層層地保護著、覆裏著；他的性情淡定自若、驕傲自信、「處處顯出剛決和勇毅」，「我」卻只覺得慚愧渺小、受他憐憫和鄙夷；他勇敢從容地作好面對外界風雨的準備，「我」卻「永遠是花房裏的一盆小花，風雨不侵的在劃一的溫度之下，嬌嫩的開放著」（頁460）。

此外，屠戶之子也是一位天生自覺的革命者。他代表了覺悟到地主奴隸制度的不合理性的無產階層，對自己的階級身份給予全新的高度評價。他為自己的無產階級背景感到榮耀，輕視徒有物質享受而無精神財富的「小資產階級」。從他呱呱落地開始，他便以一個無產階級革命戰士的典型性格來呈現自己－不管是正處於或是預視到未來生活環境的惡劣，仍表現得從容自若、淡定沉穩，同時也堅強勇敢地接

---

80 同註 77，頁 456。
81 同上，頁 461。
82 同上，頁 462。

受挑戰，準備好展開自信的奮鬥。屠戶之子和教員之子的強烈對比說明了文本內外的觀察者（作家冰心與教員之子）注意到了也肯定了人類的階級屬性是無法避免的事實，這也揭示了他們所曾堅信的愛的哲理在充滿階級壓迫的世界裏是有政治性的，反之，激烈殘酷的鬥爭奮取才可能為人們帶來階級解放的希望。

> 我的身上，是我的鎧甲，我要到社會的戰場上，同人家爭飯吃呀！[83]
>
> 他緊閉著眼，臉上是淒傲的笑容……他已開始享樂他的奮鬥！[84]

茅盾在評價冰心的幾個創作階段裏所出現的「引路的孩子」時認為，他們雖然被冰心藉以引路，但卻都沒有做好他們的工作，直至〈分〉，才昭示了真正能夠完成引路使命的並非溫室裏的小花，而是剛決勇毅的「小草」，並瞭解到他們在「精神上，物質上的一切都永遠分開了」（冰心〈分〉）。[85]

總體而言，除了少數幾個勞動者的視覺形象感還算充實外，其餘絕大部分者都無法實踐狹義解釋下的「觀察」功能。在此，身體作為社會經濟和勞力資源象徵的訊息無疑被一再重申，描寫勞動階層因工作性質和工作環境所建塑出來的身體狀態（如：壯碩、受傷），是這類男性人物存在的意義。然而，很可惜的，敍述他們的大部分觀察者把過多的注意力放在批判和反抗壓迫階級的中心主題上，而只以「看」而非「觀察」的方式再現這群被看者，結果忽略了原本可以發揮得更好的勞動男性之視覺形象書寫，使之懸浮在有點隔靴搔癢的遺憾裏。不管怎樣，我們在五四女性小說中所看到的這類男性，可說是五四時代中後期的新興形象。對男性勞動者而言，身軀體魄和抗爭表態是佔

---

83 同上。
84 同上，頁 463。
85 茅盾〈冰心論〉，《文學》，1934 年第 3 卷第 2 號，頁 518。

主要成份的男性氣質內容，這比文人男子多元化的性別氣質表現較爲集中和劃一。

第四節　結　論

綜觀以上所述，我們看到在書寫和想像男性視覺形象的媒介方式上，五四女性小說出現了「觀察」和「看」的敘事態度，並且明顯地分別使用於文人和工農／勞動者兩大類型的男性人物身上。由於二、三十年代的五四精神主題（強調人文主義、個性自由解放），以及經過後來社會政治趨勢改變，加上「左聯」文藝活動的影響力，等等的因素，這些男性人物的視覺形象效果呈現了兩種主要面貌：

（一）一類是夾雜中西文化和審美特質的男性文人視覺形象。他們的容貌舉止有的柔弱俊美、有的憔悴不修邊幅、有的強健活潑，在這些多元化的面容體態表現當中，最能顯示其五四「新男性」特質之處的，是他們在衣著打扮等物質方面的西化表現，反映了當時人以西方爲參照的價值取向和審美時尚。這類男性文人視覺形象的呈現過程，傾向於體現豐富的性別內容。

（二）另一類是相對而言特質表現較爲單薄、單調（主要強調強壯堅毅、被剝削和反抗狀態）的工農類勞動者之視覺形象。這類勞動階層的男性人物當中，主要以工人此一新興的社會群體，最能反映中國在十九世紀末、二十世紀初受到西方資本主義和帝國主義侵略下而產生的其中一類「新男性」之視覺形象。這些屬於下層階級的男性人物視覺形象之呈現過程傾向揭示社會革命內容。

以上兩類男性人物的視覺形象之主要差異在於前者較能體現五四時期的「新男性」特質，形象展示的方式以「觀察」成份居多，所涉及的性別內容也較多，而後者則在形象展示的方式上以「看」爲主，形象感較弱，性別內容也因敵不過階級革命主題的強勢而被削減。

　　不管是怎樣形式的「觀察」或「看」，這都顯示了文本內外的女性觀察者對男性世界的初步探看，也是主動認識客體事物的嘗試。因爲對中國古代的婦女而言，「看」和「觀察」男性都屬於被貶抑的行徑，直至晚清到五四前後，這種與客觀世界的接觸和通過文字的再現活動才正式得到合法化。因此，不管是「看」還是「觀察」，都是五四女作家們所迫切展開的行動，同時也是她們進行文字書寫工程的重要前提。這開拓了女性的新視域，更凸顯了女性在意識形態上的轉變。這種意識形態上的轉變不只說明女性不再活在男性的目光底下，更成爲表達本身慾望的主體。[86] 更重要的是，這也傳達出五四女作家在掌握並運用了觀看和書寫的自主力量之餘，同時還實踐著一種對男性關懷和想像的願望，使我們得以初步地瞭解「尋覓『新男性』」這一主題現象在女性文本中的部份痕跡。

---

86 Stacey, Jackie, "Desperately Seeking Difference: Jackie Stacey Considers Desire between Women in Narrative Cinema," in Screen, (Winter) 1987.1.8, pp. 48-61.

第三章　稱盤內的流動情慾
── 從兩性關係談「新男性」的情慾世界

　　在前章，我們看到了男性於外在視覺形象上所表現出來的狀態與變化，這些變化主要體現在物質使用和軀體形態兩方面。然而，外在視覺形象底下的人物內心世界，尤其是他們的情慾經驗和感受，又會是怎樣的呢？情慾作為人類存在狀態的基本內容之一，是「尋覓『新男性』」現象中不可或缺的一個面向，助我們從人物的外部解讀走向人物的內部心理進行探索。

　　五四女性小說中男性人物的情慾心理並非未曾被討論過，如：丁玲〈莎菲女士的日記〉中的凌吉士、葦弟和雲霖，凌叔華〈花之寺〉裏的幽泉，馮沅君〈隔絕〉裏的士軫、〈旅行〉裏的男主人公，等等，都引起過學者們的注意。[1] 但這些評論偏向部分特定的個別女作家或作品批評，因此所展現的只是個別現象，無法涵概宏觀上的五四女性小說中之男性情慾書寫。如此，我們不難發現有關五四女性小說中的男性情慾書寫之探討，存在著兩項侷限：一是相關書寫成果的有限曝

---

[1] 有關以上幾位女作家作品中的男性人物探討，可見以下幾篇評論文章：蘇桂艷〈女性寫作的男性化敘述──論丁玲二十世紀 30 年代的男性觀〉，《德州學院學報》，2002 年 3 月，第 18 卷第 1 期，頁 38-43；萬直純〈女性尋找：自我世界‧男性世界‧整個世界──從丁玲創作看現代中國女性的精神歷程〉，《山東師大學報》，1992 年第 2 期，頁 66-70；金垠希〈試探凌叔華的小說創作〉，《蘇州大學學報》，2001 年 7 月第 3 期，頁 73-8；金鑫〈在場缺席者──馮沅君、宗璞小說的男性形象塑造〉，《遼寧大學學報》，2000 年 5 月，第 28 卷第 3 期，頁 81-3；李玲〈直面封建父權、夫權時的勇敢與怯懦──馮沅君小說論〉，《江蘇社會科學》，2000 年第 6 期，頁 172-7。這些文章都不同程度地論及丁玲等女作家及其作品中的男性人物。

光，更多具有這方面研究價值的作品有待挖掘；二是相關文本解讀結果的缺乏體系和概念化處理，也即是批評結果的整合力不夠。

這一章，筆者將翻挖五四女性小說中的男性情慾書寫成果，從兩性關係的情慾角度切入對文本中的男性人物形象進行分析，同時配合該時期的歷史、社會、文化背景，並借鑑西方的民主化概念來凝聚這些（「新」）男性所體現的情慾內容和意義。

第一節　民主化：新的情慾認知與
實踐方式？

情慾在本文中的解釋是有所界定的，它專指狹義的異性戀兩性關係，即男女兩性在愛情、性、婚姻等方面的觀念想法和經驗感受。而和情慾相關的課題討論又主要以五四女性小說中的男性人物為對象，亦即是探討五四男性的情慾面貌，這涉及性別觀念、性別身份認同、性別權力、婚戀和性（道德）態度等等的課題。

中國文學的情慾書寫大致上經歷了具有以下特質的流變階段：情愛與性慾和諧並存、情愛與性慾相對立或分離，以及情愛與性慾兩者間的輕重褒貶之取捨。[2] 造成文學中情慾書寫變化的原因有很多，其中與政治制度、倫理教化的關聯更是密切。由於受到封建君主制度和上層社會的倫理規範所左右，中國的情慾文化經過了各朝代的變化而

2　情慾和諧並存、相對分離、比重爭議等等的論述見於：高羅佩（1961）著，李零、郭曉惠等譯《中國古代房內考》（上海：上海人民出版社，1990），頁 3-4、戴偉《中國婚姻性愛史稿》（北京：東方出版社，1992）、劉達臨《中國古代性文化》（銀川：寧夏人民出版社，1993）、蔡翔〈情與慾的對立──當代小說中的精神文化現象>，《文學評論》，1988 年第 4 期，頁 42、李忠昌〈性心理的兩極對立與性文化的二元互補〉，見茅盾、傅憎享等著，張國星主編的《中國古代小說的性描寫》（天津：百花文藝，1993），以及孫琴安《中國性文學史》（臺北：桂圖圖書公司，1995）。

出現分分合合的現象，到了明清時期則轉入禁慾，強調情理的極端狀態。與此同時，中國沿海大城市和港口的向外開放使西學東漸，大大刺激了也改變了中國固有的社會意識形態，其中以人道主義（或人文主義）思想和民主主義文化意識甚爲蓬勃。如：李贄、王夫之、黃宗羲、顧炎武等聞名學者都著有具人道主義思想的論說。[3] 此後，繼有康有爲、梁啓超的戊戌維新，帶動了中國人的西學風氣。辛亥革命後，大批留學國外的中國學生陸續回國工作，其中一批人如陳獨秀、李大釗、蔡元培、胡適等從事文化和教育工作者，對當時的思想改革運動起著強勁的推動作用。而人道主義思想和民主文化意識的傳播，也隨著五四運動和五四新文化運動的爆發及影響下臻至高潮，形成一股欲通過反封建傳統、追求個性自由、人性解放來達到民族改良效果的風氣。情慾作爲人類生活的一部份，牽涉人在愛情、婚姻、性愛多方面的自身權利和尊嚴，追求情慾解放也就自然成爲改良民族性和建立新國民論述的基本實踐方向之一。

　　在婚戀方面，反映到文學創作上便形成了抨擊以禮教爲核心的封建道德觀念和倡導人性復甦的兩大內容特色。前者譴責封建的禮法制度於本質上是專制、殘酷的，其所劃定的名份區別決定了家族成員的身份、地位和權力，而且往往是不平等的。這種權威式的宗法觀念以嚴厲而強硬的方式壓抑、束縛著人類的自然本性，無疑與後者高唱個性解放、人性復甦的西方思想內容相抵觸。如陳獨秀在《新文化運動是什麼》裏就直言「新文化運動是人的運動」。[4] 周作人更提出具體論點，以「人的文學」爲題，直言其所謂的人道主義「並非世間所謂『悲天憫人』或『博施濟眾』的慈善主義，乃是一種個人主義的人間

3　李贄宣揚個性解放、男女平等；黃宗羲反對君主專制的民主主義思想；顧炎武提倡「庶民議政」，王夫之強調人的生存價值，等等。
4　陳獨秀〈新文化運動是什麼〉，1920 年 4 月 1 日載《新青年》第 7 卷第 5 號。見《陳獨秀著作選》（第二卷）（上海：上海人民出版社，1993），頁 123-9。

本位主義」。[5] 如此，「男女平等」、「戀愛自由」、「婚姻自主」、「個性解放」等使人的人格尊嚴得到尊重認可的口號和思想內容，在文學領域形成熱門的創作題材。

在性愛方面，隨著「人的發現」之倡導，屬於人的自然本性之性慾也成爲人性解放的重要環節之一。因爲人的發現之內容裏所強調的個性解放，是指要使人的思想意志和行爲方式能從社會束縛中解放出來，讓人的個性得以自由而全面的發展。所謂人的個性或本性又可分爲本能和慾望兩個層面，前者指人生存的自然需求之滿足，如衣、食、住、行和性等，後者指人的精神和心理需求而言。然而，在封建宗法專制的社會裏，性儘管是人類不可或缺的自然本能之一，爲人類基本的生活內容，卻因強烈的封建倫理道德觀念而遭到禁制。人的發現和人性解放爲中國社會長期以來的性封閉解開了枷鎖，使「公開的健康的性描寫恢復了本身應有的尊嚴」。[6] 郁達夫〈沉淪〉中男主人公的情慾敘述便可說是（男性）情慾書寫步入現代化階段的重要標誌。

簡而言之，五四時代以人爲本位的價值取向，所召喚的不只是人在國家民族意義上的覺醒和反思，而同時也是包括作爲個體單位的人的情慾覺醒和反思。基於當時的這些思想文化特色，中國（人）情慾觀念的現代化進程，可說是不「以辛亥革命爲起點，而是以五四運動爲開端」，因爲「辛亥革命是民族的覺醒，還談不上是民衆的覺醒」，「民衆的覺醒須建基於個體的人的覺醒上面，所以其並不具有真正現代性」，而「在性的問題上，也不例外。」[7]

五四一代既然覺醒於舊有婚姻制度、戀愛模式和性慾觀念的有違人權本性，這意味著新的情慾認知與實踐方式的被需求。陳獨秀所大力提倡的「德先生」（民主）和「賽先生」（科學）可說是推動中國

---

5 周作人〈人的文學〉，載《新青年》1918 年 12 月。
6 蘇琳〈五四運動與人性解放〉，《社會科學研究》，1995 年第 1 期，頁 123。
7 陳家春《慾壓的透視 —— 中國當代小說與性文化》（香港：香港教育圖書公司，1999），頁 31。

情慾文化意識邁向現代化的重要思想基奠。他以民主和科學為基調的一系列論述，對於中國人在個體單位意義上的現代性愛意識和觀念之轉變起著微妙的啓蒙作用，這點常常因爲其與改造國民思想問題的密切關係而被忽視。

如此，在愛國救國的時代大主題下，民主觀念往往偏向強調其爲一種政治形式更多於一種生活方式。[8] 這便導致私人領域的民主人格問題被排擠在政治活動以外，情慾課題與民主概念的斷裂關係便是其中一項負面結果。可喜的是，在五四女性小說中，筆者檢索到不少處於私人領域裏的情慾敘述，而且頻頻與民主概念擦出火花，展現了民主化兩性關係的內容。

有關五四女性小說中的情慾書寫研究，絕大部份的評論傾向從女性人物身上探討相關課題（如：莎菲所追求的情慾自主和靈肉合一、露莎所追求的同性情誼和性靈之愛、纖華所追求的同盟關係和禁慾之愛、采茗閨秀式的含蓄動情），而民主概念中所強調的「解放」、「自由」和「平等」幾個基本條件，在這些女性人物身上也都可以找到。五四一代希望通過人的覺醒解放以達到改造國民和救國的意圖，首先明顯地表現在支持婦女解放運動上。他們落力地呼籲女性要自覺、自強、自立和自主，鼓勵女性從自身的人格改善做起，以婦女解放的落實作爲通達人性解放、救國救民目標的管道之一。如此，「新女性」、「女學生」、「摩登女郎」、「莎菲」、「娜拉」、「子君」，等等的女性形象，無一不背負著體現現代化情慾觀念的任務，社會上對女性在情慾方面的定位也熱鬧地競相議論，文學中的女性形象也因而成爲重建女性情慾的重要代言媒介，反映著五四女性性別／情慾在科學

8　周陽山在〈五四時代的主觀對中國政治發展的影響〉一文中，比較了西方自由主義民主觀與五四時代民主觀的異同，並認爲「民主乃是一種生活方式」的民主觀被五四一代所忽略，因此「解放本身並未能爲中國帶來真正的民主，更沒有爲中國人帶來真正民主政治文化」。見余英時、包遵信等著，周陽山主編，《從五四到新五四》（臺北：時報文化出版，1989），頁 448-9。

民主和婦解運動影響下所發生的變化。然而，我們却忽略了同時代的男性在情慾方面也面臨變革的可能，且也同樣在文學中的男性人物身上體現出來。而五四女性小說中的這批男性人物形象之情慾面貌，又明顯有別於男性作家喜將情慾與國家民族或政治情結掛勾的特質，而流露出民主化兩性關係的共性。

英國社會學家 Anthony Giddens 在談到兩性間的親密關係之現代化變革時認為，性和感情的平等關係是改變兩性情慾的關鍵，他也相信親密關係中平等的相互作用所產生的民主化功能，是可以納入公共領域的民主課題來討論的，因為當中的一些因素可產生共同結果，例如自由和平等的權利，以及自治性原則。[9] Giddens 強調，在個人生活領域內的自治性實踐對於改善異性戀親密關係很重要，它使個體與別人平等相處，能尊重和包容彼此的能力或潛力，如此才能更有效地促進兩性關係的平等。[10]

自五四新文化運動前後開始，倡導者一輩對中國人的情慾認知和實踐方式的重塑和改造，是「置於民主科學的大背景內」來展開的。[11] 因此，這種民主氛圍提供了兩性情慾模式走向民主化發展可能的有利條件。五四時期的民主化情慾認知和實踐方式儘管並不成熟，但却在文學領域裏漸顯端倪，特別是女性小說文本當中的情慾書寫，更是與此主題頻相呼應。其中一部份的作品尤其能夠以突破國家民族大主題的牽制之方式，來表達私領域情慾課題的民主信息。這種不同程度的民主化兩性關係特質體現在女性小說中的男性人物身上，展示了五四男性的情慾面貌。

9　民主化的兩性關係除了包含平等、自由的元素外，更重要的是，它還強調另一項個體自治原則，即自我反思、自覺、自我調整、自我管理、自我決定等等的認知與實踐，這也是民主化兩性關係的最大特色。

10　Giddens, Anthony，The Transformation of Intimacy: Sexuality, Love and Eroticism in Modern Societies （Cambridge: Polity Press, 1992）。

11　陳家春《慾魔的透視──中國當代小說與性文化》（香港：香港教育圖書公司，1999），頁 32。

以下是筆者從小說文本中的男性人物身上所捕捉到的民主化情慾信息，主要表現在三個方面：一、男性的情慾自覺、實踐與反思（重申個體自治的民主化兩性關係原則）；二、平等互重的對話交流或辯論（強調平等發言／聲的原則）；三、權利與義務的重新分配（強調自由平等和相互依賴扶持的原則）。

第二節　男性的情慾自覺、實踐與反思
——重申個體自治民主化兩性關係原則

中國自清以來因通商口岸開放和留洋子弟增加，帶動了西學在中土的發展，其中以人道主義和民主思想對當時人的情慾觀念、兩性關係影響甚大。例如明清時期的「才子佳人」小說對男女間婚前的情慾描寫，有不少者已突破當時的封建婚配方式，而「以情慾或感情為基礎」，顯示了兩性關係步向兩情相悅、自由解放的模式發展。[12] 到了五四時期，人性復甦、個性解放和婚戀自由自主的口號，更是隨著新文化運動倡導者批判封建權威思想的積極行動而達至沸點。為了反抗封建宗法制度對人性的壓抑和牽制，許多五四人極力爭取自身在人生路向和婚戀方式上的抉擇自主與自由。這種理想和行動背後強調了作為前提條件的人的自覺。[13] 當然，這裏所將談到的自覺是特別指向男性對自身個體在情慾方面的自覺。

---

12 朱德發〈思維縱橫律：中外情愛文學對照觀〉，《主體思維與文學史觀》（濟南：山東教育出版社，1997），頁 224。

13 歐陽軍喜在〈論五四新文化運動時期的「自覺」思潮〉（《史學月刊》，2000 年第 3 期，頁 57-62）裏將五四新文化運動倡導份子所說的「青年之自覺」分為三個層次來分析，包括青年自覺於國家與個人的關係、青年自覺於個人與社會之關係，以及青年對個人的自覺。筆者所特別注意的是最後一層的意義，因為它包含了要求個體對自身的多方面反思，而情慾應該也是其中一項需要作出自我反省的重要內容。

　　中國的封建宗法制度，在政治上強調皇權至上，在日常生活倫理規範上強調家族或宗族整體的綱常秩序，其價值取向基本上以君主和群體爲本位，生而爲人的個體單位並不受重視。這種以禮教來維繫家國社會秩序的思想文化，約制著作爲家族或社會成員的言行舉止、生活方式、思想意向。而人的感情和性慾也往往因此而被封建禮教、理學倫理化和政治化，導致人們的情慾發展走向兩種極端：禁慾、性壓抑或縱慾。封建禮教對人性人格的發展所帶來的負面影響除了加倍地體現在女性身上外，許多男性也無法倖免。而五四新文化運動倡導者所高呼的個性解放、婚戀自由，大大刺激了五四一代對人的性愛意識之自發性思考。

　　另一方面，五四時代的情慾解放風氣也和當時興盛的報刊業、翻譯業有關。大量引自西方的個性解放思想書刊普遍流傳於中國各大城市，例如弗洛依德（Sigmund Freud）的精神分析學說和心理學理論便是極受當時知識份子的歡迎，其中情慾性愛需求爲人類自然本能的言論，更是緊扣著個性解放的命題。此外，有關性解放、性苦悶的文學理論或創作，也廣爲當時大部分知識份子所熟悉。如：朱光潛在 1921 年於《東方雜誌》上發表了〈福魯德的隱意識與心理分析〉（第 18 卷第 14 號），介紹了弗洛依德的學說思想；1922 年《文學週報》連載了仲雲所譯的日本學者松村武雄的〈精神分析學與文藝〉，談及俄狄帕斯情結、亂倫現象、性慾、夢等與文藝之間的關係；還有 1924 年魯迅翻譯日本作家學者厨川白村的《苦悶的象徵》，這些都深深影響了文藝界對性愛課題的重新認識。

　　從個體出發對自身情慾進行反思的動作，因其強調個體自覺意識而符合民主化個人自治（self-government）的基本條件。這些散發著自由平等的自我發展特質主要表現在兩個方面：（一）男性對自身情慾的發覺；（二）男性在自覺後（程度有別）對情慾的追求實踐；（三）男性情慾觀念的自我反思。值得注意的是，出現在文本中男性人物身

上的自治性特質嚴格說來只處於初步的啓蒙階段，要達到與他人平等共處的理想目標仍有一段距離。不管怎樣，這幾方面的表現至少首先符合了「自治性意味著個人自我反思和自我決定的能力」，「它包括在私人和公共生活中思考、判斷、選擇和根據不同可能的實施路綫的行動進程」之說法 [14]，讓我們看到五四男性在情慾民主化過程中的表現，即使當中難免有成敗落差。

一、情慾自覺

對自身情慾進行自我察覺、發掘甚至剖白，是邁向講究自治性原則的民主理想之首個重要步驟。以下幾位來自五四女性小說中的男性人物，基本上都表現了他們如何追求性慾和情愛需求本能的合理性和合法性，在情慾範疇裏發揮了五四一代挑戰封建父權和禮教制度，追求人格獨立、個性解放的時代精神。在這些情慾書寫當中，又尤其以自我告白式敘述最能顯示男性對自身情慾心理變化和性徵的理解、闡釋。

在面對心儀的對象時，盧隱〈父親〉[15] 裏的青年元、謝冰瑩〈林娜〉[16] 中的日本男教師和〈初得到異性的溫柔〉[17] 中的少年趙達武、馮沅君〈我已在愛神前犯罪了〉[18] 和〈潛悼〉[19] 中的男主人公們，都

14 見 Giddens, Anthony，The Transformation of Intimacy: Sexuality, Love and Eroticism in Modern Societies（1992），頁 185，以及 David Held, Models of Democracy (Cambridge: Polity Press, 1987), p. 270。Giddens 對於「自治」的觀點闡述主要依據 David Held 的自治概念，故更多的相關內容，可詳閱後者的著作，第九章部分。

15 盧隱〈父親〉，1925 年 1 月 10 日載《小說月報》第 16 卷第 1 號。引文見郭俊峰、王金亭主編《盧隱小說全集》（上）（吉林：時代文藝出版社，1997），頁 190-216。

16 謝冰瑩〈林娜〉，收入短篇小說集《前路》（上海：光明書局 1932 年初版）。引文見艾以、曹度主編《謝冰瑩文集》（上、中、下）之（下）（合肥：安徽文藝出版社，1999），頁 111-126。

17 謝冰瑩〈初得到異性的溫柔〉，作品原出處無法查證。引文見艾以、曹度所主編的《謝冰瑩文集》（下）（1999）的小說部分，選取這篇作品。

18 馮沅君〈我已在愛神前犯罪了〉，先收入《劫灰》散文小說集（上海：北新書局 1928 年版），後收入袁世碩、嚴蓉仙編《馮沅君創作譯文集》（濟南：山東人民

情不自禁地產生興奮感，有著想與對方發生親密關係的幻想和衝動。從而進一步從個體出發，對自己身爲人類所與生俱有的情慾本能有所體會和理解，這顯示了男性對情慾的自發性與自覺性感受。

〈我已在愛神前犯罪了〉的男教師在回想女學生吳秋帆的美貌時，是一提起「就要發瘋了」的「不能自主」的「著了迷」（頁86、88），聽到她說話的聲音時，「不覺心中突突的跳」，「面上立刻發熱」（頁88），在監考時對她的身體曲綫和動人美貌進行細細的打量，同時產生生理衝動。男主人公對於自身的這些反應都能夠很清楚的意識到：

> 我的血都沸了，心更跳個不住，我們男子的占有的本能忽然發作了。我要向她作親愛的表示。〔…〕要不是我的自慚的念頭還不曾消滅，我真要抱她，吻她了！[20]

他更對自己的情慾感知作極誠實的印證，在給男性友人的信中如此說到：

> 我常說你們一見女性骨頭就酥了，你們就忘了你是老幾了。現在我方知這是不能自主的，造物〔者〕造人時，特以此本能付人；我和你們也只是百步五十步而已。[21]

〈潛悼〉中的瑩對自身的情慾本能發展過程也很清楚明白。除了被表嫂的「容色、姿態、神韻，甚至於靈魂深處的美」所吸引，一連三次「心魂驚喜振蕩」外（頁98-99），他還借著打牌「鑑賞了〔表嫂〕的各式各樣的嬌態——含有誘惑的，放縱的，平日人所不見的嬌態」（頁106）。從「我也在乍成人後，對於性的意識仍在朦朧迷離之境」，到回想起過去參與鬧洞房的經驗，到被表嫂的美「啓示」後的心神蕩漾，這就是瑩這位男性從青春期步入成年期所經歷的情慾發展。其中

出版社，1983）。引文見袁世碩、嚴蓉仙編《馮沅君創作譯文集》（1983）。
19 馮沅君〈潛悼〉，收入《劫灰》散文小說集（1928），後收入袁世碩、嚴蓉仙編《馮沅君創作譯文集》（1983）。
20 同註18，頁90。
21 同上，頁89。

鬧洞房的經驗最能表現瑩對自身情慾本能需求的初步體認：

> 男人們見了少女的睡態而不涉綺思的，除非是心如鐵石，簡直
> 是不近人情。你看她沉沉熟睡著，桃色的絨毯半掩著她的軀體，
> 粉紅的襯衣，從窄瘦的地方，可隱隱約約的看出她的身體上許
> 多的曲線美來；鬢髮蓬鬆著披拂在額頰間；唇間的淺淺的笑痕
> 可證明她夢中的甜美。〔…〕我那時自然是「醜小鴨」不懂什
> 麼，但心上也感到一種說不出的愉快似的。[22]

〈初得到異性的溫柔〉描寫一位正值青春發育時期的少年趙達武，對自身的情慾需求懵懵懂懂，只隱約覺得他有許多唸書和工作以外的，「使他不自解的問題」和得不到安慰的「煩悶」。

> 在這一年這達武的發育中，是明明在極健全的腦中，發現了一
> 點不健全的象徵。—— 像是有一朵未開的花在心上，但這花又
> 看不見。[23]

當他被咖啡店的女招待員所吸引時，自然反應地不住觀賞對方的全身上下，在望到女性的腿部曲綫和嗅到其身上的香粉味時，原本蠢蠢欲動的情慾才從隱約「發現了自己心上的這朵花」，而變成具體的感受湧現，「慌了，心跳了，臉上熱」（頁148-149）。終於女招待員的一個吻，使他首次感受到「女人的溫柔」（頁153-4），以致他「這朵含苞的花」「看見了」，也「開了」（頁156）。

盧隱〈父親〉中的元，通過日記方式多次細膩地描摹了庶母美麗動人的身體容貌和神態動作，並暗底裏一再想像、回味。對庶母的亂倫情感，元自然無法跳脫有悖倫理道德的禁忌，然而他對於自己幾不受控的情慾需求而產生的情慾幻想和衝動，以及這種情慾撥撩與亂倫意識相抵觸而產生強烈的罪惡感和恐懼感，都作了毫無保留的告白。

> 唉！罪過！……我或者不應當這麼說，這全不是她的錯處，只

22　同註 19，頁 100。
23　同註 17，頁 148。

怪我自己被自然支配罷了。[24]

　　此外，元對父親的嫉恨可說是具有個體自覺和平等的意識。在情與慾的本能驅動下，父親在元心目中的身份不再純粹象徵宗法父權代表者，而是經常在元情慾激動時處於平等對立的位置，彼此公平競爭的情敵身份。而他對父親的檢視，也是憑帶著兒子和競爭者的雙重身份來進行的。元早就對父親專制蠻橫、浪蕩不負責任的性情，以及欺騙的惡行極為反感，過去他負了元的生母，令她含恨而死，如今他又傷害著元的心上人。這時，元的另一個身份 —— 競爭者 —— 使他堅定自己獨立自由的個體意識，把父親視為一位純粹的同性，因利害關係而產生了仇視心理。這種競爭者意識佔上風的情緒便表現為複雜糾錯的憤怒、悲傷、壓抑、鄙視、敵愾、嫉妒。

　　　可笑那老頭子，已經四十多歲了，頭上除了白銀絲的頭毛外，或者還能找出三根五根純黑的頭毛吧！但是半黃半白卻還不少。可是他不像別的男人，他從不留鬍鬚的，這或者可以使他變年輕許多，但那額上和眼角堆滿的皺紋，除非用淡黃色的粉，把那皺紋深溝填滿以外，是無法可以遮蓋的呵！[25]
　　　真煞風景，他居然摟著她細而柔的腰，接吻了。我真替她可惜，不只如此，我真感到不可忍的悲抑，也許是憤怒吧，不然我的心為什麼如狂浪般澎湃起來呢。[26]
　　　我覺得我和她正是一對，—— 但是父親呢，他真是贅疣呵！
　　　—— 我忽然想起，我不能愛她，正是因為父親的緣故，倘若沒有父親在裏頭作梗，她一定是我的了。[27]

　　元和父親的關係在這裏是屬於情敵關係，因為父親在某些時候也把他當作一位具威脅性質的男性對手相待，彼此防範猜忌。這都說明

24　同註 15，頁 199。
25　同上，頁 193。
26　同上。
27　同上，頁 209。

了元對父親的檢視和定位，是隨著他屬於個體的情慾本能發展和認識而有所變化。元的仇父情緒明示了民主化的基本要素：自由與平等。他以一個自主個體的姿態，與父親站在平等對立的位置上進行公平自由的相互競取，是種平視的視角，因此他可以讓自己的情慾感受毫無拘束地釋放開來，使自己的本能與慾望得於自然發展。這樣的解讀是超越了僅僅把元父視為被批判的封建父權和禮教制度代表之形象意義的。

二、情慾實踐

對自身情慾具有覺醒意識者，未必就會採取實際行動，即使當真追求實踐，也可能未必具有絕對的自覺意識，也可能並未符合尊重他人和尊重自己的民主特質。自覺意識有強弱和顯隱之分，往往與當事人的社會階級身份有關。知識份子往往比中下階層（尤其是未受教育者）較能掌握自身的情慾脈搏，瞭解自身對異性情感和性慾的需求狀況，再採取行動。而後者則明顯對自身的情慾心理感知模糊不清，無法具體認識和解釋自己的情慾變化，但依然在這種曖昧懵懂的情況下作本能反應式的追求與實踐。

〈父親〉中的元最後終於鼓起勇氣向垂死的庶母表白愛意，並和她接吻；沉櫻〈意外〉[28] 中的大學生誠齋對女演員李女士動情後，也從「苦悶中」找到「出路」，即採取給李女士寫信以展開進一步交往的行動（頁 91）；沉櫻的另一篇作品〈夜闌〉[29] 裏的大學生張先生，自在戲園內對一名坤伶麗英特別欣賞後，便以真誠的態度追求她，並

28　沉櫻〈意外〉，選自《喜筵之後》（上海：北新書局，1929 年 6 月）。引文見沉櫻《喜筵之後‧某少女‧女性》（北京：人民文學出版社，1987），頁 88-97。

29　沉櫻〈夜闌〉，《夜闌》（上海：光華書局，1929 年 12 月版；大光書局，1930 年 7 月版）。

成功和她相戀；馮沅君最具代表性的作品之一〈旅行〉[30] 裏的男主人公，爲了和女友「完成愛的使命」，精心安排了兩人親密同住的十天旅程。以上的男性人物以實際行動追求他們對戀愛或親密關係的慾望，反映了他們對自身情慾表達和實踐權力的認識與掌握，也證明了他們在情慾方面的完整人格和獨立自主。

然而，對於沒受過教育、處於社會下層的男性，他們對本身的情慾生理和心理反應是無法像接觸過西方個性解放和性知識教育的知識份子那般，以當時盛行的西方性理論思想來解釋和處理自身的情慾問題。如：謝冰瑩〈刑場〉[31] 裏的司機嚴幼臣和陳學昭〈馮七〉[32] 裏的農場長工馮七，便是這類對生理情慾處於模糊認知狀態，最後以失常的方法去滿足自己慾望的男性。

嚴幼臣是個來自鄉下的青年男子，由於他的聰資，他很快便學會開汽車，並被介紹到一個富人家裏當「汽車夫」。這順利而安樂的人生發展並沒有給他帶來快樂，他只是麻木地過著千遍一律的「無聊」生活，直到他在人群中「發現了一個動心的女人」。「把每一點美處分開來形容，幼臣想不出她的妙，如果合說起來說，則真個動幼臣的心」（頁 205）。如此，從起初對每天都能見到該名陌生女子，「感到有一種力量從女人的眼裏射到自己的身上」，產生「醉」、「誘人」和「神秘」的感覺，到他的理智已被幻想壓倒，而成爲事實般的幻覺、幻像，幼臣對這個陌生女子產生了日漸嚴重的精神妄想。

> 幼臣是確乎認爲這女人在心中算一件事，確乎認爲這女人是未識的知己，或者愛人。幼臣也常去想她，猜想她，幻想她，幻想到如何主人替自己說了親，如何的看紅轎子來，如何跪拜了，

30 馮沅君〈旅行〉，載《創造季刊》，1924 年第 45 期。

31 謝冰瑩〈刑場〉，作品原出處無法查證。本文乃根據艾以、曹度所主編的《謝冰瑩文集》（下）（1999）的小說部分，選取這篇作品，引文亦採此版本，內文註明此作品完成於「1929 年，夏」。

32 陳學昭〈馮七〉，載《北新》1929 年第 3 卷第 20、21 號，署名式微。引文見《陳學昭文集》（第一卷〔小說〕）（杭州：浙江文藝出版社，1996）。

如何在愛中過渡日子，自己仍然開車，天天仍見妻上街上買東西……。起先是幻想過了而空，到後來是幻想到心上就跑不了，或者自己竟疑成是事實。[33]

因著這種異常的情慾幻想，幼臣終於在某個早晨以幻想方式對那陌生女子展開親熱接吻的行動，結果在神志不清的狀況下開車撞死了她，而幼臣也因而被判了死刑。

類似的情形也發生在另一位男性人物馮七身上。馮七是陳五老爺的長工，為人忠厚勤奮。但他對性的渴望一直未能得到滿足，直到他見到陳五老爺剛從城裏帶回來的新姨太，馮七體內壓抑多年的情慾被她豐滿的身材和挑逗的眼神所撩動，從此不住地對新姨太的一舉一動充滿幻想。這種長期壓抑的感情和性慾開始頑強地支配著馮七的日常生活和心智，但沒受過教育的馮七並不懂得「惘然，寂寞，空虛，悲哀」（頁358）等等的心理情緒，只強烈地感覺到「有一種從未經驗過的力量抓住了他」，他失神發呆、「瞪目，咬牙，揮拳，也是受了這力量的支配」。這個力量便是人類的情慾本能和需要，而且在馮七這名正常的壯年男子體內不斷地「腫脹」、「爆裂」，「需要東西來把它充塞實在起來」（頁361）。

> 我知道：她，她是喜歡我的……我 —— 我要得到她！我非得到她不可！女人，五年來我口渴了要喝水一樣覺得需要一個女人。她，她愛我，她是應該同我一塊兒過的！她是應該屬於我的！ —— 那驢臉鴉片鬼，他，他有什麼權力竟佔有三個女人？！ —— 是的，有錢！他有錢！他是老爺！……老爺！老爺！！……[34]

情慾的衝動勾起了馮七對新姨太的佔有慾和陳五老爺長年奴役自己的憤恨感，他準備用自己的方法去實踐這些慾望，便是掐死陳五，

33　同註31，頁206。
34　同上，頁365-366。

與新姨太私奔。最後，新姨太却又因爲害怕殺夫罪名的處罰而突然改變與馮七私奔的念頭，結果也被馮七掐死了。

以上兩位男性人物對自身情慾的認知有著初步的體會，但他們對情慾需求的判斷和實現手段，是嚴重缺乏情緒自治能力的。因爲不顧他人的權益意願和作出傷害他人身體的行爲，是破壞了不以暴力方式爭取自由平等的民主原則的。這都反映了一類五四男性在情慾方面的民主化個人自治理想有待反省的地方。

三、情慾反思

男性的情慾觀和態度在很大程度上受其性器官所衍生的一套象徵性意義所影響，這主要是因爲男女在性別文化和價值觀念上的不平等 ── 男尊女卑 ── 所造成的。就中國本土的情況而言，已有研究指出早期的男女在情愛和性愛活動方面都很自由開放，例如先秦時代，情慾就被視爲人皆有之的正常需求，自由而和諧的性和愛更是得到公開的頌讚。[35] 隨著父權制度的日漸鞏固，男性掌控了社會上主要的經濟與物質權力，男性對自身性器官的生物形象、功能所賦與的象徵意義，開始和支配與服從、優越與卑微的權力概念掛勾，特別是漢代時「男尊女卑」和「三綱五常」的人倫規範制定後。如此，男性對於自身性器官和性別身份的認知與理解，不再只停留於生物性特徵上，而是結合了主流公認的男性氣質（如：男性體形强壯、力氣較大所帶來的勇猛主動、支配、優越等性格行爲上的感觀認識），給以男性的性器官、情慾價值觀、態度和行爲符合「男尊女卑」模式的各種象徵性意義。[36]

35　見孫琴安《中國性文學史》（1995）和劉達臨的《中國古代性文化》（1993）。

36　見 Brod, Harry, ed., The Making of Masculinities: The New Men's Studies (Boston: Allen & Unwin, 1993)、Horrocks, Roger, "Male Sexuality," An Introduction to the Study of Sexuality (London: MacMillan, 1997), pp. 163-182，以及 Goldstein, Joshuo S., War and Gender: How Gender Shapes the War System and Vice Versa (Cambridge: Cambridge University Press, 2001), pp. 128-251, pp. 333-414。

如此，男性幾乎等同於陽具，因爲陽具指涉權威和力量，而男性仗賴生活中的權威和成就來印證或建構自己的性別身份。[37]　這種從男性性器官和男尊女卑性別觀所引申而來的自我認同和肯定，因其佔主流文化的心理意識積澱太久，至今仍是大部份男性在經歷社會化過程當中難逃的自我提昇障礙。說它是男性自我提昇的障礙，是因爲對大部分男性而言，陽具的象徵性意義除了包含著肯定和炫耀男性的自我認同、權力威嚴以外，背後同時也隱含著可怕的陷阱：即「膨脹與萎縮」的矛盾張力。[38]

五四時期大部份的新式男性雖然在情慾方面擺脫了封建禮教和父權制度的牽制，但在深層心理意識上却擺脫不了由男尊女卑觀念引發的唯我獨尊意識，導致他們對自身的情慾認知與實踐陷於「膨脹與萎縮」的兩難處境。這類原以爲自己可以或已經實現民主化的新情慾認知與實踐的男性，正是因爲他們的民主化情慾概念是建築在期望實現整體民族或政體層面的民主需要此一大基礎上，結果忽略了個人個體的民主化需要。而個人民主化概念中的自治（包括自我反思、管理、調整）原則，是實踐更理想的兩性和諧關係之重要條件。

（一）膨脹的自我認同與情慾權威

所謂膨脹的自我認同與情慾權威，是指男性基於受陽具的某些象

---

37 參考 Bly, Robert, Iron John (New York: Addison-Wesley, 1991)、Pleck, J. H., "Men's Power with Women, Other Men, and Society: A Men's Movement Analysis," and A. E. Gross, "The Male Role and Heterosexual Behaviour," in M. S. Kimmel & M. A. Messner, eds., Men's Lives (New York: MacMillan, 1992), pp. 19-27 and pp. 424-32，以及 Gagnon, J. H., & R. G. Parker, eds., Conceiving Sexuality: Approaches to Sex Research in a Postmodern World (New York: Routledge, 1995), pp. 3-16，等有關男性性器與權力、性別身份認同和男性氣質之間的關係論述。

38 Brod, Harry, Michael Kaufman, Theorizing Masculinities (Thousand Oaks, Cali.: Sage Publications, c. 1994), p. 247.該書提到男性的生殖器一方面賦與男性驕傲、尊嚴和權威感，但一方面也會造成男性因知道自己並非無所不能而産生焦慮感。這種從生殖器衍生而來的兩極意義可說是種「膨脹與萎縮」的現象。

徵性意義之影響而反映在現實生活中的自我中心評價，這種以自我爲中心的價值觀往往造成其在情慾方面自視過高的認知與實踐。這類男性通常會對自己的愛情感受和性慾性能特別重視，在這兩方面的表現都會因自我關注過高而顯出自私、利己、自大、自滿、自戀等等的特性。[39]

　　其實這類男性在情慾方面的負面表現，在當時已被不少知識份子所批判過。例如魯迅便在〈男人的進化〉中嘲諷男性利用經濟和權勢力量，將人類原來很自然的性愛行爲變成他們施展強姦、嫖妓、納妾等「禽獸」行爲的「進化」依據。[40] 這可說是男性在情慾方面缺乏自治性原則的思想觀念所致。然而，被封建禮教束約太久的青年男性傾向於把焦點放在表面意義上的「個性解放」和「性解放」，忽略了這些「解放」應該從個人的情慾自治做起。真正符合民主原則的個人自治應該懂得自我反省、自我管理、尊重他人。而這類五四男性正是忽略了相互尊重和自我反思調整在兩性關係中的重要性，將「個性解放」和「性解放」視爲一種以自我爲中心的單向式運動，忽略了民主和個人自治原則所應有的相互尊重，結果無形中又回返唯我獨尊的情慾價值觀。

　　白薇《悲劇生涯》[41] 裏的威展，可說是在多方面都能體現這類型情慾特質的男性：著重以自我爲中心的單向式情慾解放、缺乏個人情慾自治、將性器和情慾支配權威等同於自我存在的價值依憑。威展是位在日本學藝術的青年學生，有著五四新式青年知識份子的典型特質，如：愛好文藝、崇尚自由解放、婚戀自主、渴望爲社會國家作出貢獻等等。他先是和放蕩的紅相戀，紅移情別戀後他轉向追求仰慕他

---

39 Horrocks, Roger, Masculinity in Crisis: Myths, Fantasies and Realities (London: St. Martin's Press, 1994), pp. 162-6.
40 魯迅〈男人的進化〉，原載 1933 年 9 月 16 日《申報・自由談》，後收入《准風月談》。
41 白薇《悲劇生涯》（上、下）（上海：生活書店，1936）。

的葦，從此和葦展開糾纏十年的恩怨情仇。在這期間，他跟葦和紅兩個女人之間的複雜關係，反映了這位男性有違民主和自治原則的情慾認知與實踐方式。

1.以個人自身的性慾為生活重心

威展對性是非常看重的。不管是對紅還是葦，威展的情慾表現明顯偏重肉慾。他對自己的性需求量更是要「經驗一百個女人」（頁142），並以嫖妓來實現他的放縱夢想。就連在他染上性病以後，他仍無法自我節制：

> 「你不是愛我麼？愛我就表現！」[42]
>
> 「男女之間除了肉，還有甚麼？」[43]
>
> 「男和女，獸而已，肉而已！」[44]

2.視性需求的主動和控制表現為權威和暴力的依憑

威展對性愛的放縱和貪戀，主要是因為他執迷於自己的性器官及其所象徵的權威力量之意義。為了證明自己的性能和權威力量，他以擁有眾多性伴侶為豪。這種對陽具的崇拜心理使他對自己的性能力和男性體力非常自負，甚至濫用男性先天擁有的較強體力，來維持這種過度膨脹的自我尊貴感。

在他將性病傳染給葦後，他仍一再強迫葦和他發生關係。言語的威脅、強吻、剝扯衣物、用力抓捏、粗暴推擲等等的暴行，都一再說明這所謂的五四「新青年」，早已把當時的「自覺」、「平等」和「尊重」等等革新原則拋諸腦後，僅留下男性對陽具與性、權力和暴力的不變信仰。他對葦所施的性暴力，「是葦永遠不能忘記的刺心的圖畫！」

---

42 同上，頁62。
43 同上，頁591。
44 同上，頁361。

（頁 297）

> 小房間，白晝，展如醉如狂的閃影，嬌憨的哀求，瘋暴的色相，
> 征服的，蠻幹的，葦和他對抗，胡鬧，終於一雙滿有力的手，
> 像捏緊一個像，擲在床，頭在床邊，腳垂地，腰壓在牀緣上，
> 他露出馬一樣的牙齒，笑著，笑著，瘋狂的笑，極樂的笑……[45]

威展的性觀念和實踐方式暴露了他在情慾方面缺乏自治、自省與自律。他忽略了民主化兩性關係的性活動是建立在男女平等、自尊互重的條件上的。親密關係中的性生活應該強調雙方互相尊重對方的性權利和性感受，相互給予，相互得到生理和心理上滿足，如此才能促進雙方的性生理與性心理的正常發展，才能達致協調和默契。

顯然，威展對自身性觀念的錯誤認知從未進行檢討，這也造成他處於「膨脹與萎縮」的兩難困境。因此，當威展面對葦一針見血的嚴厲譴責時，他對自己身上的陽具迷信所發出的最後反駁，正暴露了他心理和生理上的雙重陽痿。[46]

> 「啊，你底牢騷是因爲吃了我的虧才發的，假使我吃了海狗鞭，
> 把性弄強起來，把ＸＸ弄得鐵一樣，包你會發瘋一樣喜歡那回
> 事…………」[47]

從過去通過陽具的性能和對女人的性支配表現來肯定自己的存在價值，到如今，威展也同樣被這種變相的價值評斷準繩所反擊，瓦解他靠此而建立起來的自我尊嚴和存在價值感。

（二）萎縮的陷阱

陽具的象徵性意義與價值影響了眾多男性的精神心理認知與感受活動，同時也影響著他們的外在行爲表現。除了在性觀念和性行爲方

---

45 同上，頁 297。
46 Horrocks, Roger, *Masculinity in Crisis: Myths, Fantasies and Realities* (1994), p165-6.
47 同註 41，頁 680。

面的男權意識傾向外，膨脹狀況時的心理表現也要求男性在性格上的堅強勇敢、信念上的堅定不屈，而在外在行爲表現方面，則要求男性具有出色的工作能力、有活力有衝勁的積極的工作態度，也即是要求男性在事業、名利和地位方面的成就。但當這些性以外的表現無法達到社會主流文化所公認的標準時，也就意味著男性自我認同無法確立，或是產生動搖的危機。如果說男性的這種自我認同方式在膨脹時會發生各種以自我爲中心的行爲態度，那當男性在性、事業和性格上的表現低於或遠離標準，其膨脹的心理狀態便轉向萎縮，之前的自滿、自負、自尊、權威感等等，都會被自卑、自貶、自憐、頹廢等所取代。[48]

白薇《悲劇生涯》中的威展讓我們看到其偏頗的情慾認知與實踐之膨脹面，也讓我們看到他所受的戕害。從威展以各種方法一再重申並證明自己的性需求和性能力之表現看來，我們讀到一位男性如何因忽略對自身性別認同、情慾認知和實踐等方面的自我反省和修繕，結果陷於自我否定、自我放棄的困滯情境。威展的負面表現和他從事救國事業失敗有著密切的關聯。事業不如意使威展只能萎縮自我，回到最原始的生物器官上尋求短暫的肯定與安慰，這也是造成他縱慾的重要原因。

此外，威展對葦的愛恨交加，也正是由於這種「膨脹與萎縮」現象所產生的作用。葦的勇敢個性，對改革社會事業的堅定信念和強韌毅力，這些積極面的表現都使威展在相比之下自慚形穢，心生羨妒。特別對方是個女性而且又是自己的親密伴侶時，男性的自我優越感更是操控了威展負面的情緒表現：

「我沒有別的法子可以賺錢，也找不到職業，所以你還是去找

---

48 王行〈男人的「性」與「性別」迷思〉，《解放男人：男性的自覺與成長》（臺北：探索文化，1998），頁95-113。

有錢的人結婚，無論如何，你總是結婚的。」[49]

「我是一個無用又無能的人了，我真沒有臉再見你呵！」[50]

「你這話簡直是對我侮辱！難道我不能養活你嗎？」[51]

丁玲〈一個男人和一個女人〉[52] 中的年輕詩人鷗外鷗也同樣陷於自我情慾價值萎縮的窘境。鷗外鷗是位意識到中國當時社會上貧富階級矛盾問題的知識青年，他原想有一番作爲，但却因爲沉溺肉慾而荒廢努力，還染上肺結核。由於生活、事業和健康方面的種種問題，鷗外鷗的挫敗感和自我懷疑感非常強烈，經常顯得很「消沉」、「頹廢」。就連在情慾追求方面，他也只敢在妓女小阿金身上逞威風、尋慰藉，因爲對方的柔弱與屈從使他「能自由的談笑，和戲謔」，滿足他微弱的男性尊嚴。反之，在自信、主動、大膽、驕傲的時髦女性薇底面前，鷗外鷗就顯得非常膽怯。當他面對薇底取代他的主動支配地位，「勇敢」、「大膽」而「凶猛」的向他展開追求時，其男性陽具崇拜的各種象徵意義根本無法發揮。他只表現出「躊躇」和「再三的審慎」：

> 男的呢，却處在相反的地位，心正被一種莫明其妙的情緒騷擾著，只想側個臉去，又怕那凶猛的勇敢的眼光把自己擒去。說想逃，那也是並不的，他只希望這女人會變得柔弱點，羞澀點，能任他去說點不過分的俏皮話，把那嫩臉皮弄紅了起來，且趁著機會便摟抱了過來，於是女人便在他的熱烈的懷中抖戰著，溫溫軟軟的伏貼著。他也知道是不可能的，在他身旁走著的，並不是那慣於撒嬌的小阿金，也不是其餘的那些像是很經不起他撫抱的女人。他已走到第一條戰綫上。他不能再回到本位，

---

49 同註 41，頁 679。
50 同上，頁 216。
51 同上，頁 294。
52 丁玲〈一個男人和一個女人〉，原載 1928 年 12 月 10 日《小說月報》，第 19 卷第 12 號。初收《一個女人》（中華書局 1930 年 4 月版）。引文依原文內容，頁 1362-1375。

又怕進攻〔…〕[53]

鷗外鷗的「萎縮」心理除了表現在他受兩性情慾姿態的刻板觀念
（男主動，女被動；男掌控，女順從）所影響外，同時也表現在他對
自己的事業、名利地位等現實生活中的失敗深感自卑、無信心。因此，
我們看到鷗外鷗到最後好不容易鼓起勇氣向薇底求愛時，會因突然想
到自己在各方面的能力都未必能應付一段嚴肅的愛情時，他便立刻退
縮了。

綜觀以上男性人物的負面情慾分析，我們注意到民主化兩性關係
中所強調的自我管理、自治原則的重要性和需要。它的啓發性意義在
於提醒了五四男性對情慾解放風氣的重新思考：缺乏自治原則的情慾
解放只能維持生理上的短暫滿足，恣意的狂歡與逞慾過後，這類男性
對自身在慾海中的定位是否淪爲反被自由和性慾操縱的位置？他們又
能如何提昇自己與情慾之間的關係呢？顯然，這些男性人物的情慾經
驗和下場提醒了男性在推動婦女解放思想和運動之同時，應該也以互
鑒的方式解放無法擺脫男權意識影響的男性群體。通過對自我情慾觀
念與實踐方式的反省和檢討（如：偏頗的性、性別和自我認同觀念），
加強自己對民主概念中的自由、平等之認識，並將之發揮到國家政治
和社會民族等五四大主題以外的個人情慾生活文化上，這才是理想中
的「新男性」、「新青年」。

第三節　平等互重的對話交流或辯論
—— 平等發言／聲的原則

公開的爭辯討論是公共領域的重要民主活動，

---

53 同上，頁1371。

民主意味著討論，使「更有效的議論」有機會與其他決策管道相抗衡（最重要的決定是政策的決定）。〔…〕公開討論這一行爲本身就是民主教育的管道：參與和別人的論辯可以導致更開明的公民之出現。在某些方面，此結果產生於個人認知領域的擴展。但也源自於對合法的多樣性——即多元主義——的認識以及情感的教育。一個在政治上受過教育的對話者是能够做到以積極的方式引導其情感的：〔即是〕以理說理，而非以爭辯或情緒化的抨擊造成剛愎自用。[54]

　　然而，在私人領域，尤其是兩性親密關係領域裏，這種各自以主體身份進行平等互重的對話情況，而且如果所談論的話題涉及男女間的情慾內容時，往往會因爲性別權力的問題而使真正的民主化兩性溝通實現陷於困窘。在五四女性小說中的部分男性人物身上，我們可以看到這種遊走於良性和僞性發展兩端的不穩定現象。這裏所將談到的對話，主要是針對發生在男女兩性之間，以情慾爲主要範圍的對話性質（包括交流、談論、溝通、協商等等），並側重男性在對話過程中的態度、立場等行爲與心理方面的反應。

一、良性發展的民主化兩性對話

　　良性性質的民主化兩性對話會導致良性的兩性關係之發展。這當中所包含的幾個重要元素是：一、主體與主體身份的互動對話關係；二、學習聆聽的對話心理與態度；三、具有公正性判斷和公平性對話目的之認知。這幾個要素是遞進而互應的。在多位男性人物例子當中，以下兩位是最能反映良性發展的民主化兩性對話之人物：凌叔華〈酒後〉[55] 中的永璋和陳衡哲〈洛綺思的問題〉[56] 裏的瓦德白朗。

---

54 Giddens, Anthony, The Transformation of Intimacy: Sexuality, Love and Eroticism in Modern Societies （1992）, p. 186-7.

55 凌叔華〈酒後〉，原載《現代評論》，1925 年 1 卷 5 期，收入《花之寺》（上海

　　主體與主體互動對話的關係是指，在對話過程中，男性除了以主體身份發言外，同時也以主體身份看待與他對話的另一性。對於出現在五四女性小說中的這種兩性對話關係，很多評論者多會把論述焦點兩極化地集中在女性人物或男性人物的主體性問題上，例如其中一種最常見的情形是，強調女性在對話情境中的主體意識，以及她們的這種聲音如何被霸道的男權話語所左右，或成功擺脫之。[57] 這種僅僅注重單方面主體的獨立性和自主性之解讀，往往會導致強化差異和分離的結論，使原來可以衍生更多正面意義的主體獨立和自主特質，走向封閉的危險。因此，雖然筆者以五四女性小說中的男性人物為主要分析對象，但所關注的是一種具有開放性和互動性的對話素質。而在女性文本中發現的這種特性，更是特別能夠反映男性在兩性對話過程中對自身和異性身份、立場的態度抱持，男性對於民主化對話的實踐潛能，同時也揭示女性渴盼民主化兩性對話的心聲。

　　〈酒後〉中的少婦采茗，因被醉眠爐邊的男性友人子儀的迷人氣質所吸引，向丈夫永璋提出親吻子儀的要求。這對於一位陶醉在妻子的美色和溫柔當中，正情慾燃動的丈夫而言，采茗的要求無疑是一項刁鑽的考驗。然而，我們從這位丈夫與妻子的對話所看到的，是近乎理想的民主化對話方式。起先，永璋雖然不贊成妻子的要求，但並沒有認為妻子對自己不忠而大發雷霆，只柔聲說：「你今晚也喝醉了罷？」但他還是耐心地聆聽妻子說出自己為何有此慾望和衝動的原因，並沒有迫切否定妻子的個人感受和想法。

新月書店，1928 年 1 月初版）。引文見陳學勇編的《凌叔華文存》（上卷）（1998），頁 47-52。

56　陳衡哲〈洛綺思的問題〉，載《小說月報》1924 年第 10 號，後收入《小雨點》（上海：新月書店，1928）。引文見羅崗選編的《陳衡哲小說 —— 西風》（上海：上海古籍出版社，1997-1998）。

57　例如陳龍的〈對話與潛對話：「女性書寫」的現實內涵〉（《當代外國文學》，2002 年第 1 期，頁 134-40）便是。

「我也知道你很欽佩他，不過不知道你這樣傾心。」[58]

「哦！所以你要去 Kiss 他，采苕？」[59]

永璋經過前後三次婉拒采苕的請求後，終於「很果決地」答應了妻子。永璋的決定使他長期以來被評論者視爲信任和尊重妻子意願的證明，但筆者却更珍視他與妻子之間充滿民主性特色的對話藝術。[60]

首先，他對妻子這位個體主體的發言權力、慾望需求是給予肯定和尊重的。對於妻子要求親吻另一名男子，他並不是以夫權或男權觀念來作評斷，而是承認妻子作爲獨立個體所應有的自由思想與情慾感受。另一方面，他也沒有忘記自身的個體權力，向采苕坦訴自己的立場、想法和感受。他實踐了民主化兩性對話中的平等和自主原則。其次，他發揮了民主化對話原則中的聆聽涵養和態度，這是實現民主化對話過程中所最常碰見的棘手問題。[61] 因爲人們往往將注意力放在對話中的發言權力上，而嚴重忽略了彼此應該同時也以開放的態度容納闊度更大的交流和溝通，容許一種互相開放、尊重包容的、自由互動的對話。再者，永璋基於對妻子的信賴、理解和尊重，判斷妻子所提出的要求和將作出的行爲是不會破壞雙方的感情和婚姻權益的，而作出妥協，達致相互接受的協議。這顯示了永璋具有公正性判斷和公平性對話目的之認知。

陳衡哲〈洛綺思的問題〉裏的瓦德白朗也有著以上三種民主化的

58　同註 55，頁 51

59　同上。

60　游友基在〈凌叔華小說論〉裏談到〈酒後〉時，認爲永璋是「出於對妻子人格的尊重和對朋友的憐惜，答應妻子的要求」，見《信陽師範學院學報》，1989 年第 1 期，頁 77。

61　Johnson, J., "Arguing for Deliberation: Some Skeptical Considerations," in Elster, Jon, ed., Deliberative Democracy (Cambridge & New York: Cambridge University Press, 1998), pp. 161-84 和 Elizabeth Frazer, "Democracy, Citizenship and Gender," in Carter, April & Geoffrey Stokes, eds., Democracy Theory Today: Challenges for the 21st Century (Cambridge & Malden: Polity Press & Blackwell Publishers, 2002), pp. 81-84，兩者都談到學習聆聽在民主對話中的重要性。

對話表現。他與女主人公洛綺思的對話內容依然屬於兩性情慾範疇，討論兩性在面對婚戀關係現代化所發生的問題（特別是女性所面對的婚姻家庭與工作事業兩者間的矛盾），以及雙方如何通過交流對話來處理之。

洛綺思和瓦德是對令人稱羨的未婚夫婦，但洛綺思却在兩人訂婚一個月後改變主意，兩人因而展開一場漫長的理性辯論，最後，瓦德試圖說服洛綺思的論點都被她駁倒。尤其是洛綺思以女性的身份表達她認為婚姻對女性的事業發展所造成的負面影響，更是令瓦德折服，「承認這是女子的一個大問題」。雖有不捨，但瓦德在耐心聆聽完洛綺思的想法後，終於理解為何對方在婚姻和事業之間選擇了後者。基於尊重洛綺思的個人意願和決定自主權，他答應了洛綺思解除婚約的要求。

> 我的愛你，我的崇拜你，便是為著你是一個非常的女子；若是為了我的緣故，致使你的希望不能達到，那是我萬萬不能忍受的。你應該知道我並不是那樣自私的人。若能於你有益，我是什麼苦都能領受，什麼犧牲都能擔當。……[62]

儘管瓦德深愛著洛綺思，但他依然根據自己對親密關係、家庭婚姻生活的個人需求而與另外一名女子結婚了，並盡他當「丈夫的責任」（頁61）。這說明瓦德對於「談判」過後所達致的決定，是敢於承擔的，而且並不因為他心中隱藏的遺憾而影響他與新伴侶的婚姻關係，這是一種尊重他人和自己的選擇的表現。

簡而言之，瓦德和永璋在面對婚戀和情慾問題方面，與女性伴侶所展開的對話方式和態度，都說明了男性具有實現民主化兩性對話的潛能。

62　同註56，頁56。

二、僞性發展的民主化兩性對話

　　僞性發展是一種表面的假性民主兩性對話現象，通常發生在一種虛僞的表面平等關係和自由發言的情況下。例如：談話的其中一方有理虧之處，却又在對話中以種種令對方感到被侵犯或害傷的方式，進行維護自我利益的狡辯。即使雙方都不存在理虧的狀況下，若對話者首先便採取一種唯我獨尊的利己態度的話，那這便無法實現雙向互動的平等與公正原則。因爲這種情況會剝奪了對方同時也是個體主體的身份權力，而被視爲是要說服和戰勝的敵對者，之前我們所談到的開放性和聆聽行爲也無法奏效。特別是當所討論的主題內容涉及性、愛情或婚姻等兩性間的情慾課題時，男性往往會因爲受到以男性爲中心的主流文化價值觀念所影響，而出現以自我爲中心的男權意識之對話姿態。沉櫻筆下的兩位男性人物就很能代表這類型的男性對話者，有趣的是，他們的名字正好就叫做「男人」，足見作者爲探討民主化兩性對話問題而設計的模擬對話之特別用意。

　　這兩個「男人」分別出現在〈愛情的開始〉[63] 和〈喜筵之後〉[64]，而他們倆在故事中的對話者都是他們的同居伴侶（在當時而言已算妻子身份），所爭論的事端皆與男性在婚戀關係中的不忠行爲有關。

　　〈愛情的開始〉裏的「男人」和妻子於半年前結婚，婚後不久便頻頻作出對妻子不忠的事，這令妻子悲憤不已，兩人因而經常發生齟齬，在針鋒相對和冷嘲熱諷中渡日。一個晚上，「男人」因爲受不了妻子的冷戰，主動和她談話，結果引發了一場精彩的兩性對話。「男人」明知道妻子生氣的原故是因爲自己對她不忠，但他在談話中的語氣和態度顯然缺乏誠意，而且處處以自我爲中心，這無法讓女方對他

63　沉櫻〈愛情的開始〉，《喜筵之後》（上海：北新書局，1929 年 6 月版）。引文見沉櫻《喜筵之後・某少女・女性》（北京：人民文學出版社，1987）。
64　沉櫻〈喜筵之後〉，《喜筵之後》（1929）。

建立信任和理解，而具有公正、公平和平等性質的對話情境、過程和結果也自然難以成就。我們且看看「男人」原本想要通過談話來達到和解目的的意圖，是如何被他的僞性民主化表現所破壞的。

　　首先，「男人」裝作很明白事理和大方認錯的態度開始進行和解的動作，認爲他與妻子之間相處不融洽是「兩方面都有責任的」問題。接著，「男人」根據自己的意願假定女方已經默默承擔他所推卸過去的一半責任，自顧自地要求女方／雙方「以後不要這樣了」。然而這並沒有達到他所預期的效果，因爲妻子是位清楚自己立場和主體身份的對話者，而且也和「男人」一樣堅守自己的理解和想法。對她而言，「男人」所說的「兩方面都有責任」這句話帶給她「不平」、「虛僞」和「欺侮」的感覺；而對於「以後不要這樣了」的這句話，則是「和方才的『兩方面都有責任』同樣狡猾可惡的話」一樣，令她「難以忍耐地有點憤然」抗議道：「我覺得我沒有對不起你的地方！」。（頁24-5）

　　「男人」在與妻子的對話中，其僞性表現在於他的言語邏輯缺乏合理性，只一味強調自己的需要（希望淡化自己對妻子不忠的背叛行爲），而減損和漠視對方的需要（希望得到丈夫的尊重、坦誠和忠實待遇）。因此，他們的對話談判是無法取得雙方共同的承認和接納的。

　　同樣的情形也可見於〈喜筵之後〉的男主人公「男人」。這個「男人」不但對自己的婚姻和妻子不忠，還在妻子面前「公然承認著」他追求別的女人。（頁48）他一方面濫用自由戀愛的口號，取笑妻子對他的情慾需求不夠包容，一方面卻一再以專制態度與妻子進行對話。例如一次，兩人爲了其中一人（妻子）要出席友人的婚宴而發生爭執。「男人」不同意妻子外出赴宴的理由是「晚上家裏沒有人，怎麼行！」，實際上當晚他正準備自己外出尋樂，而且他對自己的隨意外出從來沒有向妻子請示或交待過。（頁49）但他却霸道地要求妻子留在家中不許赴宴，還把妻子的不妥協態度視爲「使人不快」的「樣子」。（頁50）

又如當妻子赴宴回來後，興致勃勃地與「男人」分享她臨崖勒馬的精神外遇，向他表白自己對他的情意專一，結果却反被對方藉以「引證」自己外遇的合理性。

顯然，「男人」的對話態度和方式是缺乏公正和平等的，他犯了對自己的需求高度關心（要求自身情慾需求和婚姻生活態度的自由解放），對對話那方的慾求（與伴侶分享交流，表達希望得到伴侶關心和尊重的需要）却加以貶抑的毛病。這種單方面強調自身利益，漠視雙向互動的平等對話關係者，嚴重地暴露了其欲操縱發言和決定權力的意圖，

對話是人類溝通的最主要方式之一，其基本所能達到的效果是相互交流和理解。因此，要掌握對話時的態度、立場、技巧，才能有效地進行富意義的溝通，而聆聽是對話情景中一重要的元素。特別是當男女之間爲情慾之事而展開對話時，男性傾向在有意無意間以支配或主控姿態回應，以維持和強化自己的立場，結果往往忽略甚至拒絕作「被動」的聆聽者。[65] 這種做法在很大程度上剝奪了對話一方的發言／聲權力，也同時令對方覺得不受尊重和重視而帶來的不公平感。而以上幾位男性人物的表現，揭示了五四時期部份男性在民主化對話藝術上的發展可能，這顯然也是備受女性對話者所期待和感激的。

第四節　平衡稱上的情感原則——
相互依賴的夥伴關係

五四時期的新式家庭與婚戀模式儘管強調以愛情爲基礎和一夫一

---

65 Tannen, Deborah, You Just Don't Understand: Women and Men in Conversation (New York: Morrow, 1990).

妻制的原則，但却常面對以下兩種問題：（一）男性的一夫多妻慾望，以婚外戀、多角戀愛等方式繼承舊日納妾和用情不專的惡習；（二）男性對婚姻義務內容的有限關注。其實，一夫一妻制的婚姻形式在中國古代便有，只是多發生在平民階層，而婚外戀、多角戀愛和沒有履行婚姻義務的情形也同樣出現在五四當時的部分新女性身上。這都說明了婚戀的形式制度和分工規範並未能造就理想而和諧的兩性關係，因爲當事人並未掌握到相互依賴、合作的夥伴關係之情感原則。這裏，我們從男性人物出發，探討他們身上的婚戀情感問題和這些問題的改善可能。其主要的原因首先仍與之前我們所談過的自治性匱乏有關，但在這裏則更強調以相互依賴（interdependent）的夥伴關係（partnership）爲認知基礎的情感原則，並認爲這是五四時期追求表面民主的男性新青年們在情慾、婚戀方面所要作第二度「更新」的努力方向。

本文所說的「相互依賴」的「夥伴關係」之概念分別借鑒自 Giddens 和 Riane Eisler 對改善兩性關係的看法。「夥伴關係」是 Eisler 根據她對人類社會關係發展從古早時期的夥伴關係演變到後來的男權統治之研究，所提出的一種進化突破觀點。她認爲目前人類關係因男性統治和女性被統治模式而面臨了極多的缺陷，但「真正的問題並不在於作爲一種性別的男人，因爲男人和女人在一種統治者制度中是必然會被社會化的」，這才是問題所在。而「男女合作或夥伴關係的社會」「提供了可行的選擇」，能夠有效地修繕人類文化的進化。[66] 她對「夥伴關係」所下的定義是：

> 夥伴關係要求人們合作並相互尊重。它包含參與、聯繫，並爲大家的共同利益和平而和諧地工作。夥伴關係方式是通過聯繫而形成一個整體原則，它不同於當今社會佔據主導地位的強制

---

66 見 Eisler, Riane (1987), The Chalice and The Blade: Our History, Our Future (New York: HarperCollins Publishers, 1988)，頁 185-186。

性等級服從體制。夥伴關係要求公平合理，意見一致，互利互惠，民主地參與決策；必須積極地傾聽，富有同情心地分擔，相互支持，以促進共同興旺發達。它包容並追求把人們結爲一體。在夥伴關係的環境裏人們感覺自己受到了重視，有真誠的關懷和安全感。真正的夥伴關係導致人人有權利並有條件實現自我。[67]

「相互依賴」的情感原則與講究合作的夥伴關係有共同的和諧目標。「相互依賴」強調的是「相互」作用，而不是「固定化」關係上的强制性依賴。[68] 這種相互作用可以理解爲「互動」，和順協調的互動便產生中國古代思想文化中所常說的「和諧」。但民主化的「相互依賴」關係比較全面地考慮到互動關係中的個體獨立性，這和一直以「群體」和「大我」爲本位的中國主流文化思想不同。特別是，當這種同時照顧到個體與群體身份的互動原則放置在人際關係中的兩性親密關係時，它產生了一種有助和諧的平衡作用。

親密並不是被另一方所吸納，而是知道他或她的特點並使之與自己的特點相適合。具有悖論性的是，向另一方開放但却要求有個人的界限，因爲這是相互溝通交流的現象；它還需要敏感性和機智，因爲這並非等同於毫無隱私的生活。開放性、敏感性和信任之間的平衡是在關係中發展的，這種平衡決定著個人的界限是否產生分化，而分化會阻礙而不是鼓勵這種溝通交流。[69]

67 此段引文乃依據閔家胤在主編《陽剛與陰柔的變奏 —— 兩性關係和社會模式》一書時，通過信函請教 Eisler 本人所得的回答之翻譯。該書結合 Eisler 的「夥伴關係」概念和中國的陰陽概念來研究中國的兩性關係和社會模式，並期待中國能够重建男女新式夥伴關係和實現陰陽平衡的兩性和諧關係。

68 Giddens, Anthony，The Transformation of Intimacy: Sexuality, Love and Eroticism in Modern Societies （1992），p. 89.

69 見 Giddens, Anthony，The Transformation of Intimacy: Sexuality, Love and Eroticism in Modern Societies (1992)，p. 94，部分內容轉引自 Giddens 的註釋十一，Crowther, C. Edward, Intimacy: Strategies for Successful Relationships (New York: Dell,

如此，當這種講究「相互依賴」的「夥伴關係」情感原則運用到婚姻關係時，它所可能在五四男性伴侶身上體現出來的作用，是可以預防或處理他們的婚外戀和多角戀問題的，使兩性的婚戀關係向更深一層的自由、平等與民主意義發展。

一、自治式相互平等的忠誠意識 ——

對兩性關係中——對應的愛情形式之思考

自晚清開始，中國傳統婚姻模式和倫理道德觀念因應生產方式的改變、婦女解放運動和五四時期的「家庭革命」而發生劇變。舊有的父權制婚姻、家庭及倫理道德受到新一代的抨擊，「媒妁之言」、「父母之命」、「夫爲妻綱」和納妾制都被否定。新式婚姻家庭觀念更因人道主義和民主思想的影響而强調婚姻須以愛情爲基礎、夫妻或伴侶之間講求平等尊重。因此，專一忠誠便成爲要求平等、民主的婚戀關係中之重要道德準則，這種强調相互忠誠的婚戀生活原則是具有這樣的意義的：一、傾向使用一種男女平衡的原則；二、確認對夫妻之間個人關係的尊重。[70] 如此，在平等和互相尊重背景下的忠誠意義，才能發揮夫妻、伴侶之間相互信任的功能。這才能進一步實踐平等合作的夥伴關係。當相互忠誠的婚戀原則面臨考驗時，民主化兩性關係中的自治原則（自我反思、自我情慾管理、尊重彼方）是可以發揮其功效的。

在五四女性小說中，經自由戀愛而同居或結婚，但却對伴侶不忠

1988），pp. 156-8。

70 Foucault, Michel (1984)著，Robert Hurley 英譯，The History of Sexuality: Volume 3: The Care of the Self (London: Penguin Books, 1990)，頁 172。

的男性人物例子很多。例如：沉櫻的〈愛情的開始〉和〈喜筵之後〉、凌叔華〈花之寺〉[71] 和〈女人〉[72]，等等。而具有自治式相互忠誠意識的男性人物並不多見，以下兩位男性人物：馮沅君〈潛悼〉和〈我已在愛神前犯罪了〉的男主人公可說是爲五四男性留下了他們在這方面的努力痕迹。

〈潛悼〉中的瑩在一開始便聲明了自己和意中人的關係是叔嫂關係，是他的「嫂嫂」，他「族兄的妻」。然而，他對她不該存有愛情或情慾幻想，主因並非這層叔嫂親屬關係的身份界線，而是受到講究專一忠誠的婚戀道德意識所譴責：

> 我所謂罪，自然與一般道學先生們所見者不同。〔…〕我之所謂犯罪者，是說我對於愛神不忠實。我不應該愛其他女子，我清清楚楚的意識著〔。〕[73]

他所犯的罪並非指紊亂家庭倫理秩序的亂倫意向，而是無法完成對愛情專一不變的神聖使命，以及因自己的個人慾念造成別人婚姻破裂的不道德行爲。愛上嫂嫂且有強烈的性衝動，使他深受「良心的責罰」，這是「對微微犯罪、對〔嫂子〕犯罪、對珪哥犯罪」（頁97），這也干擾了兩段原本符合專一不二、忠貞不渝條件的愛情（婚姻）關係，也即是擾亂了男主人公對相互忠誠的婚戀原則之認知。導致他更痛苦矛盾的是那股不可克制的情感需求、生理反應，使他在實踐愛與慾層面的人性解放目標時，與講求對愛情專一和忠貞的道德內涵相衝突而產生的迷惘與罪疚感。在瑩身上，我們發現了男性性愛意識的強烈表達和對愛情的忠貞態度之痛苦思索。

〈我已在愛神前犯罪了〉的中心思想同樣圍繞著男性的情愛心理與婚姻道義內容。男主人公「我」強烈的生理與心理需求面對了婚姻

---

71 凌叔華〈花之寺〉，原載 1925 年 11 月 7 日《現代評論》，第 2 卷第 48 期。引文見陳學勇編的《凌叔華文存》（上）（1998），頁 99。

72 凌叔華〈女人〉（劇作），原載《小說月報》，1929 年 4 月，10 卷 4 期。

73 同註 19，頁 96。

道德和師生倫理道德的監視，在他寫給朋友的信裏多次提及他無法克
制自己的精神外遇，即使他知道不該愛上自己的學生，更不該背叛妻
子。這種矛盾與愧疚處處可見：

> 我已在愛人前犯了不忠實的罪，怎見我的多情多義的碧
> 琰！……[74]

男主人公爲人師、爲人親密伴侶和身爲人的身份混淆了，師生倫
理的界線和親密伴侶之間的忠貞道義，也因其身爲人的本能需求而被
模糊化了，但這種道德批判意識依然活躍於他的思想內。當他對愛人
碧琰坦白一切，愛人的回信表面看來是尊重他在情慾方面的自由和權
力，但其實當中有弦外之音。碧琰在信中雖然祝福他們，但卻暗示其
前提是「道德上決不發生問題」，又提醒「當年患難中的盟誓」，實
際上便引出了有關道德準則的忠信誠義問題。果然，精神出軌的男主
人公漏夜到教堂懺悔。

兩位男主人公在面對意志自由和道德抉擇時不斷作出的自我反省
與對話，顯示了自身的自治式相互平等的忠誠意識，以及對兩性關係
中一一對應的愛情形式之思考，這都說明了男性的情慾自治可能。

二、新兩性關係 —— 相互依賴的夥伴關係之認知

前部分所談到的一一對應和相互忠誠的愛情關係模式，是實踐婚
戀道德中民主和平等元素的基石。而在婚姻關係（包括同居關係）當
中，則又增加了義務這項內容。[75]「婚姻義務指個人對婚姻家庭所承
擔的責任」，它將愛情落實到日常生活的大事小節裏，使「愛情變得
具體化」。[76] 自發、主動的婚姻義務履行需要建立在當事人對相互依

74　同註 18，頁 91。
75　〔日〕國分康孝　著，王鐵鈞　譯《婚姻心理分析》（福州：福建人民出版社，
　　1987），頁 3。
76　嗖大鵬主編《女性學》（北京：中國文聯出版社，2001），頁 75。

賴的夥伴關係之認知上，因為義務要求頻密的相互性，例如：配偶之間在性生活、情感、經濟、家務分工、生養和撫育孩子、照顧其他家庭成員等等方面，都需要男女雙方自覺的互相合作、扶持、配合、幫助，需要共同面對、協商、決定、承擔、履行。[77] 而這些表現正是實踐夥伴關係的主要成份。

五四男性所追求的新式婚姻關係，主要表現在脫離宗族大家庭制和父權制的婚姻形式，取之以愛情為基礎的一夫一妻制之現代婚姻家庭模式。但若男性仍稟持「男主外，女主內」或「男尊女卑」的男權統治模式對待婚姻生活中的人事，更具深度的民主平等之兩性關係便無法形成，男性本身的婚姻生活文化素養也無法得到提昇。五四女性小說中的一群男性人物，分別展示了他們在新式婚姻義務方面的不同表現，有的表現出他們在相互依賴的夥伴關係認知上的無知與不見，有的則表現出具有實踐這種民主化兩性關係的潛能，作出不同程度的自我啟蒙、反思與調整。這些內容可以從以下幾個方面進行分析：

（一）家務分工

家務分工是指為了滿足家庭成員日常生活所需付出的勞動，包括洗衣、做飯、打掃等活動。丈夫對家務的自覺參與和分擔能顯示其意識到婚姻伴侶在日常生活中的平等權益與地位。

沉櫻〈生涯〉[78] 裏的潛，成日只顧自己的享受（抽烟、打牌、看報紙、看戲），在家中不事勞作，飯來張口、衣來伸手，視妻子的家務勞動付出為理所當然。白薇《悲劇生涯》中的威展，心血來潮時煮一兩頓飯，大部分時間都等候同居女友葦為他張羅一切，還經常為他所製造的垃圾如花生殼、紙屑等作清潔工作。故事中的兩位女性都對伴侶的自私和不肯分擔家務而覺得煩惱和不滿。

（二）撫育工作

---

77 劉達臨《婚姻社會學》（天津：天津人民出版社，1987），頁 191-6。
78 沉櫻〈生涯〉，《女性》（上海：生活書店，1934）。

生育以後的撫育工作需要夫妻雙方的共同承擔，而不是全歸妻子一人應付。謝冰瑩〈清算〉[79] 中的奇對剛出世不久的女兒毫不關心，也不體恤妻子在育嬰過程所承受的痛苦和遇到的困難。面對妻子的哀求幫助，他只以敷衍和漠視的態度對待。不肯分擔撫育工作成為妻子格雷提出離婚的重要原因之一，說明了婚姻生活中的撫育義務應由夫妻雙方共同承擔的重要性。因為這不但顯示男性對自身情感的自治性支配，使男性在履行丈夫與父親義務時發揮其情感功能，同時也表現出其理解家庭人際和諧運作所需要的相互依賴與合作精神。

（三）生育決定

生育決定即指伴侶對生育問題的共同協議，包括生育、節育、墮胎等問題。男性對生育問題的重視表示其對伴侶的關懷與尊重，這表現在雙方擁有平等的發言權力和決定權力上。

沉櫻〈女性〉[80]（又名〈妻〉）中的熙，對妻子在意外懷孕後提出墮胎要求時，表現出高度的關心和參與。從懷孕到試圖墮胎、到正式入院墮胎，熙都非常尊重妻子的想法、體諒妻子的心情和感受，這對夫妻最後在雙方同意和達成共識的情況下進行和平討論而作出墮胎的決策，充分表現了新式丈夫對兩性平等關係、個體自主權力和夫妻相互尊重的自發性理解。

（四）家庭生活經濟維持與財物分配

用以維持家庭日常生活開銷的經濟來源、佔有和分配情況，是顯示夫妻雙方在家庭財務管理方面的權利狀況。男性過份堅持自己的主要經濟供應者角色或家庭財務使用的支配與決定權，都表示他們「男主外，女主內」和「男尊女卑」的男權思想。

謝冰瑩〈清算〉中的奇將教書所賺取的錢全數寄回自己的老家，完全不為即將生產的妻子需要入院費和日後的育兒費作考慮，也沒有

79 謝冰瑩〈清算〉，《前路》（上海：光明書局，1932）。
80 沉櫻〈女性〉，《女性》（上海：生活書店，1934）。

和妻子商議後再作出意見一致的決定。沉櫻〈生涯〉裏的濬對夫妻間的財務支配和使用強佔操控地位，他將金錢隨意花費在買烟、打牌、看戲、買零嘴小食上，却極力反對妻子用其中一部份錢來求學。這些男性的表現都使他們的妻子覺得受到不公平的待遇，同時也顯示男性在家庭財務方面霸道的支配慾望，及以自我爲中心和不尊重伴侶的作爲。

凌叔華〈病〉[81] 裏的芷青因爲肺病無法工作賺錢，妻子爲了讓他安心養病，默默承擔解決經濟資源的問題，但却反被丈夫疑懷她嫌棄自己無工作能力而有外遇。白薇《悲劇生涯》裏的威展對同居女友葦爲生活費煩惱，想盡辦法工作賺錢的積極態度深感不滿，認爲葦在侮辱他養不起她。這兩位男性顯然受到男性爲家庭主要經濟供養者的傳統角色所束縛，結果對伴侶的工作和經濟能力產生排斥感，認爲這將損害自己的尊嚴。

以上所談到的幾個方面只是婚姻家庭義務的其中幾項內容，這和之前所討論的專一、相互忠誠原則，兩者都是爲了說明：當男性的情感和慾望具體地落實到兩性親密關係（特別是婚姻關係）時，相互依賴、合作的夥伴關係之認知是非常重要的。這可以造就更理想的民主和平等情境，使婚姻中的男女雙方都能享受到和諧的關係感受。五四女性小說中的這批男性，從正、反角度傳達了五四新一代男性在情慾認知和實踐方面的進一步民主化需求。

第五節 結 論

綜觀以上所論，我們發現以愛情爲基礎的婚戀原則、追求戀愛自由、婚姻自主、性解放，這些都不再是評斷五四「新男性」的固定標

---

81 凌叔華〈病〉，原載 1927 年 4 月 2 日《現代評論》，第 5 卷第 121 期。

準了。五四女性小說中的另類男性人物形象站在這幾項被視爲新式婚戀的準則上，揭示了五四新一代男性在情慾範疇裏的更多內涵。文本中所追尋的「新」男性情慾，其內涵呈現出一種圍繞著民主化兩性關係的情慾認知與實踐方式來發展的傾向，包括：

　　一、男性應在情慾方面進行個體自治，包括在情慾方面的自我發覺、實踐和反思。這在文本中的男性知識份子身上顯得較有實現的可能，而文盲或社會下層的男性群體也應該受到重視。因爲他們礙於教育程度不足，無法經由文字教育灌輸民主思想，因此，在情慾自治方面更加需要不同管道的正確引導和啓蒙。此外，提醒男性對陽具的象徵性價值意義所衍生的情慾觀念和行爲態度作出反思和調整。

　　二、男性在與女性進行情慾方面的對話交流時，應該注意對話性質的民主化。亦即要求雙方在平等、相互尊重的情境下，發揮各自的發言／聲權和聆聽涵養，以民主化的方式達到對話、溝通、交流的效果。

　　三、當情慾處在愛情和婚姻的兩性關係裏時，理解專一忠誠和相互依賴、合作的夥伴關係之情感原則，是有助於處理婚外戀、多角戀和不履行婚姻義務的兩性問題的。

　　簡而言之，本章所論及的男性人物之情慾世界，不管是以正面或是負面的表現展示他們的民主與不夠民主之處，其貢獻都在於：體現了五四「新男性」在情慾範疇內所可能發揮或發展的民主認知與實踐。

第四章　發現另類父親

── 從家庭關係中的父親形象談「新男性」

　　家庭是社會的基本單位,人的成長變化與家庭息息相關。在人際網絡裏,男性與家庭的關係因此也是當中極為重要的一環,而父親角色則是他們在該領域內所扮演的主要成員角色之一,並且和他們的實踐行為、男性氣質、身份認同等問題有密切關係。[1] 如此,這一章將透過對男性在家庭關係方面的角色分析,繼續找尋「新男性」的蹤跡。

　　從西方心理學家弗洛依德(Sigmund Freud)開始,父親與子女間的關係研究漸興,隨著精神分析學和社會學的發展,圍繞著男性家庭關係中的父親課題在近數十年來更是備受重視。但在中國本土方面,有關父親形象和父女關係的針對性探討幾乎是毫無成績的。儒家所談的「父為子綱」或孝道,儘管涵概女兒在內,但主要仍是以男性的(政治)身份和(社會)角色為內容重心,男性才是主要的闡述對象。如此,傳統文化裏象徵父權的父親形象和父子(女)關係,其意涵明顯偏向強調僵化刻板的綱常原則。直到五四新文化運動反封建制度、反「三綱五常」的強烈號召,挑起了子一輩對父輩及其象徵秩序的顛覆性否定和討伐,結果產生了文學世界裏大量受到貶斥和批判的父親形象,也即是現代學者所說的「弒父」現象。這種「弒父」現象主要是指五四兒女針對封建文化精神和思想觀念上的父權作出抗拒和擯斥的

---

1 見 Hearn, Jeff, "Men, Fathers and the State: National and Global Relations," in Hobson, Barbara, ed., *Making men into Fathers: Men, Masculinities and the Social Policies of Fatherhood* (Cambridge: Cambridge University Press, 2002), pp. 245-272.

言行或產生類似的意識。[2] 到了二十年代末、三十年代，由於階級解放的政治趨勢，「弒父」現象已將父子（女）關係發展到政治階級的激烈鬥爭和衝突局面。如此，人們往往從批判父權的角度來看待中國現代文學中的父子（女）輩關係，過於側重象徵意義上的封建父親，強調其專制者、壓迫者和剝削者的身份地位，結果忽略了從性別角度追溯父親在家庭領域中所可能蘊含的其他意義，並以此來解釋文學中的父親人物形象。

　　五四女性小說中的父親形象一直是不受矚目的，因為這些父親人物大多形象感不足，而且過於平面化和符號化（生硬地傳達封建或階級父權、父親）。即使像冰心的化卿先生（〈斯人獨憔悴〉[3]），也不過是夾雜在眾男作家作品中的封建父親形象系列之例子而已，其代表性並不如魯迅的四銘老爺（〈肥皂〉）[4]、巴金的高老太爺（《家》）[5] 和曹禺劇作《雷雨》中的周僕園等等父親形象。[6]然而，同一類型的人物形象訊息未必一定是高度具體和集中的，他可以通過支離破碎、四散各處的雷同印象群聚合而成，關鍵在於解讀角度的取用。筆者一方面留意到在或精神或行動上的「弒父」主流現象外，一些同樣發生在日常生活當中的父親角色內容受到邊緣化。另一方面，在五四女性小說中，真正以具體或個體的父親人物作為批判對象的實例其實並不多，反之，許多反映出正面訊息的父親形象一再出現。因此，本章將從性別角度出發，解讀這類以不同形式被賦予期許的父親人物，探討他們在家庭中的角色扮演如何體現另類父親形象，以及如何在「尋覓『新男性』」的過程中留下新式父親的形象內容。

---

2 有關「弒父」論說，見於孟悅、戴錦華合著的《浮出歷史地表——中國現代女性文學研究》（臺北：時報文化出版，1993），頁 52-80。

3 冰心〈斯人獨憔悴〉，原載 1919 年 10 月 7-11 日《晨報》。

4 魯迅〈肥皂〉，原載 1924 年 3 月 27-8 日北京《晨報副刊》，後收入小說集《彷徨》。

5 巴金〈家〉（長篇小說），「激流三部曲」之一（開明書局，1933）。

6 曹禺《雷雨》（劇作），《文學季刊》1934 年第 3 期。

一、如何做父親？

晚清以前，中國本土文化中的父子關係概念主要以儒家的「父為子綱」和孝道為根據。先秦儒家孔孟等所談到的「五常」或「五倫」，是指君臣、父子、夫婦、兄弟、朋友，而父子間的人倫關係大致表現在五個方面：一是「能養」，即敬養父母；二是子承父志、發揚父業；三是對父母無違，不使父母操心；四是「色難」，對父母要常保和顏悅色；五是「幾諫」父母，即父母有錯時要婉言勸諫，父母不接受勸告，子輩也不能失卻恭敬。此外，先秦儒家也講究「父慈子孝」的雙方面倫理關係，要求雙向的道德行為，做到「父義母慈」、「父慈子孝」。從這點上看早期儒家對父子關係的見解是，一方面儘管多從「子」的角度出發，要求為人之子者對父母所應盡的孝行規範，但另一方面是同時也要求為人父者應盡其職，若本身的行徑有失「父義」或「父慈」的準則，那便破壞了和子女共同承擔和履行各自義務的倫理關係。到了漢代以後，董仲舒提出「三綱五常」，並將之確立為封建社會倫理規範，以鞏固封建君主專制制度。為了強化君權權威，「五倫」中的君臣、父子、夫婦被單向絕對化了，父子關係也就變成強調父輩的絕對權威和子輩單方面的無條件服從，也即是「父為子綱」。[7] 這才是五四新文化運動的倡導份子所強烈反對和抨擊的倫理關係觀念，但這種反對和抨擊，「不是淡漠了與父親的真正感情聯繫，而是更加深刻地體會到父愛的偉大」，因為「父為子綱」所強調的父親之絕對權威，是破壞父子之間自然性質關係的關鍵。[8]

---

7 有關「父慈子孝」由相對性、雙向性轉為父對子的絕對性之論述，見黃國彥〈孝道的現代意義〉，頁 9-10、朱岑樓和吳自甦〈適合於現代生活的孝行〉，頁 43-62，見中華文化復興運動推行委員會 主編《孝道與孝行研討會論文集》（臺北：中華文化復興運動推行委員會出版，1983）。

8 王富仁〈母愛.父愛.友愛——中國現代文學三母題談〉，《雲夢學刊》，1995 年第 2 期，頁 55。

　　除了先秦儒者在談論「父慈子孝」、「老吾老以及人之老，幼吾幼以及人之幼」的相對性父子關係時，有對父親的角色扮演有所提及外，男性應該如何當父親的相關論述是極度貧乏的。大部份的倫理言說都以爲人子者爲對象，闡述和示範子輩所應扮演的角色。如：《論語》中所談到的「能養」和「敬」（《論語·爲政》）、《孟子》中所說的「尊親」（《孟子·萬章上》）、《孝經》中種種要求爲人之子者對自己的身體、言行等的詳細規範，以及《禮記》中的「父爲子綱」（《禮·含文嘉》）。如此，我們從這些繁複雜多的子輩教科書中發覺到父親研究的匱欠，直到五四一代的知識份子正式對象徵秩序意義上的「父親」（父權）展開冷峻的批判，爲人父者才被正視、才被重新定義一番。我們可以從以下數位著名且具有影響力的五四知識份子的言論中，讀到父親意涵的變革。

　　早在新文化運動醞釀之時，陳獨秀便對「三綱五常」發出攻擊，認爲傳統宗法社會制度所強調的忠和孝，主要以君主和家長爲服務對象，等級階級觀念極重，儘管有其值得感佩之處，但卻不適於現代社會。在這種制度下的人際關係有四項「惡果」，「一曰損壞個人獨立自尊之人格；一曰窒礙個人意思之自由；一曰剝奪個人法律上平等之權利；一曰養成依賴性戕賊個人之生產力。」[9]

　　胡適的短詩〈我的兒子〉和他回應批評者的信箋中也指摘傳統孝道的可笑與不合理，並提倡父子平權的觀念，聲稱要兒子「做一個堂堂的人」，不要做他的「孝順兒子」。[10] 胡適是以一個父親的身份和立場來發表其父子觀的，他聲言他所說的「是從做父母的一方面設想的，是從〔他〕個人對於〔他〕的兒子設想的」，這顯示了五四時代

9　陳獨秀〈東西民族根本思想之差異〉，載 1915 年 12 月 15 日《青年雜誌》第 1 卷第 4 號。見《陳獨秀著作選》（第一卷）（上海：上海人民出版社，1993），頁 165-169。

10　胡適〈「我的兒子」〉是爲了回應批評者汪長祿的文章而寫的，原載 1919 年 8 月 10-17 日《每週評論》，第 34、35 號。見《胡適文集》（第二冊）（北京：北京大學，1998），頁 520-524。

轉型中的男性知識份子對父子關係的一種新體會。

　　此外，吳虞除了大力抨擊傳統孝道的虛偽和偏失外，也提出建立新式的父子關係，認為「父子母子，不必有尊卑的觀念，卻當有互相扶助的責任」。[11] 周作人更直言「現代的父子關係以老朋友為極則」才是理想的兩代關係。[12]

　　魯迅的小說〈狂人日記〉[13] 和雜文〈我們現在怎樣做父親〉[14] 更是具體地以父親姿態為出發點，闡述五四時代的父輩應該如何調整和反省自身的職務與角色。〈我們現在怎樣做父親〉裏的觀點可說是與〈狂人日記〉中「救救孩子」的願望是相同的。魯迅一方面批判有違生物進化論的中國傳統孝道，反對家長們「絕對的權力和威嚴」，一方面提出「幼者本位的道德」倫理觀念，以「改變」來「超越過去」。他認為要拯救新一代於父權危害，得「先從覺醒的人開手，各自解放了自己的孩子」，通過「覺醒的父母」、通過「長者解放幼者」，以使為人父者的角色功能和意義符合生物界保存生命、延續生命和發展生命的進化現象。[15] 具體地說，這些「覺醒的人」即是指為人父母者，首先應該不視子女為永久的私有財產，「對於子女，義務思想須加多，而權利思想卻大可切實核減，以準備改作幼者本位的道德」。其次，

---

11 吳虞〈說孝〉，載《星期日》社會問題號，1920 年 1 月 4 日。引文根據吳虞著，《民國叢書》編輯委員會編的《民國叢書》（第二編第 96 冊）》之《吳虞文錄》（上海：上海書店，1990），頁 14-23。
12 周作人〈家之上下四旁〉，1936 年 10 月作，選自《瓜豆集》（上海：上海宇宙風社，1937）。
13 魯迅〈狂人日記〉，載 1919 年 4 月《新青年》，第 6 卷第 4 號。
14 魯迅〈我們現在怎樣做父親〉，載 1919 年 11 月《新青年》，第 6 卷第 6 號，署名唐俟。引文見《魯迅全集》（第一卷）（北京：人民出版社，1973），頁 117-130。
15 劉為民的專著《「賽先生」和五四新文學》（濟南：山東人民，1997）裏，有一章針對魯迅的〈我們現在怎樣做父親〉及其作品中的「幼者本位」和「人生進化觀」思想作分析，認為這兩種思想促使「兒童」和「兒童文學」受到當時人的注意，同時也通過兒童文學創作和兒童形象「表達了『科學』的時代命題」。這固然提醒了我們對五四新文學中的兒童文學和兒童形象的重視，但本章欲從另一角度處理和「幼者本位」有關人際關係，即以父親題材和父親形象為焦點來考察五四新文學中的父子關係。（見頁 105-123。）

父母子女之間的關係不應強調「恩」，而是「愛」的實際真情和天性。這種愛不只是父母對子女的愛而言，而同時也注重「愛己」，也即是父母應該愛自己和尊重自己，如此才有做家長的資格。再者，覺醒的父母，「應將這天性的愛，更加擴張，更加醇化；用無我的愛，自己犧牲於後起新人」，要做到對子輩的「理解」、「指導」和「解放」。總之，「以孩子爲本位」的理想實踐之關鍵在於父輩的自我反省和覺悟，「長者須是指導者協商者，卻不該是命令者」，同時「更應該盡教育的義務，交給他們自立的能力」，使他們成爲獨立的人。

如此，我們看到在反封建的五四時代氛圍裏，由於人倫關係之需求轉變，注重相對的、互動性質的父子關係不但被重新提出，而且還比先秦學者的論調更爲激烈和熱切，同時也注入了現代化的內容和意蘊。這種現代化的內容和意蘊，也即是「反映了由『尊者、長者爲本位』的傳統倫理觀，向『幼者爲本位』的現代倫理觀的轉變；同時也表現了對於人的本性，對於傳統文化的新認識、新反思」。[16]

二、解讀父親 —— 西方父親研究理論

根據社會學家已有的研究成果，人類的性別角色並非完全如某些心理學家所說的先天既有的意識和傾向，而更多的原因是由於後天的社會和文化因素所造成的。[17]根據社會學家的研究，人類的性別角色主要由後天的社會化過程和文化因素所造成。[18] 跟世界上其他大部份的社會文化一樣，中國人對兩性的定義有明顯的男權取向，在各方面趨向以男性的權益地位爲考量來規劃兩性的性別角色，圍繞「男尊女

---

16 見錢理群編的《父父子子》（北京：人民文學出版社，1990）之〈序〉，頁 2-3。
17 Horney, Karen, Our Inner Conflicts: A Constructive Theory of Neurosis (New York: W. W. Norton & Company, Inc., 1945), p. 12.
18 見 Horney, Karen, Our Inner Conflicts: A Constructive Theory of Neurosis (New York: W. W. Norton & Company, Inc., 1945), p. 12 與彭懷真《社會學概論》（臺北：洪葉文化，1994），頁 151。

卑」、「尊陽抑陰」衍生出一套偏頗的價值觀。這些不合理的性別觀念除了嚴重壓迫和傷害女性外，同樣也對男性造成了各種限制和傷害。其中「父爲子綱」的倫理規範就扭曲了自然的父子情感關係，也妨害和限制了父子兩輩的人格發展。

在明清以前，這些一代復一代的男性鮮少意識到父親角色有待反省和調整的需要。之後，由於西方種種的人文思潮所帶來的影響和啓發，部份父親開始注意到了男女平等、教育平等的時代轉變與需求，並身體力行地支持著。到了五四新文化運動前後，作家們更紛紛對傳統父權制度和以長者爲本位的孝道展開攻擊，提出「建立一種人格平等、互敬互愛的父子關係」[19]，父親概念才正式受到重新的審視和定義。但由於五四作家們迫切於表達對宗法父權概念上的父親之批評與反抗，造成文學中的封建父親形象廣受讀者和評論者的注意。到了二十年代末、三十年代，又因爲新的政治因素和社會需求，階級父親和革命父親／政治父親形象又佔據了文壇的主流席位，這都是導致血緣意義和家庭親子關係方面的父親形象受到冷落的原因。在同時代的女性文學作品裏，我們也不難發現這種現象，普遍看到被視爲批判對象的父親（他們有著頑固、愚昧、守舊、專制、霸道等等的性格特徵）和一味作爲政治宣傳品的革命父親形象。

然而，父親形象的意涵不應該僅止於文化象徵意義，還有其他範疇內的角色意義也是不容忽視的。譬如說，私人領域內的、血緣意義上的父親，其豐富多面的角色內容都很值得探討。在五四女性小說中的父親人物，並非全都片面地突出文化象徵型父親的霸權形象特質，在家庭範疇裏也並非完全按照傳統文化中的刻板分工來表現父親角色的職責和義務的。反之，有些父親經常流露出對照顧者、安撫者和情感供應者角色的熱愛，並親身履行充滿母性／女性氣質的家庭角色。

---

19 王愛松、賀仲明〈中國現代文學中「父親」形象的嬗變及其文化意味〉，《首都師範大學學報》（社科版），1999 年第 4 期，頁 74。

例如冰心小說中的父親人物就有跨越傳統角色定位的表現。還有其他盡管爲數不多但卻極具參考價值的父親人物，都並非擁有完全傳統刻板印象的父親特質，而是展現了父親在家庭領域中常被忽略的其他形象和角色內容。因著這樣的發現，本章以這些出現在五四女性小說中的另類父親形象爲研究焦點，同時也參考女作家本身的父親經驗在她們情感和創作歷程的影響因素。

將女作家的父親經驗（主要以自傳和相關散文爲參考文本）納入分析內容和佐證材料的一部分，是因爲考量到父親作爲女兒在現實生活和人生經驗當中最原初的異性模型，他對她的身心和人格發展的重大影響不可忽視。例如，美國心理學家兼學者瑪莎（Masa Aiba Goetz）就提出了六種父親對女兒的影響面：（1）自尊與自信（Self-esteem and Self-confidence）、（2）性別與人格認同（sexuality and personal identity）、（3）人際關係與婚姻（relationships and marriage）、（4）個人與職能發展成就（personal and professional achievement）、（5）成爲自己孩子的至親（being a parent to your own children），以及（6）價值和信仰觀念（values and beliefs）。[20] 一位父親對女兒適當真心的認同與鼓勵、主動的親近與關懷、持續的良好溝通與交流等言行表現，有助於女兒的精神人格朝健康正面的方向發展，培育出女兒積極樂觀的性格和人生觀。反之，若一位父親和女兒的關係是不和諧的，如對女兒疏離、淡漠、缺乏感情交流，或更嚴重的如惡意的辱罵、貶低其自尊和性別價值，以及其他各種不同形式的或精神或身體上的傷害，都會使女兒日後的精神人格發展具有負面或失衡的危機。

其實，近數十年來，父親對女兒的多方面影響之論說已得到不少西方學者的印證，同時也廣泛引起人們對父親課題的加倍關注。[21] 例

---

20 Goetz, Masa Aiba, My Father, My Self: Understanding Dad's Influence on Your Life, A Guide to Reconciliation and Healing for Sons & Daughters (Shaftesbury: Element Books, Inc., 1998), pp. 11-12.

21 例如 Snarey, John R.所編的 How Fathers Care for the Next Generation: A

如，榮格（Carl G. Jung, 1875－1961）便以阿尼姆斯原型理論（Animus 指女性的男性人格面或女性的內在男性氣質）來解釋父親原型對女性的影響。[22] 榮格認爲父親是女性首個獲得男性經驗的對象，並會成爲她集體無意識內的記憶，伴隨她的成長而發生作用。這一論點是可以借爲參考以及佐證父親對女兒的重要性的。當然，父女關係研究不應片面著重心理意識之類的內在性決定因素，而忽略了外在環境的影響。然而，筆者相信從心理學的角度對女作家本身的父親經驗作適度的參考，將有助於解釋現代女作家親歷的父女關係如何左右她們在創作文本中對父親形象的再現或塑造。因爲「父親與兒女之間不僅是一種倫理關係，而且還存在著一種審美關係」，作家的父親經驗所提供的大量有關父親的「表象、思想和情感」，是極有可能成爲女作家在形塑父親人物時的重要依據，特別是當這些父親人物所出現的文本場所多屬於自傳體小說時。[23]

如此，本章在追溯父親形象於家庭領域中所可能蘊含的其他意義之過程中，將結合心理學、社會學和性別學等等觀點，以及中國本土倫理和五四文化背景來分析小說中的父親人物形象。對父親課題的探討

Four-decade Study (Cambridge, Massachusetts: Harvard University Press, 1993)；Biller, Henry B., Fathers and Families: Paternal Factors in Child Development (Westport, CT: Auburn House, 1993)；Lamb, M. E., The Role of the Father in Child Development (New York: Wiley, 1976) 等等，都是針對父親角色課題進行不同方面的研究和分析論著。

22　榮格認爲男女體內都會有一異性人格面，女性的異性形象即是阿尼姆斯 (Animus)，指女性心目中的男性印象，或女性體內的男性氣質，那是一種無意識層裏的記憶，對女性的人格發展會造成一定的影響。而父親作爲女性第一個接觸的異性，通常便成爲她的阿尼姆斯化身。女性的阿尼姆斯會被投射到一個以上的男性身上，因此，父親固然是女性成長過程中極爲重要的一個投射對象，但隨著正常的發展，其他男性如兄弟、愛人、丈夫、導師等等都可以成爲女性的阿尼姆斯化身。（見 Carl G. Jung, "Part 9: The Archetypes and the Collective Unconscious," in R. F. C. Hull trans., The Collected Works (London: Routledge & Kegan Paul, 1959), pp. 3-74.）榮格的這兩個概念犯了以男性爲中心的毛病，直到其妻子愛瑪（Emma Jung, 1882-1955）和門徒弗朗茲（Marie-Louise von Franz, 1915-）的續研才平衡了這項偏失，而先後注意到了社會文化因素對父女關係的影響力量。

23　王誠良〈試論父愛對作家人格的影響〉，《湘潭師範學院學報》，2001 年第 23 卷第 4 期，頁 66。

包括了父子關係、父女關係、父母關係，以及父親概念的本身意涵與
男性氣質的關聯，等等。

第一節　父親的月亮面──
從關懷中解讀「新父親」

　　中國人的社會文化以男性為主導，故強調父親的權威性和現實功
能，形成「嚴父」的傳統印象，這造成部份雜糅了陰性氣質的父親被
嚴重忽視。這些一方面具有傳統刻板印象中的父親所常扮演的正面角
色（如：保護者、供養者、教育者），一方面又具有陰性、母性或女
性色彩的父親形象，是我們即將討論到的父親群。前者是柯爾曼在《父
親：神話與角色的變換》中所定義的天父型表現，而後者則是地父型
表現。天父型父親擁有賜予、裁決和保護的特性，是家庭成員的保護
者、供養者；而地父型父親的特質是主動表達對子女的關愛，積極參
與與子女之間的交流互動，願意承擔子女情感需求上的供應者之家庭
角色，是對家庭內部產生直接的撫育和關愛作用者，屬於地親氣質的
表現。[24]

　　在五四女性小說中，這類擁有地父／地親氣質的父親形象，大多
能發揮傳統天父的供應和保護功能，但筆者所要集中突顯的，是他們
的地父氣質面。這些父親人物的地親面往往因女作家的生活經驗而在
不同方面有所表現，但大致而言是從一種關懷的角度出發來書寫的。
這類父親有的雖然仍屬傳統刻板印象中的父親角色，但他們除了在某

---

24 〔美〕亞瑟‧科爾曼 Arthur Colman 和莉比‧科爾曼 Libby Colman 著，劉文成、
　　王軍　譯《父親:神話與角色的變換》（原書名為 The Father Mythology and Changing
　　Roles, Wilmette, Illinois: Chiron Publications）　（北京：東方出版社，1998），頁
　　15-27。

些特殊事件（如女兒抗婚）發生時，會動用父權的強制力量而遭到女兒的批判外，大多數時候他們所扮演的角色是很受女兒歡迎的父親。解讀擁有地父氣質的父親，我們將發現他們都不同程度地都流露了女性氣質（當然也就包括母性和陰性）的一面：他們和大地母親（或月亮母親）一樣執行著蘊育、滋養、撫慰子女的情感型工作。[25]

一、親子父親

　　以下出現在五四女性小說作品中的男性人物基本上是受到肯定與欣賞的，他們不但履行了傳統父親角色中的正面職務（如：保護、供養、教育），同時更多地執行了地親／地父（earth father）的活動。[26]他們在文本中的地親氣質大致表現在對子女的主動親近、與子女之間的和善溝通與分享，以及給予情感上的支持、鼓勵和安慰。

　　冰心一系列的作品便將這種類型的父親形象特質散播各處，如：〈去國〉中的朱衡[27]、〈最後的安息〉中惠姑的父親[28]、〈一個兵丁〉中的兵丁[29]、〈離家的一年〉中的父親[30]、〈相片〉中王淑貞的父親

---

25 將母親角色歸類為「情感型」(expressive function)，將父親角色歸為「工具型」(instrumental function)屬性的概念，是由 Parsons, Talcott 所提出的。見 "The Father Symbol: An Appraisal in the Light of Psychoanalytic and Sociological Theory," in Lyman Bryson, L. Kinkelstein, R. MacIver, & R. McKeon, eds., Symbols and Values (New York: Harper & Row, 1954)，以及 Parsons, Talcott and Robert F. Bales, Family, Socialization, and Interaction Process (Glencoe, Ill.: Free Press, 1955)。而大地母親和月亮母親則是陰性文化、陰性氣質的象徵意義之延伸引用。

26 〔美〕Arthur Colman and Libby Colman 亞瑟.科爾曼、莉比.科爾曼 著，劉文成、王軍 譯，《父親：神話與角色的變換》，The Father Mythology and Changing Roles（1998），頁 15-27。地父型的父親有履行更多家庭角色的意願和實踐行動，除了對妻子在日常生活和懷孕期間的照料外，也希望與孩子建立直接的親密關係，與妻子共同分擔撫養者的職務。冰心的父親形象在建立親子關係活動中有積極的表現。而本文將會在後文繼續討論同類型的父親如何實踐關懷照料妻子生活和感情需求的角色義務。

27 冰心〈去國〉，載《晨報》第 7 版，1919 年 11 月 12 日至 26 日。

28 冰心〈最後的安息〉，載《晨報》第 7 版，1920 年 3 月 11 日至 13 日。

29 冰心〈一個兵丁〉，載《晨報》第 7 版，1920 年 6 月 10 日。

和李天賜的父親 [31]、〈西風〉裏身爲一對子女的父親遠 [32]，等等，這些父親不論是屬於新或舊時代，都程度不同地表現了他們的雙重氣質，尤其是地親面。

我們看到惠姑的父親雖然對救童養媳翠兒脫離婆家一事表示有心無力，但他知道惠姑與貧女交友，一起洗衣汲水，卻並不阻止或責備她有失身份，反而對惠姑關心朋友的善良表現表示支持和鼓勵，更認爲翠兒的遭遇有助於惠姑認識世上有不幸和醜惡的事。（〈最後的安息〉）又如在〈西風〉裏的「好父親」遠，在遠行途中時時牽掛妻子兒女，還爲他們買手信，當一家人在碼頭團聚時，更表現出親昵融洽的歡愉畫面。〈離家的一年〉裏的父親，面對即將到外地當寄宿生的小兒子，只有細心關照和百般叮嚀，並沒有發生傳統家長式的嚴肅訓導和告誡儀式。還有〈一個兵丁〉裏那滿臉慈藹的兵丁，因思念自己多年不見的兒子勝兒，而將天天路經軍營的小女孩小玲當作「假定的勝兒」，將一個父親對孩子的百般溫藹和疼愛盡露於舉手投足之間。朱衡（〈去國〉）、王淑貞和李天賜的父親（〈相片〉），都是溫文爾雅、不在子女面前高擺家長威嚴的父親。

謝冰瑩的自傳性長篇小說《女兵自傳》[33] 裏也出現了有著濃厚地親氣質的父親形象，這個父親即是謝冰瑩親生父親的再現。在眾位女作家當中，謝冰瑩對父親地父表現的著墨之多，可說是極少有的一位。讀遍《女兵自傳》，我們會發現其父的音容舉動幾乎貫穿全文，足見父親在謝冰瑩心目中的地位之重要。

謝冰瑩的父親謝玉芝是一前清舉人，曾在新化縣立中學當了三十

30 冰心〈離家的一年〉，載《小說月報》，1921 年第 12 卷第 11 期。

31 冰心〈相片〉，載《文學季刊》1934 年 7 月 1 日，第 3 期。

32 冰心〈西風〉，載《文學季刊》1936 年 7 月 1 日，第 1 卷第 2 期。

33 謝冰瑩《女兵自傳》，即《一個女兵的自傳》（上海：上海良友圖書印刷公司，1936）和《女兵十年》（1948 年漢口自費刊行）改正合訂本，1948 年由上海晨光出版。引文見范橋、王才路、夏小飛編《謝冰瑩散文》（下集）（北京：中國廣播電視出版社，1993），頁 3-356。

多年的校長。熱心於教育和文化事業的謝父，爲人隨和可親，非常疼愛謝冰瑩。在《女兵自傳》中，我們可以看到女主人公謝鳴崗（即謝冰瑩的原名，也是她在文本中的化身）的父親在家庭中所扮演的角色是不同於一般的傳統家庭角色分工的，謝父除了執行家庭經濟供應者和教育者的職務外，也兼飾地父的角色，充當女兒的呵護者和情感滋潤者，而傳統的封建父親所常扮演的權威者、紀律訓練者、性別模範者和最高裁決者等角色，卻是由謝母所掌握的。因此，謝鳴崗的父母親可說是相互跨越和對調家長職務的伴侶模式。

　　從《女兵自傳》中的父親形象，我們發現陰柔氣質是其地親表現最重要的根據。謝父溫柔慈祥，平易近人，具包容能力。他對女兒的呵護和疼愛，在敍述中的父女點滴裏盡露無遺。例如：冬天時謝父常因擔心年幼的女兒著涼而用皮袍裹著她（頁21）；當女兒想要接受教育卻遭母親嚴拒時，父親爲了爭取她的入學機會向強硬霸道的母親苦苦求情（頁39-40）；他還時時爲女兒提供種種學習工具和機會，如買字帖給她臨摹，教她背詩（頁35，48）；面對女兒欲解除婚約的作法，他雖然破口大罵，但並沒有以專制蠻橫的方式迫逼女兒，還耐著性子與女兒辯論（頁118-119）；目睹女兒逃婚的堅決意志，他也漸漸相信並接受女兒是真的不願和未婚夫蕭明結合的事實，還向頑固的妻子轉達女兒的想法（頁158）。從這些事項看來，謝父並沒有完全運用握在自己手上的父權權威，反而替代謝母成爲女兒的避風港和溫暖窩。他主動與女兒親近，在情感上傾向於體諒女兒，處處表現其對女兒的理解、尊重和包容，這種原來被視爲母親所專屬的性別特質，是使這位父親人物被列入擁有地親氣質的父親形象之主要依憑。從以下摘自謝鳴崗對父親印象的片段，我們讀到的是一位父親對女兒的慈愛與包容。

　　　若論到慈愛，他比母親還溫柔、和藹。奇怪得很，他的腦筋，
　　　雖然絕對是舊的；可是也並不反對新的。[34]

---

34 同上，頁17-18。

　　此外，凌叔華的部分作品也體現了這種夾雜著傳統天父的正面意義和地父氣質的父親人物。例如〈晶子〉中的年輕父親，平日就愛抱著小女兒晶子逗她學說話，趣事簍簍。[35] 在晶子生日那天，他一大早起來便惦記著這事，還催促太太一同為「小公主」打扮漂亮，出外觀賞櫻花慶祝，一路上對晶子細心照料，當晶子誤吃櫻花瓣時，他更是緊張得不得了，立刻抱著她去看大夫。

> 路上爹媽都不像來時那樣有說有笑的了，他們什麼都不看，只顧急急的走。她是怎樣想再聽一聽爹爹方才吹的哨子呵！
>
> 走過方才吃點心的地方，晶子望著頭上滿開的花仍然那麼可愛，她拍了拍爹爹的肩膀哄道：「花花美，爹爹，瞧呵！」[36]

　　〈千代子〉中的吉田和十二歲的女兒千代子感情也很好，千代子因對日本人和支那人之間的矛盾一知半解而纏著追問父親，他雖然已為店裏生意不好的事心煩不已，但卻並沒有因此而冷落或遷怒天真爛慢的女兒，反而一直保持著笑容和耐心，和女兒分享他的想法，整個談話過程裏的言語表情、動作舉止都充滿親子的溫柔情感。[37] 例如吉田被妻子開玩笑，說他要納妾，千代子為父親辯護，言行間對彼此的信任與愛護流露無遺：

> 「我知道爹爹不會做這傻事，中村伯伯倒說不定。是不是，爹爹？」她一邊說著搖著父親肩膀問。[38]
>
> 「你看事比媽媽聰明得多了。」吉田拉了女兒一雙肉軟的手兒放在鼻上嗅。[39]

　　這類父親人物的情緒活動、愉快和藹的笑容和溫文的言語互動，

---

35 凌叔華〈晶子〉，又名〈生日〉，載 1931 年 10 月《北斗》，第 1 卷第 2 期。引文見陳學勇編《凌叔華文存》（四川：四川文藝出版社，1998），頁 323-330。

36 同上，頁 330。

37 凌叔華〈千代子〉，原載 1934 年 4 月《文學季刊》，第 1 卷第 2 期。引文見陳學勇編《凌叔華文存》（1998），301-311。

38 同上，頁 303。

39 同上，頁 304。

以及和女兒間的肢體接觸，如拉手依偎擁抱，都有細膩感人的描繪，
處處展現實性和諧的父女關係。

　　蕭紅〈手〉中的父親，雖然家境貧寒，卻仍全力支持女兒王亞明
上學。[40] 由於家中從事染布行業，王亞明一雙青黑色的手遭師長同學
歧視，最後在種種壓力下被勒令退學。由始至終，這位父親對女兒的
學習只有支持和關懷，就連女兒被迫退學，他也毫不表示責備或憤怒，
反而豁達而開朗地前來迎接女兒。在見到女兒時，他只簡單地問明女
兒退學的原因，之後便忙著替她搬行李，還細心地要女兒戴上手套和
「大氈靴」保暖，「穿上氈靴吧！書沒唸好，別再凍掉了兩隻腳」。

　　這些父親人物的和藹笑容、溫文言語、親切態度，以及和女兒間
的關懷接觸，都有細膩動人的描繪。他們在不同程度上皆通過地父特
質表現來體現出一種實性的和諧狀態，這在大部分對父女關係書寫風
格保守的中國文學作品中是很少見的。根據黃囇莉在《人際和諧與衝
突 — 本土化的理論與研究》的分析，中國人的人際和諧可分為實性
的和虛性的。「實性和諧」是指「兩人（或兩成分、兩單位、兩力、
兩團體等）之間統合無間、和合如一的和諧狀態」。[41] 實性和諧又包
括了「親和式」、「合模式」和「投契式」。「親和式」實性和諧最
常發生在親屬關係方面（包括夫妻），有著以情義為取向、主動付出、
親切體貼的相處特質。「合模式」實性和諧強調關係中的雙方依各自
固有的名分與角色去實踐其責任與義務。這其實是一種符合中國傳統
文化與社會秩序內容的人際關係。「投契式」實性和諧是種常發生在
朋友或同事間，自在輕鬆、互為關心支援、尊重分享的關係狀態。[42] 筆
者認為這種實性和諧的關鍵在於一種互動和相對應的運作紐帶，也即

40　蕭紅〈手〉，載 1936 年 4 月 15 日上海《作家》月刊創刊號。
41　黃囇莉《人際和諧與衝突 — 本土化的理論與研究》（臺北：桂冠，1999），頁
　　132。
42　同上。有關實性和諧所包含的三種類型 — 投契式和諧、親和式和諧、合模式和
　　諧，詳細內容請查閱頁 227-256。

是五四先輩（如吳虞、魯迅和周作人等）所提倡的新式父子關係之相
通原則。這類新式父親的負面氣質明顯被逐步剔除，單向式要求子輩
的絕對服從或濫用父親霸權的情形減少甚至消失了。五四女性文學中
的父親形象所表達的父親概念和父子關係之特質，正是符合了這種強
調平等、相互尊重的互動式實性和諧內涵。而她們筆下的這類父親又
展現了他們的特殊魅力，即注重父親與子輩間在日常活動中的細節描
寫，這有異於男作家們傾向從意識形態或宏觀概念上來書寫父親形象
的風格。

拾綴這些作品中的父親形象特色，我們可以發現他們都是在日常
生活的細微處表現他們的優點的。在與子女的互動活動中，這些父親
呈現了多重性質的角色身份，包括家庭經濟提供者角色
(breadwinner/provider)、作為孩子長大後的規范者(lawgiver)角色、親
善者（loving nurturer）、保護者（protector），甚至是精神導師（spiritual
mentor）的角色。[43] 值得注意的是，溫馨溫暖、親近親密、相互依靠、
包容互重、情意深厚、和樂融融、幸福美滿的情感流露，是這些父親
形象走向現代化的新式父親之重要表現。從這些交織著天父和地父特
質的形象意蘊裏，我們看到後者對改進男性在家庭中的父親角色、父
子關係有著很重要的啟示。

二、將「新父親」完整化：冰心的父親畫廊

經過以上的討論，儘管擁有地親氣質的父親形象已被勾勒出來，
但無可否認的是，這類人物形象還是不夠具體和完整的。我們只可以

---

43 角色分類綜合自 Palkovitz, Rob, "Reconstructing 'Involvement': Expanding
Conceptualizations of Men's Caring in Contemporary Families," in Alan J. Hawkins,
David C. Dollahite, eds., Generative Fathering: Beyond Deficit Perspectives (Thousand
Oaks: Sage Publications, 1997), pp. 200-216；和 Popenoe, David, Life without Father:
Compelling New Evidence that Fatherhood and Marriage Are Indispensable for the
Good of Children and Society (New York: The Free Press, 1996)等分析。

將這些父親人物身上個別的相似特質聚合起來，以描構出能夠表現家庭關係內容的另類父親形象，而初步得到的結果是：這些另類父親的特色在於他們履行了雙重的職務，即一方面繼續執行傳統天父特質中的供養、保護和教育等義務，一方面則扮演著性別分工傳統上原屬於母親／女性的撫育、照料、情感呵護等地親的角色。爲了使這類混合型父親的變遷特質得到更完整的呈現，以及考慮到作家本身的父親經驗對其創作思維的影響可能，本文特別以冰心爲個案，並結合冰心其他文類作品中的父親形象，以完整這些在五四女性小說中可說是毫不起眼的另類父親面貌。

　　身爲第一代的五四女作家，冰心在〈兩個家庭〉裏首先探討了兩性在家庭角色分工方面的問題。[44] 這篇小說因爲提倡「新賢妻良母主義」而被認爲是作品的「局限性」，但其中「改造舊家庭，建立新生活的必要性」之意義仍然是受到肯定的。[45] 她以三哥和陳華民兩個知識份子的家庭狀況作對照，批評半新不舊的閨秀陳太太濫用「尊重女權」、「男女平等」等口號，終日遊手好閒、不事家政、不教育孩子，更因此而給丈夫陳華民帶來身心和事業上的負面影響；另一方面則推崇三哥的妻子亞茜中國傳統式的賢妻良母典範。明顯地，冰心理想中的家庭模式有著傳統性別角色分工中「男主外，女主內」的痕跡。對孩子而言，父親仍扮演著家庭經濟提供者的角色，母親則是照顧者、關懷者、撫育者的角色身份。這種各按其既有名分或角色界定來履行義務和本份，使到家庭或成員之間有著平和、配合、良順的運作功能的家庭模式或關係法則，可稱之爲合模式的實性和諧內涵。[46] 冰心向讀者轉達的家庭分工法也許得不到當時人甚至現在人的苟同，但她所摸索到的兩位男性的內心世界 ── 對家庭溫暖、子女親情的渴望 ──

---

44 冰心〈兩個家庭〉，載《晨報》第 7 版，1919 年 9 月 18 日至 22 日。
45 浦曼汀主編《冰心名作欣賞》（北京：中國和平出版社，1993），頁 209。
46 黃曬莉《人際和諧與衝突 ── 本土化的理論與研究》（1999），頁 245。

卻為當時人的父母觀和家庭觀作了一項有意義的寫實，特別是男性對自身家庭角色的刻板認識。在故事中，我們看到陳華民把教育子女的責任完全交給妻子，子女與他關係不好便歸咎於妻子的疏於教導。三哥雖然享有幸福家庭，但在故事中，我們同樣看到亞茜身負管教孩子的重任，三哥並未直接參與和孩子的互動關係。

其實，冰心贊成這種一般為五四青年所排斥的傳統家庭模式，主要是跟她的親生父親這個原型人物有莫大關係。冰心來自一個康樂家庭，父親是軍人，母親也受過教育。雙親感情很好，對子女也愛護有加，從不責打，家庭成員之間的關係一直是和藹親善的。冰心也許並未意識到其父所扮演的角色，是種跨越嚴父傳統，執行親子活動的家庭角色，而非她所以為的純粹「男主外，女主內」之角色分工。因此，在〈兩個家庭〉裏，她視此為理想的家庭模式。其實，在她的其他作品裏，兼具地親氣質的父親形象處處可尋，這已在前文談過。

冰心的父親謝葆璋是位軍人，曾擔任清朝政府海軍練營營長和海軍軍官學校校長以及中華民國海軍部軍學司司長等職位。由於父親的職務所需（奉命到山東煙臺創辦海軍軍官學校），約兩歲大的冰心隨父母住在煙臺長達八年，其童年可說是在煙臺渡過的。在這段時期裏，冰心和父親的親近關係使她於成長過程當中所扮演的角色基本上是父親的女兒兼兒子多於母親的女兒。而她與父親在煙臺共渡的時光也一直是冰心所津津樂道的回憶，從她不同文類的多篇作品（包括小說、散文、詩和回憶錄）裏頭，我們可以讀到冰心對父親的多重角色之認同，這深深影響她的人格發展、性別觀念和日後其他種種的為人處事。以下從冰心的多篇散文中有關其父親的記載所勾勒出來的，對冰心產生深遠影響的材料，可分為幾個方面來談：

（一）父親的野孩子：保護者、愛護者

冰心的父親從來不因冰心是個女兒而對她進行傳統式的嚴厲管

教，或是要刻意塑造她的性別角色，而是順其自然天性任其發展。據冰心的自傳所言，她小時候很男性化，好動活潑，一切小女孩喜愛的事物她都不感興趣。父親作爲孩子性別規範者作用的家庭角色，在冰心身上並不產生效用。如此異於傳統的家庭環境和父親角色可說是造就她童年時男性氣質顯著的主要原因之一，再加上由於父親的工作環境幾乎是清一色的男性，而且都是軍人，這使冰心的童年幾乎完全浸淫在一個男性氣質特別強烈的氛圍裏，不管是私人領域（家庭）還是公共領域（家庭以外的活動空間）。總之，冰心的童年階段從不被逼迫接受社會上所要求的傳統女性角色內容。相反的，一切有損於女性身心發展的封建習俗，如穿耳洞和纏小腳都讓父親這位保護者給擋住，使冰心感受到父親發揮的保護者角色所帶來的安全感，同時也讓冰心對尊重女性身體的意識得到初步的啓蒙。

（二）父親的分享者

冰心除了是父親的「野孩子」外，也是父親的分享夥伴。這個分享的範疇包括他感情、思想、生活興趣以及工作內容的參與。

1、感情的分享者

沈默、壓抑或不擅於表達自身情感是一般傳統父親形象的典型性格，這與刻板的性別印象有關。由於社會對男性的陽剛和強者氣質的要求，使男性排斥感性的言行，因爲這樣會有損其男子氣概。身爲一家之主的父親更應該是高高在上而且有威嚴的，但這也意味著父親不能有示弱的表現，爲了保住父親的也是男性的尊嚴和權威，父親通常與子女保持距離，更不能向子女透露自己的感情面貌，這樣做雖然成功建立起讓子女敬畏的嚴父形象，但卻使子女對父親產生陌生和遙不可及的疏離感，而父親也被困鎖在自己的性別偏見裏，活在壓抑感情和孤獨不被理解的痛苦當中。

冰心的父親卻是個主動、真誠地與女兒分享其感情世界的男性。

這表現了一位父親對女兒的信任，同時使女兒瞭解父親的另一面，並更加肯定父親對自己的重視。冰心的父親不但和她有著持續性的融洽對話，而且父親也主動展現自己的情感面，這包括正面的和負面的情緒表現。正面的如他與妻女共聚時的愉悅、對妻子的敬愛，負面的情緒如憤怒、悲傷等都不在女兒面前掩飾或壓抑。在提到父親向她發洩心中憂國恨敵的激憤情緒時，冰心並不特別感動於父親的愛國精神，以她的小小年紀當然無法理解這些國家大事，但烙在她幼小心靈裏的印象是：

> 我從來沒有看見父親憤激到這個樣子。他似乎把我當成一個大人，一個平等的對象，在這海天遼闊，四顧無人的地方，傾吐出他心裏鬱積的話。[47]
>
> 在這長長的談話中，我記得最牢，印象最深的，就是「煙臺是我們的！」這一句。〔…〕「煙臺是我們的」，這「我們」二字，除了十億我們的人民之外，還特別包括我和我的父親！[48]

如此，我們看到一位把自己的女兒視為地位平等的分享者，對之投以信任而坦露心聲的父親，如何深深影響和滋養著一段實性和諧的父女關係。

2、思想的分享

父親的另一個重要角色為教育者、指導者角色，這種角色有著上對下的對應關係，父親是糾正思想、傳輸知識的長者，而子女是接受並學習的學生，很少有發表己見或與父親交流的機會。在知識學問和思想教育方面，冰心的父親不只是引導、督促女兒學習的師表者，很多時候他也抱著學伴和同儕的態度來和女兒共同交流砌磋的。當冰心

47　冰心〈童年雜憶〉（1981），見《世紀之憶——冰心回想錄》（海口：南海出版公司，1999），頁86。
48　同上，頁87。

干擾父親的工作時，父親並不責罵她，反而啟發她對認識文字的興趣；當冰心因好動而不肯靜心學習時，他以馬鞭敲桌作勢，督促女兒；當冰心向父親表達她希望成為燈塔守衛者的想法時，父親並不因為女兒的夢想天真不切實際而厲言批評或取笑，反而耐心地逐步引導女兒和自己作進一步的對話，再通過思辯的方式讓女兒知道現實生活當中的某些職業並不開放給女性的事實；甚至是在冰心從事文學創作時，這位父親也積極參與了女兒的活動過程與成果。

> 這時我每寫完一篇東西，必請我母親先看，父親有時也參加點意見。這裏應當提到我的父母比較開明，從不阻止我參加學生運動。我的父親對於抗日救國尤其熱心，有時還幫我修改詞句。例如在我寫的《斯人獨憔悴》裏，那個和他的頑固派父親的一段對話，就有好幾句是我父親添上的！我們是一邊寫，一邊笑，因為那個老人嘴裏的話，都是我所沒聽過的，我覺得很傳神。[49]

父母親的支持、肯定和參與，對冰心的創作事業是起著重大的正面作用的。這也是為什麼冰心的早期創作量驚人的原故之一，因為父親對自己的寫作能力的肯定與分享，堅定了冰心的信心和自我肯定感，也增強了冰心的創作爆發力。

3、生活興趣的分享

讓子女分享自己的生活興趣是一種重要的親子活動，因為通過輕鬆無壓力的娛樂性共處方式，可以構築起與子女間共同擁有的經驗和回憶，同時也可以讓子女接觸到父親多元化的角色內容，解除代溝的危機。冰心的父親一直是她童年時的玩伴，一同進行騎馬、散步、射擊、看海、觀星等休閒娛樂活動，此外，父親還把冰心引入他的社交圈子，參加他的男性聚會。很多時候，純男性的聚會或活動是女性的禁區，這是一種在東西方社會都相當普遍的文化現象。然而，冰心的

---

49 冰心〈回憶五四〉，《世紀之憶——冰心回想錄》（1999），頁145。

父親卻帶著她參與了這些宴會和詩社活動，向她展示了集陽剛和陰柔於一身的中國男性。父親的同性朋友給冰心的男性印象是「極嚴肅，同時又極慈藹，生活是那樣紀律，那樣恬淡。他們也作詩，同父親常常唱和，他們這一班人是當時文人所稱爲的『裘帶歌壺，翩翩儒將』」。[50]

4、工作內容的分享

很多父親將自己的工作內容與家庭生活隔離開來，部份的原因是他們認爲工作場所是很嚴肅和認真的場合，有異於純私人空間的家庭日常生活內容。然而近年來的父子關係研究，如美國詩人兼男性研究學者布萊（Robert Bly）就認爲「當父親工作時，兒子沒辦法看到他在做什麼」，是影響父子關係的重要因素。[51] 也即是說，子女對父母親在外部世界的活動一無所知或所知有限的情形，會造成子女對雙親形象缺乏較完整的認識，因爲子女對父母的外在活動沒有交流的機會，對他們的工作角色也就無法產生認同感。

冰心的父親將自己的工作領域開放給她，讓她認識父親在家庭範圍以外的生活、活動。他去上班時常帶冰心去，然後任由她去發掘他的工作角色與態度，接觸並瞭解他的工作環境與內容。於是，冰心就與父親的部下或學生爲伍，主動地與他們交談，漸漸地從中捕捉並認可父親的工作角色和內容。對父親的工作內容的瞭解和接觸，使冰心認可父親在另一個領域裏的角色表現與價值，進一步地拉近了父女之間的距離。

以上這四個方面的分享過程，不僅是促成冰心性格上的自尊自信、職能上的自我肯定以及自身存在的價值認同感之來源，而且也是

---

50 冰心〈我的童年〉（1942），《世紀之憶 —— 冰心回想錄》（1999），頁70。
51 羅勃·布萊 Robert Bly 著，譚智華　譯《鐵約翰：一本關於男性啓蒙的書》Iron John: A Book About Men （臺北：張老師文化事業股份有限公司，1996），頁132。

冰心在創作領域裏對男性人物的塑造之根本依據。

　　冰心筆下的父親形象也許會因爲缺乏心理方面的具體描述而顯得形象感不夠豐富，但他們卻各自呈現了多元化的角色身份，包括家庭經濟提供者角色、子女的行爲規範者角色、親善者、保護者、分享者，以及精神導師的角色。雖然冰心曾在〈兩個家庭〉裏提倡傳統父親的家庭角色，但在她其他文本裏出現的父親群，佔極多數者明顯流露母性／女性的氣質——性格溫和可親，對子女的耐心包容，主動展開親子行動，等等，這都說明了冰心的父親形象是滲入了濃厚的地父特質的，而這份地父氣質的形成又與冰心的父親印象有著莫大關聯。其實，這些表現，也同樣可以不同程度地在謝冰瑩和凌叔華的父親身上找到。

　　總而言之，出現在五四女性小說中這類擁有地親氣質的新式父親形象，雖然爲數並不多，但卻非常值得注意。他們象徵著一群在新舊時代交替中起著相似變化的父親，而且異於一般學者所常談的「弒父」現象，這類雙重氣質的父親人物表現了他們正面和積極的形象意涵，爲五四一代重新定義父親概念和尋找新式父親的意願作出了貢獻。

第二節　展望蛻變——
從批判中期待「新父親」

　　前文提及，許多學者在分析現代文學中的父親形象時，多會把焦點放在「審父」、「弒父」等批判父親的書寫現象上，所解讀出來意義也多離不開與整體封建父權文化思想和社會制度相關的課題。這種宏觀的父權意義上的父親形象分析，往往因爲過份強調批判式書寫的直接成果——反抗封建父權，而忽略了批判背後的另一種深層心理願望——展望父親的蛻變、期待「新父親」的出現。嚴格說來，在小說文本裏真正對父親進行廣、狹義討伐的五四女作家和作品並不多。所

謂廣義上的父親，即指象徵秩序上的、文化上的父權意識形態；而狹義的父親，則指血緣意義和家庭角色方面的現實父親。誠如王愛松、賀仲明所言，

> 當五四新文學作家經由對父權的批判進入到對整個封建專制制度的批判時，便陷入了情與理、文學描繪與思想批判的矛盾和衝突。理智上，他們覺悟到對代表封建父權、作為文化象徵符號的父親必須展開毫不妥協的揭露和批判，在情感上，他們對現實的、血緣義意上的父親又不無依戀；在思想批判意義上，作家們可以對觀念上的、以集體面目出現的父親展開猛烈轟擊；在文學描繪的意義上，作家們卻難以對具體的、以個體形象出現的父親妄加褒貶判斷。[52]

五四女性小說中的父親形象書寫，大多也因為作家的矛盾心理而出現了對「具體的」、「個體形象」的父親形塑有著尷尬而複雜的示眾面貌。因此，要找到這類在個人具體形象和家庭血緣意義上受到批判的父親人物，是少之又少的。在凌叔華和白薇的部份作品中，筆者發現了這類極為稀有的、具備個人具體形象意義的父親人物，包括凌叔華的〈一件喜事〉和〈八月節〉、白薇的《炸彈與征鳥》和《悲劇生涯》裏的父親們。這些父親形象的最主要意義在於，他們以負面的形象特質反映了女主人公和作者的潛藏欲望──從批判中期待負面父親／男性的改變，以及對「新父親」、「新男性」和「新」父女關係的探索與想像，而這些「改變」的、「新」的父親／男性內容，依然與混合氣質（天父＋地父）的父親模式有關，而且尤其強調地父的情感性特質。

通過凌叔華和白薇筆下這幾位負面的父親人物形象，再結合她們本身的父親原型印象，我們將發現這些父親形象都帶有她們各自強烈

52　王愛松、賀仲明〈中國現代文學中「父親」形象的嬗變及其文化意味〉，《首都師範大學學報》（社科版），1999年，第4期，頁74。

的風格特色。前者的父親人物形象所呈現的負面特質主要是一種虛性和諧的父女關係，而後者則主要抗議單向式絕對服從的父女關係，儘管這兩類父親人物身上所突顯的批判性焦點並不完全相同，但兩者可說是殊途同歸，其背後的隱含意蘊都是對「新父親」的渴盼。

　　由於長期以來刻板的性別差異觀念，傳統父親角色一般都沿襲以下的性別概念發展其角色功能，故普遍強調其工具式的實用性功能（instrumental function），例如：擔任家庭經濟的主要供應者（provider/breadwinner）、保護者（protector）、指導者（mentor）、紀律訓練者（discipliner）、行為規範裁決者（law-giver）、最高決定者（decision maker）等等的角色，他所具備的氣質以嚴厲、沈默寡言、強悍等陽剛氣質為主，給子女以雖敬重卻畏懼、雖重要卻不可親近的感覺。而母親則執行被認為是符合其性別氣質所長的職責，如女性／母性的溫柔貼體、善解人意、細心寬容等特性，成為子女的哺育者、安撫者、情感照顧者（life and loving nurturer），屬於情感性（expressive function）的角色功能。[53] 而在中國本土文化中，「三綱五常」和孝道深廣的推行與影響力又加強了這種刻板而且傾向單向式效應的父子、夫婦人際倫理規範，使得男性在家庭領域中所扮演的父親角色職務一方面受到扭曲的膨脹（誇張並濫用父權權威），一方面在性別氣質上的發揮潛能受到壓抑和忽視。這種蘊積過苛的角色衝突在適逢時機成熟 —— 五四新文化運動反封建反傳統情緒 —— 的催化下，一併崩潰渲泄，便形成「五四」時期那種「弒父」和「無父」的時代精神面貌。[54] 「弒父」

53　情感型與工具型角色功能的說法見註 21，Parsons, Talcott。文中所列的父親角色分別參考下列各書籍收集而來：Robinson, Bryan E. and Robert L. Barret, The Developing Father: Emerging Roles in Contemporary Society (New York: Guilford Press, c. 1986)；Dowd, Nancy E., Redefining Fatherhood (New York: New York University Press, 2000); Stoop, David 等著，智庫文化出版的《父愛不缺席》（臺北：臺北智庫文化出版社，1995）；Anderson, Christopher P. 著，施寄青　譯《父親角色——瞭解父親就是了解自己》Father: The Figure and the Force（Warner Books, Inc., 1983，譯版出處：臺北遠流出版事業股份有限公司，1993），等等。

54　所謂「無父」現象是指五四時代的青年在否定舊有父權體系時所面臨的「民族主

與「無父」對五四新生代所造成的精神失落，是導致他們尋父意識熾熱的心理狀態。因此，我們才會看到五四知識份子爭先重審並重建父親概念和父子關係的場面。

而在五四女作家群中，會對狹義父親展開具體攻擊的，凌叔華和白薇可說是極少數中的兩位。她們筆下遭到批判對待的父親形象需要結合作家本身的父親經驗來分析，才能更具說服力地揭示這類父親形象所富含的雙重意義：凌叔華的父親形象呈現了批判虛性和諧、渴望實性和諧的內容特色，而白薇的父親形象則呈現了批判霸道的單向性父女關係、渴望相對性的互動父女關係。

一、含蓄而冷峻的批判 —— 從虛性和諧到實性和諧

由於當時作家們普遍對廣、狹意義上的兩類父親所持的複雜心理，凌叔華早期的作品裏也受到影響而留有痕跡。如：〈女兒身世太淒涼〉[55] 裏專制又荒淫的父親群 —— 蘭父、三姨娘的父親、表姐的父親，便代表著作者對廣義父親的鞭撻。至於對狹義上「現實的」、「血親」的、「以個體形象出現的」父親之批判，則尚未出現。值得注意的是，凌叔華在她的後期作品中，做到了成功將此矛盾情結化解並整合成統一的創作理念，即是批判虛性和諧、追求實性和諧的寫作基調，如：〈鳳凰〉[56]、〈晶子〉、〈千代子〉、〈一件喜事〉[57]和〈八月節〉[58]，等等。這些類型各異的父親人物書寫及其所體現的形象意涵，實際上有著一種內在的邏輯關聯，即是批判虛性和諧、講究實性和諧的

體的分裂和自我危機感」（見孟悅、戴錦華合著的《浮出歷史地表 —— 中國現代女性文學研究》（1993，頁 54）。在舊有的文化思想和價值體系被推翻以後，新的卻又未來得及填補所造成的斷層局面，相似於失去了象徵意義上的父親，而成為無父的孤兒，有著無根、彷徨和失落的精神困擾。

55 凌叔華〈女兒身世太淒涼〉，載《晨報副刊》，1924 年 1 月 13 日。

56 凌叔華〈鳳凰〉，載《新月》，1930 年 11 月，第 3 卷第 1 期。

57 凌叔華〈一件喜事〉，原載 1936 年 8 月 9 日《大公報》副刊《文藝》。

58 凌叔華〈八月節〉，原載 1937 年 8 月《文學雜誌》，第 1 卷第 4 期。

父女關係之心理動因與目的。這使她不像當時大部份的作家般隨波逐流，致力將父子關係置於階級鬥爭、政治革命中進行敘述。反而穩練自然地將其對廣、狹義父親的批判與期待呈現於作品中，這可說是凌叔華在創作歷程中的一大自我提昇。

　　前文提及中國人的人際和諧可分為實性的和虛性的，「實性和諧」是指「兩人（或兩成分、兩單位、兩力、兩團體等）之間統合無間、和合如一的和諧狀態」。[59] 在第一節裏討論過的一系列雙重氣質的父親人物，便是這類符合實性人際和諧模式和內涵的例子。凌叔華筆下的父親形象所傳達的父親概念和父子關係之特質，正是流露了對這種強調平等、相互尊重的互動式實性和諧內涵之期許。此外，她也特別注重父親與子輩間在日常活動中的細節描寫，這有異於男作家們傾向從意識形態或宏觀概念上來書寫父親形象的風格。〈晶子〉[60] 和〈千代子〉裏溫柔和藹，與女兒互動密切的父親皆屬於這類型人物。

　　至於虛性和諧，即指變質的實性人際和諧，是有違於人際間的互動以傾向對雙方或關係有利為主導的前提條件，並有「防衛」、「拒斥」、「被動」、「隔離」的特性。虛性和諧又分為部分和諧的區隔式（謹守分際、平淡無關、小心謹慎）、表面和諧的疏離式（疏遠淡漠、客套敬畏）和隱抑式（失望不滿、壓抑憤怒）。[61]〈一件喜事〉[62] 和〈八月節〉[63] 裏的父親形象和父女關係正是體現以上虛性和諧現象的例子。〈一件喜事〉透過小女孩鳳兒的眼睛描繪父親娶妾時有人歡喜有人愁的情景。〈八月節〉同樣以鳳兒為敘述視角，透露兩代女

59 黃囇莉《人際和諧與衝突──本土化的理論與研究》（1999），頁132。
60 凌叔華〈晶子〉，又名〈生日〉，載1931年10月《北斗》，第1卷第2期。引文見陳學勇編《凌叔華文存》（上）（成都：四川文藝出版社，1998），頁323-330。
61 同註16，頁256-290。
62 凌叔華〈一件喜事〉，載1936年8月9日《大公報》副刊《文藝》。引文見陳學勇編：《凌叔華文存》（1998），頁412-421。
63 凌叔華〈八月節〉，載1937年8月《文學雜誌》，第1卷第4期。引文見陳學勇編：《凌叔華文存》（1998），頁432-443。

性在舊式大家庭中圍繞著「父親」所展開的性別歧視與權力鬥爭。這兩篇作品中的父親人物是以非常委婉含蓄的側寫方式呈現的，要勾勒這些嚴格說來形象感並不足的父親，我們得借助作者其他文類的作品（特別是自傳式小說《古韻》[64]），以參考其本身的父親印象，如此才能更完整地掌握這些父親身上所共有的虛性與實性和諧之運作邏輯。

（一）溫柔的傷害者

凌叔華的父親凌福彭是位知府兼畫家文人，精通詩畫，曾中進士，常與社會文化名流如康有為、齊白石、辜鴻銘等往來。在《古韻》裏，她花了很大篇幅介紹其父的名門身世和事業成就。[65] 顯然，凌叔華很認同父親在外部世界（社會）的活動內容，但他在私人領域裏的表現卻常令凌叔華失望和質疑。凌福彭娶有六個妻妾，凌叔華是他與三姨太朱蘭所生的第四個女兒，由於子女眾多和重男輕女的觀念，凌福彭並沒有給予女兒們太多的關愛和注意。加上家庭成員和人事的複雜，凌叔華的童年是在戰戰兢兢和小心翼翼中渡過的。父親給幼時凌叔華的印象是：一、遙不可及和模糊陌生。儘管凌父對子女們的態度溫文和藹，但實際上他很少和子女接觸交流，就連子女的名字長相也弄不清。對凌叔華而言，父親只是她童年裏的偶然拜訪者，父女之間並沒有持續性的情感經營。二、具有支配和傷害潛能。儘管父親的脾性溫和，從未對家中成員叱罵懲罰，但他卻是造成家中種種糾紛、鬥爭甚至悲劇的源頭，其支配所有家庭成員的情緒、地位、權力和福益的隱形力量是凌叔華所深感畏懼和不安的。

---

64 凌叔華英文自傳體小說集《古韻》(Ancient Melodies)，又名《古歌集》，由倫敦 Hogarth Press Ltd 於 1953 年出版，共收小說 18 篇。1969 年曾再版一次，1991 年由傅光明譯成中文（臺灣：業強出版社）。

65 在接受記者鄭麗園的採訪時，年逾八十的凌叔華仍津津樂道其父當年廣結文友、畫友的情境。見〈如夢如歌──英倫八訪文壇耆宿凌叔華〉，載 1987 年 5 月 6-7 日台灣《聯合報》。

凌叔華的出生並不受歡迎，甚至不敢讓父親知道，因為母親已連續生了三胎女孩，且家中已有九千金，這個小女兒只更加說明母親和女兒們在封建家庭中的卑微地位。一個連自己妻子生產了都不知，還要三天後經下人通報才獲悉的父親，他對妻女的關心程度可想而知。

> 我是家裏的第十個女兒，自然不被看重，我就不記得曾在爸、媽的膝頭撒嬌耍賴過，倒是有一次生病，媽坐在我的床頭，心疼地撫慰著我，這是我童年時代最幸福的記憶。[66]

如上，我們可以讀到凌叔華內心渴望雙親以親密情感對待的親子關係。她對保鏢馬濤和母親的貼身僕人張媽一直深存懷念和感激，因為在他們身上她感受到真心不敷衍的對待。馬濤常帶她出去玩，處處考慮她的意願和感受，而張媽是在她孤獨寂寞想找人說話時從不拒絕或敷衍她的人。[67] 此外，她也曾非常依戀好幾位僕人輩份的長者，如：〈搬家〉中把她當孫女看的窮鄰居四婆和她「童年時最要好的朋友之一」花匠老周。[68] 這都反映出童年時的凌叔華極不受長輩的重視，內心渴望關愛，由於無法得到滿足，便轉向身邊長輩尋求類似的情感作補償。為了得到關愛，她也常做令他人喜歡的事，取悅他人。如：她知道「忠厚」「老實」、「聽話又會看眼色」的小孩才「討人痛」，她便處處表現出乖小孩的模樣。偶爾被大人當作傾訴對象，她也把這種「厚遇」解釋為大人們視她為「聽話」、「害羞」、「誠實」、能守秘密的「理想聽眾」。[69]

---

66 同註 64，頁 558。
67 馬濤的事蹟見凌叔華的《古韻》（陳學勇編：《凌叔華文存》（1998），頁 453）：「他從不帶我去我不想去的地方。當我看到大人們把孩子放在椅子上，自己在茶館裏沒完沒了地聊天的時候，總對馬濤充滿了謝意。」張媽則見凌叔華《古韻》：「張媽性情善良，不像其他大人，從不敷衍小孩子。」（頁 476）
68 同上，頁 532。另見〈搬家〉，載 1929 年 9 月 10 日《新月》，第 2 卷第 6、7 號合刊。
69 見凌叔華《古韻》，見陳學勇編：《凌叔華文存》（上）（1998），頁 526；〈死〉，載開明書店創業十周紀念《十年》，1936 年；〈小英〉，《小哥兒倆》（上海：上海良友圖書印刷公司，1936）；〈一件喜事〉和〈八月節〉。

在自傳體小說集《古韻》和其他多篇兒童小說裏，凌叔華多次把自己形容成小貓似的孩子，總是乖巧安靜、聽話順從。[70] 造成凌叔華童年時「小貓心理」的主因在於父親對她的疏離與淡漠態度，使她嚴重缺乏父愛而深感惶恐不安，加上大家庭中的妻妾爭寵糾紛，都使凌叔華強烈意識到自己的弱勢性別與父親隱藏的傷害力量。於是她選擇了隔離疏遠的相處方式以保護自己免受傷害，即是以一種自我邊緣化的態度把自己縮小到最不引人注意，希望藉此可以平靜安全地生活。在凌叔華成長的過程當中，她一再努力爭取繪畫和文學領域的專業成就，其中很大部份的原因是爲了得到父親的注意和肯定，因爲沒有得到父親這個權威人士的認可，他的女兒在心理上是永遠無法取得自我認同和肯定的依據的。[71]

德國著名精神分析師荷妮（Karen Horney, 1885-1952）認爲，兒童若從父母身上感受不到足夠、真誠的愛，會產生因不安全感引起的基本焦慮（basic anxiety）。這種基本焦慮的表現特徵是覺得自己「渺小、沒有意義、無助、被遺棄、快要被滅絕了，處於一個只有虐待、欺騙、攻擊、嘲笑和背叛的世界裏」。[72] 進而會採取得到感情、順從、爭取權力和退縮四種方法來抵抗焦慮，保護自己。這些反應當中的順從表現，荷妮認爲是一種自我保護的方法，通過儘量地避免和他人發

---

70 同上。

71 美國心理學家兼學者瑪莎（Masa Aiba Goetz）分析出父親對女兒的六個影響面，其中談到的自尊與自信（Self-esteem and Self-confidence）、性別與人格認同（sexuality and personal identity）、人際關係與婚姻（relationships and marriage）、個人與職能發展成就（personal and professional achievement），都有助於我們瞭解凌叔華的成長經驗。見 My Father, My Self: Understanding Dad's Influence on Your Life, A Guide to Reconciliation and Healing for Sons & Daughters (Shaftesbury: Element Books, Inc., 1998)。

72 Horney, Karen, The Neurotic Personality of Our Time (New York: W. W. Norton, 1937), p. 32. 另見 Goetz, Masa Aiba, My Father, My Self: Understanding Dad's Influence on Your Life, A Guide to Reconciliation and Healing for Sons & Daughters (1998), pp. 15-39，和 Secunda, Victoria, Women and their Fathers: the Sexual and Romantic Impact of the First Man in Your Life (New York: Delacorte Press, 1992), pp. 195-218 有關父親帶給女兒負面影響的論述。

生衝突、順從一個或周遭其他人的要求，不作任何攻擊性或具敵意的言行，以保住自己的安全。這些情況可以輔助我們深入瞭解凌叔華的人格發展，以及父親原型印象與其作品中父親人物的關聯。

幼年的凌叔華在母親身上目睹這種應對複雜人事的順從性格，也常被母親要求採取同樣的順從態度以免受得寵姨太的敵視和傷害。但凌叔華對這種委屈求全式的順從並不全然苟同，這甚至還明顯地表現在她的寫作風格裏。在她的眾多作品中，女性人物的順從性格和衝突情節的化解幾乎是她貫用的處理手法。[73] 如：〈花之寺〉（1925）、〈她們的他〉（1927）、〈女人〉（1929）。[74] 但實際上她又處處流露一股技巧性的嘲諷，使人覺得她的婉約順從裏帶有暗諷和批判意味。[75] 這是因為凌叔華對父親在各方面間、直接帶給母親和自己的傷害一直耿耿於懷，故儘管她同情並接受母親的順從方案，內心卻抗拒認同這種不合理之兩性關係（包括夫妻和父女關係）。她所追求的理想兩性關係，是講究實性和諧的情感品質，尤其在父女關係這一環，她更是強烈地渴望著父親能發揮更多的情感性角色功能。因此，凌叔華筆下的大部份父親形象幾乎都通過女兒的眼睛為媒介投映出來，而且每當所昭示的是一類在生理和情感上都缺席的父親時，文本中的敍

---

73 周雪琴在〈解讀凌叔華的小說特色〉（《晉中師範專科學校學報》，2000 年第 17 卷第 1 期，頁 12, 13）裏提到其作品中「閒靜溫婉」、「疏淡平緩」和「消解衝突」的風格特色，但並沒有深入談到作者這種筆調背後的內在心理因素。

74 凌叔華的〈花之寺〉（原載《現代評論》，1925 年第 2 卷第 48 期）描述一位少婦燕倩發現丈夫幽泉對現有的婚姻生活生厭，她便化名自稱是幽泉的仰慕者，寫信邀他到「花之寺」相會，通過輕鬆閒適的幽默情調，這對夫妻的感情危機化險為夷。劇作〈她們的他〉（原載 1927 年《現代評論》三週年紀念增刊）和〈女人〉（原載《小說月報》，1929 年第 10 卷第 4 期）基本上是同一個故事模式，只是敍述視角和文類有別，都在描寫妻子如何在丈夫有外遇時，以冷靜態度與過人機智化解即將爆發的衝突。

75 不少學者對凌叔華的諷刺風格進行過分析，如：鄒黎的〈試論中國現代女小說家的諷刺風格〉，（《山東社會科學》，2005 年第 3 期，頁 102-4）；美國學者史書美的〈林徽因、凌叔華和汪曾祺 —— 京派小說的現代性〉（李善修　譯，《天中學刊》，1995 年增刊，頁 17－23）等，但凌叔華因不愉快的父女經驗而致的這種內在創作動機卻未被注意到。

述者往往便會對父親的認知產生感性與理性的分裂與拉鋸張力。這種強烈的矛盾人格心理很可以解釋凌叔華對父親人物既批判又期待的複雜處理。[76]

（二）女兒筆下的父親形象

　　如前文所言，雖然凌父對子女和藹可親、溫文客氣，但父親在情感上的缺席、疏離，以及對父親權威的懼恨，一直是凌叔華所深感遺憾的。就算父親後來對她特別照顧和栽培，也仍無法彌補凌叔華在童年時所遭受的冷落以及異常孤獨寂寞的感情生活。她更從周遭的人事傾軋深深體會父親權力的霸道，明白父親對自己的突然重視和刻意栽培，是因為自己的繪畫天份被畫師王竹林發掘，而父親是基於榮耀和一種儒者惜才的心理才會對她另眼相看。[77] 此後她在家中的地位猝然提昇，由過去的被輕蔑欺侮變為被讚賞妒羨，成為「才女」、「小畫家」，也因此獲得踏出閨閣的特權，隨父親到外接觸各畫家名師，得到其他姐妹所沒有的開闊眼界的機會。這樣的人生轉捩點更令凌叔華瞭解到父親權力的強大，並意識到自己必須以才華成就才能換取父親的關愛與注意。從凌叔華把父親所寵愛的女兒戲謔為「愛犬」就可知她內心對虛性和諧的父女關係之不滿。[78] 這種憑藉特殊才華來換取關

76　李玲認為矛盾對立的情感是一般「五四」女作家「暫時無法從中整合出完整統一而又複雜多層的父親形象」之原因所在，冰心、石評梅、盧隱和凌叔華幾位女作家則較有表現，其中又「只有凌叔華在揭露『父親』對妻妾間的傷害時，也寫出了『父親』對兒女的寬厚、和氣以及其中所含的冷漠」。但可能由於論文主題所限，她並沒有對此作進一步的探討。（《「五四」女作家的女性情懷》，中國蘇州大學博士論文，1997，頁 22）

77　見凌叔華《古韻》，見陳學勇編《凌叔華文存》（上），頁 558。「我一想到自己是個女兒就感到自卑，總不敢大聲說笑。我很敏感，因為家裏根本沒打算要我。爸發現我能畫畫，才突然寵愛起我來。」

78　以主子和狗的關係來映射虛性和諧的父女關係，見於《古韻》中的兩幕。一是在父親納小妾時，被家人認為最受父親寵愛的四姐向父親撒嬌，凌叔華的描繪是「父親摸著她的頭髮，像摸他的愛犬一樣」（頁 479）；二是發生在凌叔華受父親特別偏愛後，有一次父親要帶她去見一位收藏家，母親因凌叔華身體不適而推辭了父親，結果招致一姨太太的諷刺，說「狗還知道跟主子搖尾巴呢，要是不去，她爸

心與愛的親情關係，其功利成份污染了真誠完善的親情本質，而凌叔華所渴盼的正是這份最真切自然的父女情。直到凌叔華成家立業後，這份永遠無法得到兌現的父愛才經由孩童的化身在文學世界裏獲得虛構的實踐。

綜觀以上種種經歷和心理因素，凌叔華很可能是不願意直接面對自己所理解的父親陰暗面，故形成她在早期對廣義父親人物的描寫，如：〈女兒身世太淒涼〉裏的父親群，還有〈「我那件事對不起他」〉[79] 裏胡子雲的父親。採用這種在大時代裏普及化出現的傳統父親人物可以避開自己的矛盾心結，與童年陰影保持距離。直到她在 1926 年與陳源（陳西瀅）結婚生女後，另一階段的人生歷練才使凌叔華逐步釋放隱抑心中多年的苦情，勇敢正視對父親潛藏的怨恨，並以成熟的態度將之舒展於兒童文學世界，如：〈鳳凰〉[80]、〈小英〉、〈晶子〉、〈千代子〉、〈一件喜事〉、〈死〉和〈八月節〉等一系列兒童小說。可以說：凌叔華對父親形象的原型印象，是靠童年經驗堆砌而來的。要深入觀察她的父親形象，得到她的兒童小說中去找尋父親遺留的痕跡。

在這些兒童小說中，我們通過帶有凌叔華身影的小女孩，讀到她（們）對父親既批判又期待的矛盾情結，促成了她（們）選擇維持禮儀、疏而不離以確保平和的應對特性。〈一件喜事〉裏的鳳兒「冷眼」目睹父親再娶新妾，全家喜氣洋洋，但自己的母親委屈不敢言，而疼愛她的五娘更悲憤難抑。一天的喜事辦下來，鳳兒與父親是沒有任何情感上的交流的，她的一舉一動被要求循規蹈矩，按照他人的囑咐行事，以確保和氣。

該生氣了」，而親姐姐八姐也酸溜溜地說：「我倒想搖著尾巴跟爸爸出去，可惜不帶我去」。（頁 495-496）據凌叔華的回憶，八姐非常機伶聰敏，也勇於表達己見，更有雄心大志，但卻從未得到父親的栽培和注意，也沒有凌叔華得貴人提拔推薦的運氣，後來還在日本的瀑布遊玩時溺死，就這樣結束短暫的一生。

79 凌叔華〈「我那件事對不起他」〉，載《晨報六周年紀念增刊》，1924 年。

80 凌叔華〈鳳凰〉，載《新月》，1930 年 11 月，第 3 卷第 1 期。

> 張媽輕輕的，不知為什麼，她忽然板起臉孔說話道：「你到堂
> 屋跟大家吃點心去好了，吃過點心看見他們跟爸爸磕頭你就跟
> 著磕。媽媽叫你給誰磕頭你就磕，不要自己瞎來，聽見沒有？
> 乖乖的跟著媽媽，不要多話，惹她生氣。六歲的姑娘，也該懂
> 點事了。」
> 鳳兒呆呆地立著聽，她是個頂聽話又會看眼色（所以討人痛）
> 的孩子。話聽不懂有時想問一下，瞧瞧大人臉色不對，便悄然
> 的打住了。[81]

〈八月節〉的鳳兒雖然年幼，但已意識到自己是女兒身的卑微地位：

> 鳳兒是被人認為頂安靜的孩子，她在這大房子裏就像角落裏的
> 一隻小貓，偶然到院子外走走，輕手輕腳的，慢慢的遛出去也
> 像一隻小麻雀。她天生是個柔和性情的孩子，什麼都隨便，也
> 許因為她是媽媽的第四個女兒了，所以自己知趣一點，特別安
> 靜。[82]

鳳兒了解自己是「沒有人特別偏寵」的女兒，故早熟地學會「看
眉眼」、「知趣」，但仍因自己的性別而被得勢的下人秋菊欺侮，有
時「隨手掐她一把，或拉歪她的辮子，若鳳兒那天穿了新鞋，必裝作
失神給她踩上一個黑腳印。」（頁439）

　　〈死〉中的枝兒也知道要「好脾氣」、「老實」、「忠厚可憐」
才會惹人疼。當女傭阿乙姐因為主人家辦喪事而忙不過來，枝兒還會
察言觀色，「看見阿乙姐臉上已經很隨和」，便主動要求幫忙摘菜，
見阿乙姐要吸水煙，也識相地趕緊「拿條紙捻點著火遞過去」，惹得
阿乙姐對她讚不絕口：「咳，我常跟你媽媽說青兒他們都調皮，只有
枝兒一個人挺忠厚可憐，給她什麼就要什麼，向來不挑什麼」，「枝
兒被誇，更加坐得穩穩的，用心摘菜。」（頁404、405）

81　同註62，頁413-414。
82　同註63，頁433-434。

〈小英〉和〈鳳凰〉裏的小英和枝兒，都是孤獨寂寞得「好久要說沒人可說」話，也不知道「什麼是好朋友」，只有「歪了脖子的洋娃娃」和「小黃兒」狗是「唯一的伙伴」的可憐孩子，枝兒甚至因陌生人一句「親熱話」：「你可憐得很，我做你的好朋友吧」而「快活得快要流出淚來」，結果險遭誘拐。

對於這些真實的童年經歷，作者心中雖有怨懟，卻因父親向來對她平淡客氣的態度，使她無法像其他女作家如白薇般（在《打出幽靈塔》中），用筆將父親「槍決」以示抗議，反而強加抑制地呈現出一種保持距離的冷靜觀察。這種與父親之間「近而不親」、「心有不服，敬而遠之」、「淡如水」似的虛性和諧關係，投射於創作過程中便形成凌叔華特有的「含蓄」、「委婉」、「冷靜」和「嘲諷」筆調。然而，儘管這一系列兒童小說傳達了作者對父親的探索和寄望，卻常常僅被賞析爲溫馨動人或敘事視角特殊的兒童文學。[83] 而背後的真相 ── 一種虛性的表面和諧：父女在人際取向上屬形式和抑制取向，在相處方式上是謹慎敬畏、被動防範，在情緒感受上是疏遠淡漠 ── 卻鮮爲人知。[84] 而〈晶子〉裏那一幕一家三口在櫻花樹下依偎慶生的溫馨畫面，以及〈千代子〉裏感情融洽的父女，可說是凌叔華無法釋懷的父女情結，通過旅返童年的身份來找尋父親、寄託願望。[85]

簡而言之，如果沒有這些體現實性與虛性和諧人倫關係的父親形象，凌叔華在「五四」時代對審視和重建「父親」形象意涵的參與和

---

83 如：李玲的〈「五四」女性文學中的童心世界〉，《河北師範大學學報》，1999年1期，頁120-126，和陳學勇的〈論凌叔華小說創作〉，《中國文化研究》，2000年春之卷，頁122-128，都未提到凌叔華作品中的父女關係因素。

84 見黃囇莉：《人際和諧與衝突 ── 本土化的理論與研究》（1999），頁257，表6－4的分析。

85 陳玉玲在《尋找歷史中缺席的女人 ── 女性自傳的主體性研究》（台南：嘉義管理學院，1998）一書中，從心理學角度把女性自傳中的童年世界解釋爲「突顯童年隔離於成人世界的」烏托邦時空，是女性對過去自我的依戀之標示，同時也被認爲是「完整自我」的心理經驗。這有助於我們體會凌叔華兒童文學中的另一心理世界。

努力，將繼續被忽略；而我們也可能無法窺探出其父凌福彭在凌叔華創作心路歷程中所留下的痕跡，以及這些父親原型印象與其作品中父親人物形象的內在邏輯關聯 —— 批判虛性和諧、期待實踐實性和諧的父親角色與父女關係。

二、激動而強烈的批判 —— 從單向化到相對化

從前文的分析可見，要實踐這種實性和諧關係的父親，其天親與地親的氣質和角色義務是被期待著交錯兼施的。在批判式的父親形象書寫分析裏，我們讀到父親人物於凌叔華文本中基本上都成功地執行了天親作為供養者、保護者、教育者的角色，但卻存在著情感功能失調的問題，因此，這些父親人物所帶出的形象意義在於提醒父親角色的地親面。而同樣以批判方式追尋另類父親的白薇，其筆下的父親們則是在多個方面都表現得令人失望。他們對子女的傷害不止於精神情感上，同時也包括了身體和生活等等方面。而導致這些負面的角色作用之主要原因是：這些父親人物在與子女相處時的態度和方式都在強調著自身的家長權威和本位觀念，單向式地要求子女對自己絕對服從，忽略了個體與個體之間的互重精神。而站在對方的立場體恤和理解對方是人際情感交流得以順利進行的重要前提，若連基本的尊重態度都沒有的話，那便無法進行實性的情感互動，也無法使實性和諧關係生效。在白薇的兩部長篇小說〈炸彈與征鳥〉[86] 和《悲劇生涯》[87] 中，我們可以看見這類拒絕與子輩進行任何平等交流和互動的父親人物。

由於《悲劇生涯》裏的韋父實際上可說是〈炸彈與征鳥〉中余徹衡的縮影，而余徹衡則又是白薇的親生父親黃達人之再版。鑒於這三

86　白薇〈炸彈與征鳥〉，原載 1928 年《奔流》，第 1 卷第 6-10 期，以及 1929 年《奔流》第 2-4 期。是未完成的長篇小說。引文見《白薇作品選》（長沙：湖南人民出版社，1985），頁 19-225。

87　白薇《悲劇生涯》（上、下）（上海：生活書店，1936）。

者間高度雷同的形象內容，本文在分析這兩部作品中的負面父親人物時，將結合作者在其他文本中的父親形象為參考，尤其是自傳性文章。

（一）魔鬼父親

在文本中，《悲劇生涯》裏的葦父和〈炸彈與征鳥〉中的余徹衡都對各自的女兒（葦、余玥）的感受和意願不予體諒和尊重，為了女兒抗婚的事件，他們並沒有站在女兒的立場為女兒著想，在精神情感或實際行動上支持、保護女兒，同時更以叱罵和命令的方式遏阻原可和平進行的平等溝通機會。結果導致女兒被迫嫁給暴戾的夫婿，受到殘忍的身心凌虐與暴力對待，最後逃離家鄉，漂泊四海。而在現實生活中，白薇的生父與這兩父親人物形象在很多方面的表現都是高度吻合的，其父親印象的參考價值，將有助於我們解讀這兩部自傳性色彩濃厚的作品。

白薇的父親黃達人年青時是個愛國青年，為了反清救國和受當時留學熱潮的影響，在妻舅的幫助下到日本求學，並改名為黃明，還參加了同盟會。在這段期間，白薇對父親是沒什麼印象的，在一篇自傳式散文〈我投到文學圈裏的初衷〉裏，她說「父親長年在外讀書，全年不回來十天」。[88] 黃達人從日本回國以後，與友人合作辦新式學校，卻沒有立刻讓自己的女兒上學，反而要白薇「和雙親大吵特吵」後，才爭取到入他創辦的小學就讀。[89] 讀了不到兩年，白薇因父親病重而輟學留在家中侍候他，不久黃達人因為政治原因辭去了校長的職位，接著又經歷了種種的時局變化，黃達人變得意志消沉。

白薇與父親最大的衝突始於她十六歲時的抗婚。由母親一手包辦的婚姻一直是白薇所抗拒的，但最後還是無奈出嫁。在夫家受到婆婆

---

[88] 白薇〈我投到文學圈裏的初衷〉，原載《文學》一周年紀念特輯《我與文學》，1934 年 7 月上海生活出版社出版。本文所採版本乃《白薇作品選》（長沙：湖南人民，1985），頁 1-12。

[89] 同上，頁 2。

和丈夫的虐待，不堪折磨下逃回娘家卻遭父親的拒絕救援，還說出死了一個女兒不足爲惜的話。雖然據白薇的妹妹所言，父親是因爲政治問題不得已犧牲白薇，但這畢竟造成了白薇終生難忘的傷痛和陰影。[90]在她的多篇文章裏，她一再激動而猛烈地怒斥父親爲了面子和名譽不顧女兒的死活，把她一次次地推入火坑。[91]〈炸彈與征鳥〉中的余徹衡便是其中一個得到最完整描述的負面父親形象：

> 她素來不愛管兒女底閒事的父親，還不如她舅舅的知她深而愛她切。〔…〕況且娶了後母的父親，父親底心完全賣給後母了。她父親對於她讀書，向來既沒有壯她勇進的鼓勵，往後只有截阻她的前程，驅她到絕壁，使她只有退步，勸她只要知足。固然她明哲的父親的發言有他的用意，但她不解她求學的直徑的前途一定是很難澀而易絆倒，她相信她繼續的腳步是不斷地飛駛；因此她總是歡喜她舅舅的獎勵，不高興她父親的壓力；因此她總以為舅舅愛她的很正當很灑落，不高興她父親的自私自利，以兒女作自己犧牲。[92]
>
> 「父親！一想起他就出火！他使我到這個地步，使我當娼，比娼還不如的賤娼！！」[93]

對余玥而言，父親從來沒有盡其身爲子女保護者的責任，反而是個自私虛僞、愚守禮教的無情父親。儘管透過妹妹余彬的口述和書信往來顯示，余徹衡是逼不得已才犧牲余玥的，他也爲余玥被婆家虐待的事痛哭過，也向小女兒余彬透露他的苦衷，希望余玥能逃走，然後他再設法幫助余玥。然而，我們卻從未在文本中看到這些轉達的承諾

---

90 見白薇〈跳鬮記〉（1944作）。原文發表處無法查明。本文所引版本乃閻純德主編《女性的地平線——20世紀華夏女性文學經典文庫》（北京：中國文聯出版社，1995），頁58-89。

91 白薇對父親黃達人的責罵和控訴可見於〈跳鬮記〉、〈我投入文學圈裏的初衷〉，以及長篇小說〈炸彈與征鳥〉、《悲劇生涯》。

92 同註86，頁78。

93 同上，頁30。

實現過，余玥由始至終都在孤身掙扎，受盡屈辱和磨難。

和作者的親身經歷幾乎一樣，余玥每一次千辛萬苦的逃走都被父親用金錢、權勢的力量把她迫回暴力的夫家。文本內外的父親都利用了其經濟和物質資源提供者的特權來逼迫女兒屈服、運用權勢地位和財力專擅監控女兒的行動自由、為保全家門名聲和遵守封建教條而枉顧女兒的身心受到殘害。如此，余徹衡也好、黃達人也好，這些父親對女兒除了實踐過短暫的教育啟蒙者角色和長時期嚴厲的行為規範者角色外，其他的保護者、親善者、分享者、支持者等角色都是完全空白的。因此，在白薇的文學世界裏，父女關係總是以傷害者的魔鬼父親姿態對應失望、受傷和憤怒的女兒之形式組合出現。如：劇作《打出幽靈塔》（1928）的胡榮生與蕭月林[94]、自傳體長篇小說《悲劇生涯》中的葦父與葦、長篇小說〈炸彈與征鳥〉中的余徹衡與余玥，等等，都是些要求子輩單方面無條件地配合和服從父親的父子關係。

（二）受傷的女兒

白薇父親對她的傷害也延伸性地作用在她的創作自信和成就感方面。自二十年代中期開始，白薇因在文壇上發表了不少作品而頗有名氣，但她卻從來沒有因此而深感自豪或自信。反之，她連聽見別人稱呼自己是個「女作家」時，也覺得極度慚愧不安和不敢承受。

> 《奔流》時代，蘇雪林女士和我很要好，她每次和我見面，總有幾句「我們女作家，我們女作家」。我聽來非常背皮緊。「作家」，中國現在，嚴格地說來真有幾個？「女作家」在現代中國，更是鳳毛麟角！起碼我是不配稱「女作家」的，猶之我不

---

94 白薇劇作《打出幽靈塔》（原名《去，死去！》），1928 年連載於《奔流》創刊號、2、4 期。故事中的父親胡榮生是名惡霸土豪，他不但長期非禮自己的養女（實際上是其親生女兒）蕭月林，而且幾度欲強暴她，最後還因忌恨而刺死自己的親生兒子。由於《打出幽靈塔》屬於劇作，加上胡榮生這位父親人物的壓迫者階級代表色彩太過鮮明，並不適於作為本文所討論的個人具體意義上的父親角色分析案例，故不列入正文內作進一步的說明。

配稱「太太」「夫人」。我沒有盡作家的職，沒有好好寫過一兩篇文章，猶之我不曾盡過太太的職，沒有好好地和愛人同居過一個月以上一樣。[95]

比較起同負盛名的冰心和蘇雪林，兩人都不同程度地為自己的創作成就感到驕傲和得意過。冰心在回憶她赴美留學的船上與丈夫吳文藻初相識的情形，說到吳文藻無視於她的名氣而批評她，還建議她多讀些外文書，冰心當時為此還感到不悅，因為自己在國內是備受大家讚賞和吹捧的著名女作家，沒想到吳文藻竟然不奉承她。[96] 而蘇雪林早在未出國以前就已經是京、滬兩地皖人中的著名才女，發表了《棘心》和散文集《綠天》後更是名聲大噪。反觀白薇對自己的成就所持的態度，則顯得嚴重的缺乏信心和自我價值感。這是因為父親黃達人在過去極力反對她接受教育和對她的各種惡劣言行，嚴重損害了她的自尊與自信，使她在日後的發展中無法認同和肯定自己。受到父親的否定等同於自己的才能和努力得不到最後的肯定與支持，即使白薇在日後靠自己實踐了願望，她仍然一直無法建立自信和產生成就感。在三十年代末四十年代，白薇有一段時間沒有什麼具代表性的作品發表，被一些人諷刺為江郎才盡，「倒了」，「算不得作家了」，「寫不出東西來了」，她為此感到沮喪且愧疚自責，認為是自己的能力不好，文思殆盡。[97] 足見白薇那帶來傷害的父親經驗一直是她心中的陰影，使她不但無法建立自我認同感，更需要不斷從外界得到認同才能夠支撐自己的寫作能力與價值。

這種複雜矛盾的心理使她成為以身體力行的方法對父親展開全面攻擊的女作家，通過文藝創作的、通過直接或間接與父親激辯的、通過實際的身體抗爭行為的，等等形式來表達她對個體父親角色和群體

---

95 白薇〈我投到文學圈裏的初衷〉，《白薇作品選》（1985），頁12。
96 見冰心〈我的老伴——吳文藻〉，原載《中國作家》1987年第2期，收入作品集《關於男人》（北京：人民文學出版社，1988）。
97 見白舒榮、何由合著《白薇評傳》（長沙：湖南人民出版社，1983），頁209-210。

父權制度的雙重不滿與提控。在本書所論及的十多位女作家當中，幾乎沒有幾位能做到像白薇般剛烈決斷和義無反顧的書寫風格。謝冰瑩《女兵自傳》中的抗婚經歷或許可以和白薇並論，但女主人公對父權的憎恨是遠遠勝過她對親生父親的局部不滿的。另外，凌叔華對負面父親的譴責書寫也僅止於筆誅而已。白薇則無論對狹義的父親（父女關係中的父親）或是廣義的父親（象徵封建父權的父親）所進行的深刻控訴幾乎是同時展開的。然而，從本節對白薇父女關係的分析，我們透視到在白薇內心深處，父親原型印象是她一生無法超脫的心靈枷鎖。在對魔鬼父親的嚴厲討伐之同時，白薇渴望父親的矛盾心跡是難以掩藏的，因為「弒父」導致了主體性人格的無法確立，使白薇在「無父」狀態裏夾帶的失落、彷徨與無歸屬感之心理情感驅動下，馬不停蹄地找尋父親。否則，她在現實生活中的定位將永遠無法獲得真實的肯定。

在《悲劇生涯》的序言中，白薇感慨萬分地敍述著首次得到父親真正體諒、理解和關懷的經驗，是發生在她經歷了十年的顛沛流離、重返家鄉後的第二天。父母因暗中檢視其行李時驚覺為人父母者的他們，原來從未真正瞭解過自己的女兒。

> 什麼珠寶、華服、金錢、秘密的影子都沒有，有的僅是些簡素的舊衣、文藝書籍和一本她創作的詩劇。由是，父母默默相對，看看這些書籍、舊衣，愁思滾滾，老淚長流。父親又細讀她的作品，由是悲喜交集，覺得十年來誤會了女兒，薄待了女兒，悔不該相信謠傳，把女兒的貧困、刻苦、奮鬥的十年，看成是有辱名門不淺。由於父母對她突然珍愛，無限同情，寓憐惜悔意於平常談話中，把真情慈愛滲入獎勵的辭色裏，並且爽快地替她解決父母包辦下來的終身煩惱事。[98]

如此，我們從白薇對父親的批判書寫中看到並非限於負面父親所

代表的封建父權和壓迫者階級內容，而是也隱含了子輩尋父意識的曲折投射——期許強調父親對子輩的支持與保護、尊重與溝通的雙向式互動關係，並非以君王式的高壓手腕和專制權威作為父子相處的方式。

第三節　揣摩「孕父」

　　在前兩節裏所討論過的父親形象，主要是針對他們是否表現地親的情感性特質而談。而這類父親在妻子懷孕前後階段或初為人父時的表現態度，也是我們在探討五四女性文學中另類父親的心理內容時所不可忽視的材料，因為這反映了男性在（即將）成為父親的最初過程中所不可避免的心理和情緒經歷，也是大部分男性在定義和調整自己的新身份、新角色時所可能面對的問題。

　　很多時候，懷孕和妊娠被視為是一位母親、妻子、女性的事，與父親、丈夫或男性沒太大關係。而實際上，懷孕是一個家庭的事，是一對夫妻、父母或男女共同的事。[99] 嚴格說來，完整的「孕父」過程，甚至應該追溯到一對夫妻對懷孕的認知、規畫與共識。「孕父」的角色範圍，是概括懷孕前（before）、懷孕中（during）和生產後初階段（after）這些過程中，「孕父」的情緒與心理活動也會隨著不同的階段梯次而有所變化。[100] 一位男性在家庭中與妻子和子女的關係是否和諧美滿，除了要學習與妻子共同分擔天親和地親的工作，參與更多的親子活動外，也需要在妻子懷孕的階段便開始作出身心上的調整。[101]

99　Parke, Ross D., Fatherhood (Cambridge, Massachusetts, London: Harvard University Press, 1996), p. 17.

100　Robinson, Bryan E. & Robert L. Barret, The Developing Father: Emerging Roles in Contemporary Society (New York & London: The Guilford Press, 1986), p. 25.

101　所謂的「天親」和「地親」之說法，引自 Arthur Colman and Libby Colman 亞瑟.科爾曼、莉比.科爾曼 著，劉文成、王軍 譯：《父親：神話與角色的變換》，The Father Mythology and Changing Roles （北京：東方出版社，1998），頁 15-27。天親強調其經濟支柱的角色功能，而地親有履行更多家庭角色的意願和實踐行

在一位男性還沒有正式成爲父親時，他首先已經是個「孕父」（the expectant father），只有意識到並接受這個身份角色，才能作好當父親的心理準備，也才能有效地進行日後的撫育工作，以及與孩子在成長過程中的互動活動，尤其當這位男性是個初爲人父者（the first-time father），他所會面對的問題和所需要作出的調適並不比一位母親／妻子／女性來得容易和簡單。

當大部分的五四作家們正忙著一邊批判封建父親，一邊努力建立一種新時代的父親概念和父子關係時，他們有的已陸續接受並享受當「慈父」或「新式父親」的義務及其中的甘苦，如豐子愷、朱自清、老舍、臧克家、周作人和葉聖陶等人便寫有不少文章，娓娓訴說他們當父親的百般滋味。[102] 然而，值得注意的是，很少人會注意到在成爲真正的父親以前，男性對懷孕、生育的認知問題，是與「父親」概念的改革與重構息息相關的。尤其長期以來，在普遍認爲懷孕是女人的事的刻板印象影響下，男性與懷孕、生育、節育、流產、難產、哺育等等問題之間的關係，往往被視爲是女性此一性別群體範圍內的事，故鮮少有針對性的探討。直到清末民初，特別是五四新文化運動對人道主義和男女平等思想觀念進行積極的宣導和推動，女子解放運動先後在中國各地興起，各界關心婦女生存狀況的知識份子也都紛紛在言論和行動上給予支持，熱切探討各項婦女問題，生育自然是其中一項重要課題。

例如，張競生一系列的性學論述，包括〈美的人生觀〉、〈美的社會組織〉、〈性育叢談〉等，便大膽暢談和諧的性愛觀，並以西方性學爲根據而提倡男女雙方優質的性交活動，以期實踐享受健康和諧

動，除了對妻子在日常生活和懷孕期間的照料外，也希望與孩子建立直接的親密關係，與妻子共同分擔撫養者的職務。

102 見：豐子愷的〈給我的孩子們〉、〈作父親〉、〈兒女〉和〈阿難〉，朱自清的〈兒女〉，葉聖陶的〈做了父親〉，老舍的〈有了小孩以後〉，臧克家〈我和孩子〉和周作人的〈若子的病〉等等。

的性愛，孕育出優良強壯的下一代之理想。[103] 羅家倫在〈婦女解放〉中極有系統地分析和比較東西方婦女問題，其中也專門談到實施兒童公育的重要性，以減輕婦女的負擔，並得以繼續工作。陳望道、邵飄萍、琴廬、沈兼士和向警予等也都分別對支持避孕節育運動和兒童公育進行表態。[104] 這些言論發表反映了五四知識份子如何因應當時的政治、經濟和思想文化大變革，而注意到孕、生、育問題與婦女解放、社會發展的密切關係。

相關的課題表現到文學世界裏，則有徐志摩的詩歌〈嬰兒〉，寫出其對女性生產的痛苦過程之感動，並禮讚新生命的出世；柔石在〈為奴隸的母親〉表達了他對母親的辛勞和養育之恩的感激；凌叔華以沉重的心情在〈旅途〉[105]一文中刻畫了對節育認知不清，一再為染上花柳病的丈夫懷孕生下夭嬰、病童的農村婦女；蕭紅的《生死場》[106]更是將農村女人無法逃脫的、如同動物一般「忙著生，忙著死」的悲慘命運，血淋淋地裸呈開來。

這些議論文章和文學創作的敘述焦點，主要都是圍繞著女性的身體與生育、女性的健康與科學醫療、生育與女子解放運動來展開的，而男性在懷孕與生育活動過程中所應或所可能扮演的「孕父」角色內容，顯然並未引起太大的注意。由陳獨秀所高倡的「民主」與「科學」，無疑激起了五四一代對女子解放和科學對婦女生育問題的關注，但卻

---

103 張競生《美的人生觀》（上海：北新書局，1925/1927）、《美的社會組織法》(北京：北新書局，1926，原連載於《京報副刊》，1925 年 9 月 4-30 日)，以及陸續於 1927 年間發表在《新文化》月刊上的「性育叢談」。
104 見：陳望道〈生育節制運動的感發〉，載《民國日報》副刊《婦女評論》，1922 年 5 月 3 日、邵飄萍〈避孕問題之研究〉，載《婦女雜誌》1922 年第 6 卷第 5 號、琴廬〈產兒制限與中國〉，《婦女雜誌》1922 年 6 月第 8 卷第 6 號、沈兼士〈兒童公育〉，載《新青年》，1919 年第 6 卷第 6 號、向警予〈女子解放與改造商榷〉，載《少年中國》2 卷 2 期。
105 凌叔華〈旅途〉，原載 1931 年 6 月《文季月刊》復刊號。
106 蕭紅《生死場》（上海：容光書局，1935 年 12 月）。引文見蕭紅《後花園》（1998），頁 26-116。

讓我們懷疑科學對男性所產生的影響面，是否也同樣受到重視。

　　所幸的是，可能是同性性別上的親身經歷之故，五四女作家群在描繪和刻畫女性於各個生命週期中的經驗與感受時，其來自於女性視角所捕捉到的孕育內容不僅比男作家們來得深廣，在「孕父」課題方面更留下了供後人探討的寶貴文本。

　　在五四女性小說裏，筆者發現了一系列體現「孕父」形象內涵的男性人物。他們是出現在沉櫻（1907-1988）〈女性〉[107] 和〈生與死〉[108]、謝冰瑩（1905-2000）〈拋棄〉[109] 和〈清算〉[110]、蕭紅（1911-1942）的〈王阿嫂之死〉[111]、《生死場》以及凌叔華（1900-1990）〈奶媽〉[112]中的「孕父」人物。這些作品程度不同地刻畫了懷孕中的父親、丈夫，以及（將／初）為人父者的生理和心理狀況、其在角色轉變中所面臨的處境，等等的問題。其中又以初為人父的「孕父」最能表現豐富的形象感。

　　接下來，本文將從三個方面來探討這些作品中的「孕父」形象：一、角色認知、生理、精神與心理反應；二、經濟問題的困憂；三、初為人父的育嬰角色。

107　沉櫻〈女性〉，《女性》（上海：生活書店，1934）。引文見沉櫻《喜筵之後·某少女·女性》（北京：人民文學出版社，1987），頁 169-194。
108　沉櫻〈生與死〉，《一個女作家》（上海：北新書局，1936）。引文見原版本。
109　謝冰瑩〈拋棄〉，《前路》（1932），後又收入《謝冰瑩創作選》（上海：新興書店，1936）。引文見謝冰瑩著，艾以、曹度主編《謝冰瑩文集》（下）（合肥：安徽文藝出版社，1999），頁 3-42。
110　謝冰瑩〈清算〉，《前路》（上海：光明書局，1932）。引文見謝冰瑩著，艾以、曹度主編《謝冰瑩文集》（下）（1999），頁 43-84。
111　蕭紅〈王阿嫂之死〉，《跋涉》（合爾濱：五月出版社，1933 年 10 月）。引文見蕭紅《後花園》（北京：北京燕山出版社，1998），頁 1-10。
112　凌叔華〈奶媽〉，原載 1936 年 4 月《文藝月刊》，第 8 卷第 4 期。引文見陳學勇編《凌叔華文存》（上）（成都：四川文藝出版社，1998），頁 363-376。

一、角色認知、生理、精神與心理反應

〈女性〉和〈生與死〉是沉櫻以男性爲中心而展開敍述的作品，兩者皆描寫一對青年夫妻從懷孕到失去孩子的經歷和心情。沉櫻也是五四女作家中唯一以性別對置的視角和反串姿態來揣度「孕父」心態與反應的女作家，其對男性將爲人父、初爲人父，以及於妻子妊娠期間的精神與心理變化方面，探測與模擬的細膩度令人矚目。

原名〈妻〉的〈女性〉顯然是以一個「孕父」的視角敍述自己和妻子兩人初次懷孕和墮胎的經過。男主人公熙和妻子共處半年來享受著二人世界，並爲各自的理想共同奮鬥。一次意料之外的懷孕，爲這對夫婦帶來了生活上極大的刺激與改變。尤其是妻子對意外的懷孕更是毫無心理準備，而顯得排斥，並堅持墮胎。她擔憂有了孩子便會妨礙自己追求理想，因爲母職的牽絆是她可以預期的。丈夫起初並不答應，但看見妻子日夜爲此事焦躁不安，終於答應妻子安排墮胎手術。貫穿全文，男主人公熙對自己身爲「孕父」的角色與義務內容皆有正面的表現。

首先，從獲悉懷孕到決定墮胎的整個過程，熙努力與妻子進行的溝通模式可說是發揮了民主化對話的互動與自主特質。[113] 生育決定即指伴侶對生育問題的共同協議，包括生育、節育、墮胎等問題。男性對生育問題的重視表示其對伴侶的關懷與尊重，這表現在雙方擁有相平等的發言權力和決定權力上。在文中，我們看到男主人公如何努力地以公正、公開、公平、互相尊重的態度，傳達自己（也讓妻子傳達）對意外懷孕的想法和感受。這包括熙從不贊成墮胎的表態，到爲妻子

---

113 Anthony Giddens 在 The Transformation of Intimacy: Sexuality, Love and Eroticism in Modern Societies （Cambridge: Polity Press, 1992, p. 186-7）一書中認爲公開的爭辯討論不僅是公共領域的重要民主活動，而是應該運用到日常生活中，尤其是兩性關係的溝通方式上。

設想、聆聽妻子的意見和感受、進行公平的判斷，最後尊重妻子的意願，共同決定墮胎，其間所謂控制他人的權威、權力幾乎是不存在的。

其次，熙對妻子意外懷孕而造成的情緒不穩定，充份地履行了「孕父」角色所能提供的情感支持，這對懷孕中的妻子而言是非常重要的精神力量。[114] 他愛護疼惜、體恤關心妻子的身體健康和情緒變化，耐心地和妻子共同討論以解決意外懷孕和計畫墮胎的問題。在這段期間，他時時把妻子的感受和情緒放在第一位考量。對於妻子的憂鬱焦慮、反覆無常、埋怨訴苦、煩惱毛躁、患得患失、神經過敏等等的情緒起伏，熙不但從不表示厭惡不耐煩，還細心留意關懷，竭盡所能地安撫妻子，通過密切的言語溝通和體貼的擁抱來給予妻子精神上的支援，對於妻子的種種異常表現都以「同情」和「原諒」的態度回應。

另一方面，身為「孕父」，熙本身也同樣承受著和妻子一樣的情緒波動問題。[115] 他注意到妻子在懷孕初期的生理變化令她精神頹喪，「那樣子使人看了有說不出的難過而又恐怖，覺得妻簡直在受著無形的毀滅」，「看了她的淒慘的樣子」，自己「也時常陷在悲苦之中」。對於妻子因懷孕和墮胎之事而產生的矛盾和複雜心理，這位「孕父」也感同身受，甚至為自己的愛莫能助而感到加倍地痛苦和仿徨。

> 眼看著妻的身心一天天這樣憔悴了；同時又要處置這可怕的難題，我是有著超過於她的痛苦的。〔…〕自己的心中也非常衝突；想著她這種苦悶的理由確是對的，她所恐怖的一切也確是

---

114 「孕父」在妻子懷孕過程中應給予足夠的情感支持、情緒關懷之說，見：Ross D. Parke, Fatherhood (Cambridge, Massachusetts, London: Harvard University Press, 1996)，頁 25-7。

115 「孕父」在生理、心理與情緒方面所承受的負面變化，包括頭疼作嘔、食慾不振、失眠、焦慮、沮喪、恐慌、易怒、無助、無能、孤立、疲憊、被忽視等等，已被證實是相當普遍的現象，而且可能隨著產期越近越嚴重。見：Ross D. Parke, Fatherhood (1996)，頁 20-4；Bryan E. Robinson &Robert L. Barret, The Developing Father (1986),頁 25-8；Rubenstein L. Barnhill & Rocklin N., "From generation to generation: Fathers-to-be in transition," The Family Coordinator, 1979, No. 28, 頁 229-235，等等。

真實的，因此而那樣作去就應該嗎？我不能解答。[116]

儘管熙自覺內心承受著「超過於〔妻子〕的痛苦」和矛盾，但他卻努力地進行自我調適以作應對。當他陪同妻子入院進行人工流產手術時，他和妻一樣顯得恐慌失措，但仍「力持鎮靜」以安慰妻子。為陪伴害怕無助的妻子，他主動向看護要求留在手術室內，還將整個人工流產的過程，以及妻子的每一個細微動作、反應表情都密切地留意和關懷著。這對當時的男性而言，是相當罕見的行為表現。儘管熙與胎兒尚無深刻的感應關係，但在瞥見自己那在血泊中「仿佛成形的孩體」時，他仍因著一種來自於初為人父的奇妙情感，而覺得「一陣寒冷的感覺侵來」，「有要哭出來的傷痛」。這樣一幕記載一位「孕父」目睹妻子進行人工流產和死嬰情境的敘述，是有著兩層意義的：一是模擬「孕父」對妻子墮胎過程的主動參與，以及全程給予妻子的精神支持與關懷表現；二是想像父嬰之間的微妙關係，「孕父」面對半成形胎兒所可能產生的心理活動。

總的來說，熙完全是以一種與妻子共同懷孕和墮胎的心情和態度去面對兩人的骨肉去留問題，他考慮的不是「不孝有三，無後為大」的傳統教條，也沒有忌諱入產房的迷信思想，而是從多方面思考問題。一是從妻子的角度出發，擔心妻子的身體健康、心理情緒和往後的事業理想；二是從胎兒的生存權力角度出發，認為墮胎對孩子很「殘忍」；三是考量自己所可能為孩子和妻子所作的事，如聘請保姆協助撫養孩子、給予妻子全力的精神和行動支持。這些所有的表現揭示了一個男性在面對自身的「孕父」角色扮演發生時，所作出的調適努力。而這些努力明顯體現了丈夫和父親角色的現代化內容，展示了五四時期反封建傳統、反迷信陋俗，以及新式的家庭、夫妻關係和生育觀念等等時代主題的痕跡。

沉櫻的另一篇作品〈生與死〉也同樣敘述了一位「孕父」的經歷。

---

116 同註 107，頁 177。

內容寫一對夫妻正喜孜孜地等待新生命的到來，不料在臨盆前的某個清早，妻子突然得了癇症昏迷過去。入院後，醫生爲妻子動手術將嬰兒取出，但嬰兒因早產，健康情況不良，第二天便夭折了。妻子渡過危險期後醒來，要求見孩子，丈夫與醫生商量後，決定抱別人的嬰兒暫時瞞騙她，以免她不堪刺激。

〈生與死〉中的男主人公「他」以「孕父」身份，在短短兩天內面對了妻子和嬰兒的生死變故，獨力承擔著兩條性命的安危責任。在整個過程中，他甚至沒有妻子作爲共商問題的對象，所有的壓力和情緒負擔都由他一人承受。

從面臨突來的變故開始，到妻子安然醒來，這位男主人公在心理和精神方面都經歷了莫大的刺激和煎熬。妻子昏倒時，他在「驚駭之中，方寸完全錯亂，不知怎樣好了」，之後才意識到要找醫生。在等待救護車來臨時，「他失措地立在牀前望著妻的青白的臉色，凌亂的頭髮，以及那緊閉了的眼睛，不禁想著『不會是這樣的死去了嗎』？寒冷的感覺充滿了他的四週，但在心中是又像火在燃燒著一般焦急地傾聽著救護車到來的聲音。」當妻被抬進紅十字車內時，「他感受到一種送葬似的悲慘的印象，但同時又感到一種得救了似的寬慰。夾雜著種種迷惘的悲思」，一同到醫院去。緊接著，「愕然地看著醫生作著開刀的準備，他覺得四周的空氣一刻刻緊張起來在壓迫著他。」在手術室外等候的心情，一邊想像妻剖腹的情形，但又聽不見看不見，「那沈默中仿佛暗示著更大的恐怖。他在希望與絕望之間期待著，但不知爲什麼，他總不敢向著美滿的方面去想，恐怖的想像不停地襲來，任是怎樣也排解不開。」當妻被抬出來後，這「並不曾給他什麼欣慰，他仍要焦灼地期待著將來的不可知的結果」，因爲妻子仍未渡過危險期。甚至朋友的探望和慰藉仍不能使他寬心，而對生死未卜的妻，「他陷於異常的焦灼中，但又無能爲力地只好靜候著命運的裁判。」直到當天傍晚，妻子醒了，「他坐在她的身邊輕輕地握著她的手，臉上浮

動著幸福的微笑。他已經把什麼都忘記了，只感到欣慰之情。」[117]

　　另一方面，他還得面對新生嬰兒所帶給他的另一種刺激，使他在疲於為妻子奔波之同時，仍需接受一個全新的角色身份，從「孕父」正式成為一個初階段的父親。這種感受和他平常對未生嬰兒「好奇的幻想」是有很大差別的，因此，這位父親實際上也和真正剛生育完孩子的母親一樣，有著令自身震憾和不解的微妙感受。當他初見自己的新生嬰兒時，感覺是「長久的幻想這時是破滅了，這嬰兒的出世不曾使他發生些微的喜悅的情感。那細微的哭聲猶如不幸者的哀鳴一般使人不忍去聽。」（頁 110）他幾次去探望嬰兒，「身體很小，顏色蒼白」，使人看了有種「悽楚的印象」，他常想：「這就是那將要永遠失去母愛的不幸者嗎？」（頁 111）

　　在他還來不及調整自己剛任父親的心情時，不久便得知嬰兒夭折了。由於父子關係的滋長和建立仍處於朦朧階段，脆弱而稚嫩的父子感情在擔憂妻子安危的壓力下，使這位年輕父親「緊張的身心倒好像稍為鬆弛了一點」。（頁 113）面對著初生嬰兒的死亡，一個男性、丈夫、父親的感受就與他剛成為父親時的感受一樣迷離不解，

> 只是沒有呼吸沒有熱度了。這孱弱的嬰兒的生和死，似乎並看不出有多大的分別，活著的時候只多了一種勉強可憐的掙扎的活動，現在死了倒顯得平靜自然了一點。這嬰兒的死並不曾留給他怎樣的悲傷，只是「死」這回事使他的心加重了無窮的暗淡。他沒有眼淚，沒有歎息，也沒有意見，把嬰兒葬埋的事完全托了醫院辦理去。他在最後的一剎那間又望了嬰兒一眼，想著他是不曾和生母相見地便死去了，同時那作了母親的妻也竟永遠不能看見自己的最初的收穫便被判別了。[118]

　　如此，我們看到某類男性的家庭關係和角色身份，因妻子懷孕而

---

117 同註 108，頁 108-115。
118 同上，頁 114。

發生變化所作出的兩種基本反應：一是強忍自身所承受的壓力和無助，全力支持和關懷妻子；一是對自身父親角色和新生嬰兒的複雜思考和感受。

然而，並非所有男性都能夠在妻子懷孕階段不斷調整自身的「孕父」角色的。例如蕭紅《生死場》中的成業，便在金枝懷孕後只知追求自身情慾需要的發泄和滿足，金枝懷孕後的身心變化，包括懷孕初期的嚴重害喜，未婚先孕的焦慮擔憂，以及流言帶來的壓力，「男人完全不關心」。

> 你害病嗎？倒是為什麼呢？但是成業是鄉村長大的孩子，他什麼也不懂得問。他丟下鞭子，從圍牆宛如飛鳥落過牆頭，用腕力擄住病的姑娘；把她壓在牆角的灰堆上，那樣他不是想要接吻她，也不是想要熱情的講些情話，他只是被本能支使著想動作一切。[119]

當金枝表示反抗，並將凸起的肚子按給他看時，他是「完全不關心，他小聲嚮起：『管他媽的，活該願意不願意，反正是幹啦！』」

> 他的眼光又失常了，男人仍被本能不停的要求著。[120]

《生死場》的作者兼敘事者對成業的男性本能顯然持批判態度：成業對自己成為「孕父」的角色轉化毫無意識。這表現在：（一）未婚先孕前，他對金枝的焦慮恐慌和嘔吐不適無動於衷，只關心自身的性慾需求；（二）婚後對妊娠期間勞累疲憊的妻子不但毫不體恤，還任意打罵，更在妻子臨盆之際，仍無慮於孕婦胎兒的安危而發生性行為，最後導致金枝早產，險些喪命。這除了可以解讀為蕭紅強烈的女性主義視角和批判父權、夫權的表現[121]，另外也可以捕捉其中所隱藏

---

119 同註 106，頁 48。

120 同上。

121 例如，雷岩岭在〈「孕育」與「生產」表述中的性別差異 —— 分析現當代文學作品中有關「孕」「產」的敘事〉一文中，作者認為蕭紅「關於女性『生產』過程的表現，是帶著強烈的女性主義立場和傾向的」，但這主要是從女性主體的「生產」活動為出發點，而男性在「孕」「產」過程所扮演的角色，或男性在這方面

的「孕父」訊息。成業明顯並未作好成爲「孕父」的心理準備，金枝懷孕對他而言無關痛癢，因爲那是女人身上的事，他只在乎與自己有切身關係的性需求。

《生死場》中的另一幕，也同樣提控著這類負面型「孕父」的傷害行爲。那即是五姑姑的姐姐正值難產時，丈夫多次醉醺醺衝入，對她無情地謾罵與施暴：

> 一個男人撞進來，看形象是一個酒瘋子。他的半面臉紅而腫起，走到幔帳的地方，他吼叫：
>
> 「快給我的靴子！」
>
> 女人沒有應聲，他用手撕扯幔帳，動著他厚腫的嘴唇：
>
> 「裝死嗎？我看看你還裝不裝死！」
>
> 說著他拿起身邊的長煙袋來投向那個死屍。母親過來把他拖出去。每年是這樣，一看見妻子生產他便反對。
>
> 日間苦痛減輕了些，使她清明了！她流著大汗坐在幔帳中，忽然那個紅臉鬼，又撞進來，什麼也不講，只見他怕人的手中舉起大水盆向著帳子拋來。最後人們拖他出去。
>
> 大肚子的女人，仍脹著肚皮，帶著滿身冷水無言地坐在那裏。她幾乎一動不敢動，她彷彿是在父權下的孩子一般怕著她的男人。
>
> 她又不能再坐住，她受著折磨，產婆給她換下著水的上衣，門響了她又慌張了，要有神經病似的，一點聲音不許她哼叫，受罪的女人，身邊若有洞，她將跳進去！身邊若有毒藥，她將吞下去。她仇視著一切，窗台要被她踢翻。她願意把自己腿弄斷，宛如進了蒸籠，全身將被熱力所撕碎呀！
>
> [……]

的自發性思考與探討，則未提及。見《甘肅高師學報》，2005 年，第 10 卷第 1 期，頁 38。

> 這邊孩子落產了，孩子當時就死去！用人拖著產婦站起來，立
> 刻孩子掉在炕上，像投一塊什麼東西在炕上響著。女人橫在血
> 光中，用身體來浸著血。[122]

文中雖然並未提及這位丈夫為何憎恨妻子懷孕生產，但他「每年是這樣，一看見妻子生產他便反對」，故可以猜測他並不願意生養太多，或是經濟無法負擔之故。但在避孕知識和措施不普及的農村，節育或墮胎的決定與行為也就鮮少出現，只看到一幕幕無奈的、奪命的生產活動。以上兩位男性便代表了一類對自身「孕父」角色毫無意識或體認不足，而發生失去理智的行為，以精神虐待和身體暴力報復女人無法避免懷孕生產的身體。

相較之下，同樣表現男性初為「孕父」的形象內容，蕭紅和沉櫻除了在敘述者身份和視角的設計有異外，她們對女性身體的孕、生、育描述的關懷基調更是不同。

沉櫻筆下的「孕父」形象更多的是將重點放在性別角色對置和模擬上，反映了更多對民主和科學如何影響男性的孕育觀念之思考，屬於試探性的創作與敘事意圖。五四時期所提倡的科學實用性訊息，除了表現在西方生育知識和觀念的傳達外，還有許多有關西方醫療技術的敘述，包括：在醫院進行人工流產的墮胎手術、孕婦在分娩時不雇用傳統接生婆而選擇到新式醫院去，以及西方醫療設備和方法的使用（如打針、動手術），等等。這些西方醫療技術對兩性關係的相處模式產生了一定的影響力。筆者強調兩性是為了指出：這些有關生育問題的科學化一方面無疑改變了女性的孕育模式（如：增加女性在懷孕和生產時的安全保障、提高女性對性和孕育需求的自覺和自主、女性對生育事項的決定權、女性對男性所提出的性要求之決定權），然而我們也應注意到男性的生育觀念同樣會受到醫療科學化、現代化的影響而產生變化。這些刺激著兩性關係變革的事項在很大程度上又是緊

122　同註 106，頁 69-70。

扣民主課題來展開的，特別在生育和性愛方面，夫妻之間可以擁有自由表態、尊重聆聽、公平判斷、共商決議、共同參與和承擔結果的權力與能力。沉櫻在「孕父」形象塑造方面所呈現出來的「實驗性」特質，正在於她對相關男性形象的選材與放大剖析，呈現具有深度的性別視角，從外在的現代化醫療模式與環境，到以性別反串的方式對懷孕者夫婦在生理和心理的細膩敘述與刻畫，都表現其獨特的開創性、前瞻性和超越性。

而蕭紅則主要是凸顯農村地區有關性別、生育與權力間的衝突關係，屬於批判意識強烈的書寫方式。生育題材在蕭紅的筆下幾乎都以鮮血淋漓的面貌示人，麻面婆如是，金枝的早產如是，五姑姑的姐姐和王阿嫂（〈王阿嫂之死〉）的難產如是，而且與暴力糾葛不清。這些驚心動魄的生產畫面說明了作者對揭示農村女性悲慘命運的堅持，女性懷孕與生產被形容為「刑罰」，整個受難過程與男性的自私、「嚴涼」和殘酷緊緊相連，所凸顯是當時女性在社會（特別是農村地區）上極其卑微、無助與淒慘的生存處境。在這裏，「孕父」角色功能的正面性發揮不只嚴重匱乏，甚至走向極端的負面。

二、經濟問題的困憂

Ross D. Parke 認為「孕父」所常面對的問題主要有三方面：一是心疼妻子所忍受的懷孕之苦；二是身為經濟供應者的負擔比過去加重；三是「孕父」本身以及前兩者問題所造成的精神困擾和情緒失調。[123] 這裏，我們所要特別討論的是：經濟能力是決定男性是否能夠成功履行其「孕父」角色叢中的家庭經濟供應者之任務。

自農耕活動出現開始，男女因生理上的差異而形成「男主外，女主內」的社會生產勞動分工模式。男性絕大部份的活動主要是從事戶

---

123 Parke, D. Ross, Fatherhood (1996), p. 22.

外的勞作，而女性雖然也同樣進行農事操作，但偏向紡織業，加上由於無法避免的生養和哺育問題，漸漸促成女性以從事家務活動爲主要職務的角色要求。[124] 如此發展開來，作爲家庭的主要經濟供應者便成爲男性的首要角色。在之後的不同時代裏，他們以各種不同的形式來執行這項活動。儘管隨著社會的變遷，出現了各種新興的行業，造就了更多職業和工作機會，但男性是「經濟供應者」的刻板印象仍是相當根深蒂固的。從另一個角度來看，男性也正因其掌握經濟力量的主流社會現象，同時地主宰了在私人領域（家庭）和公共領域（社會）裏的權威。因此，男性與工作或職業的關係是休戚相關的，這直接影響男性的自身生存條件、養家義務和權威尊嚴，而這些方面的表現也是鑒定男性氣質的最主要條件，是男性陽剛氣質內容的主旋律。[125] 如此，當妻子懷孕期間，身體處「易受傷害且脆弱」的狀態時[126]，更強調了身爲「孕父」的男性執行其作爲家中主要經濟供應者的價值功能。當這類「孕父」的經濟能力或狀況出現問題時，他們身爲丈夫、父親和男性自我的尊嚴就會受到嚴重的考驗，而有沮喪迷惘、焦慮浮躁、自卑愧疚的負面感受，嚴重者甚至有暴力行爲。

　　凌叔華〈奶媽〉中的窮苦丈夫、謝冰瑩〈拋棄〉中的譚若星和、

124　閔家胤主編《陽剛與陰柔的變奏：兩性關係與社會模式》（北京：中國社會科學出版社，1995），頁 271-272。

125　以下數位學者都談到男性的工作或職業與其家庭經濟供應者角色，是傳統男性氣質的重要肯定。見 Morgan, David H. J., Discovering Men (London and New York: Routledge, 1992), pp. 72-140、Bernard, Jessie, "The Good-provider Role: Its Rise and Fall," American Psychologist, 1981, vol. 36, No. 1, pp. 1-12、Collinson, David and Jeff Hearn, " 'Men' at 'Work': Multiple Masculinities/ Multiple Workplaces," in Máirtín, Mac an Ghaill, ed., Understanding Masculinities: Social Relations and Cultural Arenas (Buckingham, Philadelphia: Open University Press, 1996), pp. 62-63、Hood, Jane C., "The Provider Role: Its Meaning and Measurement," Journal of Marriage and the Family, May 1986, vol. 48, no. 2, pp. 349-359。儘管這些學者多以西方男性的情況爲研究對象，但他們對於男性與工作／職業、家庭經濟供應者角色及男性氣質的論點與分析是很值得參考和借鑒的。

126　Leifer, M., Psychological Effects of Motherhood: A Study of First Pregnancy (New York: Praeger, 1980), p. 19.

蕭紅《生死場》中的成業和五姑姑的姐夫，以及〈王阿嫂之死〉中的王大哥等，都是這類承受著由經濟困境帶來身心打擊的男性人物。

同樣是描寫懷孕生育的主題，〈拋棄〉裏的父親人物比沉櫻〈女性〉和〈生與死〉中的父親們多了一層困憂，這層困憂是經濟上的供應能力。在〈女性〉和〈生與死〉中的父親明顯並無任何經濟困難，無論是叫救護車、入院、住院、墮胎或剖腹生子，甚至是計畫日後雇用保姆，這都是他們所能夠負擔的花費。而〈拋棄〉中的譚若星因為失業貧窮，在妻子珊珊意外懷孕後，他們也考慮墮胎或將孩子送給育嬰堂，但最後還是選擇生下孩子。在懷孕期間，他們幾乎以典當渡日，三餐不繼，失業的若星甚至只能愧疚痛苦地看著大腹便便的妻子替人洗衣賺取生計。到了妻子臨盆之際，這位「孕父」張惶失措地到處向朋友借錢才成功讓妻子入院生產，住的是下等病房，還欠了醫院一大筆費用，受盡院方的白眼。最後，他在幾經掙扎後瞞著妻子將甫出生的女兒忍痛拋棄路旁，事後激動到昏倒路旁，由巡撫將他救醒。返家後，他還強顏歡笑編故事安撫妻子的懷疑。從懷孕生產到決定拋棄女嬰，經濟問題一直是若星這位「孕父」最大的煩惱：

> 唉！上帝，怎麼處置這孩子呢？將她丟在黃埔江嗎？太殘酷了。〔……〕送她去育嬰堂嗎。正如珊珊所說，他們是決不會好好帶著孩子的〔……〕那麼依著珊珊的話將她帶回去嗎？怎麼養活她？今夜她屎濕了，用什麼給她換，她餓了，給什麼她吃？而且要解決她的生活問題不是一次一天兩天的事，而是長久的，要牽扯到我們整個的生活工作問題上去的，不！不能，絕對不能帶她回去〔……〕[127]

在文中，譚若星冗長的段落式自白詳細地表達了自己身為丈夫、父親的複雜感受與憂思，同時也暗示出貧困的夫妻、父母在生育方面所面臨的經濟問題，與個體的工作能力和態度無太大關係。其根源乃

---

127 同註 109，頁 38。

在於當時中國經濟狀況的嚴重衰微，以及沿海城市地區變相的工商業成長，造成整體經濟局勢的混亂與不穩定：

> 我雖然窮，但你不能禁止我不結婚，不能禁止我不生孩子，至於生了孩子為什麼又要丟了她，那請他自己去答覆，難道自己願意殺掉自己親生的孩子嗎？如果他說我犯罪罷，我要問這罪誰使我犯的！[128]

此外，凌叔華〈奶媽〉中的窮苦丈夫，也是因為自己沒有養家的能力而眼睜睜看著妻子離開新生嬰兒，到富人家去當奶媽，自卑自責不已。一場難分難捨的送行，這位丈夫始終不敢抬頭看自己的妻子一眼，展示了一位無力履行經濟供養者和保護者角色的可憐男性。

> 丈夫一手提著她的行李，啞著聲轉過臉不敢看她說：「你還是要打起精神做事，別盡惦著小東西，你有了事，她是餓不死的。……別痴心胡思亂想才好。一年一百多大洋錢呢，我們銅皮鐵骨的男子漢，累到死也找不到這樣多的錢。你是不動手不動腳，天天吃好的穿好的白得來，還有比這事便宜的嗎？」
>
> 〔……〕
>
> 他仍舊不敢看她，只啞著聲說：「這都是男人不中用，害得家散人……」他沒有說下去，連瞧都不再瞧她一下，轉身便走了。
>
> 一路上她是如何難過，孩子多可憐，流血不流淚的丈夫也有多少次給淚咽住了喉嚨，真慘！[129]

諷刺的是，原屬於「銅皮鐵骨的男子漢」所表現的經濟價值，此時卻顯得如此低廉，而哺乳作為女性孕後普遍的育兒行為，反而產生了賴以生存的經濟價值。奶媽丈夫的這一番話，進一步揭示了在大時代經濟變動下，貧富階級身份如何成為影響為人父母者能否順利扮演

---

128 同上，頁39。
129 同註112，頁369-370。

其哺育和撫養角色的關鍵。

值得注意的是，這幾對夫妻雖然面對經濟問題而難免有負面的情緒波動，但卻始終表現出相互尊重、關懷扶持、寬容體諒、安慰勉勵的共同特質。這裏筆者當然特別關注這類「孕父」的情緒支持如何發揮舒緩衝突和勇敢面對逆境的正面作用。例如：若星可以「為了珊珊的大肚子，為了她的腫得兩條如圓柱般的腿不能走動」，而願意厚著臉皮再去典當被拒絕多次的舊衣物，結果真的再次受到「欺凌，侮辱」。又如，奶媽的丈夫在臨別前強忍著淚對妻子的一番勸慰。

在經濟能力方面飽受挫敗的「孕父」，亦見於蕭紅《生死場》中成日為生活奔波勞碌的成業，他因米價跌落無錢過節，結果憤怒之下恐嚇販妻女，最後更將剛滿月的女兒小金枝當場摔死。另外，前文提到的五姑姑的姐夫，在妻子分娩之際對她攻擊不斷，其中一個原因極可能也與養育孩子的壓力有關。〈王阿嫂之死〉中的王大哥在王阿嫂懷孕一個月時，不慎弄傷了張地主的馬腿，被扣留一年工錢。由於心生不忿，王大哥變得瘋顛酗酒，對小孩和動物亂打亂罵，最後慘遭張地主遣人趁他醉睡時放火燒死。相較起譚若星和奶媽的丈夫，成業、五姑姑的姐夫和王大哥這幾位「孕父」在嚴重的經濟壓力下，並非單純地反應出自卑沮喪等情緒表現，而是轉化為暴力行為，並施與他人身上。且不論這類「因經濟壓力而施展暴力」的「孕父」是否有意或無心為之，但他們無疑透露了經濟能力、暴力與權力之間的關係。誠如 Ralph LaRossa 所言：「暴力通常是當其他策略失敗時（Goode, 1971），所用以維持或取得權力的方法 —— 這個發現顯示當女人懷孕時就是處於『危險中』（at risk），也暗示著在懷孕期間內權力的鬥爭是非常平常的。」[130]

---

130 LaRossa, Ralph 著，張惠芬譯《成為父母》（Becoming A Parent）（台北：揚智，1998），頁 73-4。另轉引 W.J. Goode, "Force and violence in the family," Journal of Marriage and the Family, 1971:33, November, pp. 624-636。

　　《生死場》和〈王阿嫂之死〉中的施暴者，顯然都是因為無法履行家庭主要經濟供應者的角色，導致丈夫、父親方面的地位尊嚴受損，惱羞成怒下轉以暴力形式保留或肯定自身殘留的男性權威之例子。[131]他們的施暴對象也明顯以弱者為主，如：家庭地位卑微屈從的女性（特別是自己的妻子，而且又處於懷孕的雙重弱勢狀態）、弱小無反抗能力的「生育產品」（嬰兒小金枝、村中小孩）和小動物（狗）。

　　〈拋棄〉、〈奶媽〉、《生死場》和〈王阿嫂之死〉這幾篇作品的主要用意是：提控中國當時經濟普遍衰微、貧富懸殊狀況給底層百姓帶來的負面影響——剝奪和扭曲貧困者為人父母的權力與義務。而從男性在家庭關係中的「孕父」角色看：（一）這些男性人物反映了貧苦階級的夫妻在孕育方面所面對的經濟問題，導致他們連生兒育女的基本權力、能力和自由也沒有。這也提醒了我們在審視五四女性小說中的父親時，應該注意到新式父親形象的建構並非純粹強調個人對父子平等關係觀念的認識，或對父親地親氣質面的發掘便足夠的，還有外在的社會因素（如政治、經濟、文化）也是我們在尋思新父親概念時的重要內容，而刻板印象中的供養者職務，更是探討「孕父」形象時所不容忽視的。因為經濟能力是家庭關係運作的重要元素之一，尤其在妻子懷孕期間，「孕父」的供養者任務也就更為重大了。（二）這些「孕父」正、負兩面的表現，引領讀者思考健康積極的角色認知之重要性。特別在面臨困境時，相互尊重、關懷扶持、寬容體諒、安慰勉勵的情緒態度，是可以發揮舒緩衝突和勇敢承受逆境挑戰的正面作用的。

---

131 Morgan, David H. J., "Chapter 5: Challenges to Masculinity: (i) Unemployment," in Discovering Men (1992), p. 103.

三、爲人父者的育嬰角色

五四時期的婚姻形式之改變，主要表現在脫離宗族大家庭制和父權制，取之以一夫一妻爲中心的現代婚姻家庭模式，但這種新式婚姻與家庭模式同樣也存在著現實生活中的大小事務問題，而且會直接或間接地影響男性在各方面的角色內容。若這些男性自以爲以愛情爲基礎的一夫一妻制結合方式和小家庭模式，就算是已經實現了五四一代所追求的自由民主之理想婚姻，但實際上卻依然稟持「男主外，女主內」或「男尊女卑」的男權統治模式對待婚姻生活中的人與事，那更具深度的民主平等之兩性關係便無法形成，而男性本身的婚姻生活文化素養也無法得到提昇。五四女性小說中的一類「孕父」，展示了他們在新式家庭與婚姻義務方面的有限認知，這尤其表現在共同承擔撫育和照顧孩子的活動上。

在婚姻關係（包括同居關係）當中，是增加了義務這項內容的。[132]「婚姻義務指個人對婚姻家庭所承擔的責任」，它將愛情落實到日常生活的大事小節裏，使「愛情變得具體化」。[133] 自發、主動的婚姻義務履行需要建立在當事人對相互合作扶持的婚姻關係之認知上，因爲義務要求頻密的相互性，例如：配偶之間在性生活、情感、經濟、家務分工、生養和撫育孩子、照顧其他家庭成員等等方面，都需要男女雙方自覺的互相合作、扶持、配合、幫助，需要共同面對、協商、決定、承擔、履行。[134] 而這些表現正是實踐和諧關係的主要成份。懷孕生育和撫養後代作爲大多數夫妻所會經歷的活動過程，當事人對孕育方面的角色認知是非常重要的。而後階段（生產後初期）的「孕父」

---

132 〔日〕國分康孝　著，王鐵鈞　譯《婚姻心理分析》（福州：福建人民出版社，1987），頁3。
133 啜大鵬主編《女性學》（北京：中國文聯出版社，2001），頁75。
134 劉達臨《婚姻社會學》（天津：天津人民出版社，1987），頁191-6。

角色，更是強調了其對育嬰活動的參與與分擔，而對妻、兒在情感上的支持與關懷也是不容輕忽的。

謝冰瑩的〈清算〉是篇極為罕見的、以書信體對失職「孕父」作出尖銳批判的作品。在〈清算〉裏的奇是個令妻子徹底失望和放棄的「孕父」，女主人公格雷女士對丈夫奇的暴躁多疑的性格，為自利享樂而拒絕分擔哺育幼兒的責任等態度，以書信形式進行「清算」，這無疑是對某類男性的一種批判，但也說明了女性所期盼的丈夫/父親角色內容，除了追求共同承擔經濟提供者的角色外，更要兼顧情感性的家庭角色，如對家庭成員的關懷與體恤，照顧他們在日常生活和精神、情感上的需求，以及分擔家務勞動。

格雷女士和奇也是一對在孩子出生前後都面臨經濟困難的夫婦，但在文中，我們只看到格雷如何為了自己的生活和「未來的小生命的生活問題」苦惱奔波，而身為孩子的父親奇卻將他教書一學期所得的薪金全寄回自己老家，連「省下幾個錢來做孩子的生活費」都沒有。格雷並沒有因此而埋怨或責怪丈夫，她體諒夫家的生活也很困難，而且還堅強地自己想辦法解決問題。身為一個孕婦和母親，格雷做到了與丈夫和孩子同甘共苦、相互扶持的義務。然而，身為「孕父」的奇，卻明顯沒有為自己在家庭中所扮演的新角色作好心理準備。他在妻子懷孕甚至生產過後都沒有給予她足夠的精神、行動和經濟上的支持與協助。

首先，在情感上，奇在妻子懷孕期間懷疑妻子移情別戀，多番和妻子發生爭執，令正忍受著懷孕之苦的妻子飽受情感上的折磨。

其次，在經濟和基本物質需求方面，奇也明顯沒有為妻兒的日後生活作好打算，例如：將所賺取的酬勞作有效的分配，既要救濟家人也要顧及妻兒的生活需要。用以維持家庭日常生活開銷的經濟來源、占有和分配情況，是顯示夫妻雙方在家庭財務管理方面的權利狀況。男性過份堅持在家庭財務使用上的支配與決定權，暗示了他們「男尊

女卑」和「男主女從」的男權思想。

　　再者，在孩子出生後，奇對於嬰兒的哺育工作袖手不管，這是妻子格雷所最不滿意之處。對於嬰兒哭鬧的情緒安撫問題、吃喝拉撒換洗尿布的生活繁瑣問題，以及妻子迫切渴望得到支援和慰問等等的需求，奇都一概漠不關心。以下是格雷對奇這位徹底失責的丈夫與父親所提控的罪狀：（一）漠視妻子在個人、家庭勞作、事業和學業領域多方面所面對的生理和精神問題；（二）玩忽身為丈夫／父親所應共同分擔和履行的哺育工作。

> 我那時感到的苦痛是孩子晚上看光的磨人。她完全顛倒是非，白天睡覺，晚上醒來看燈光。而我在白天因太熱不能睡覺，晚上我疲得要死，正想好好地睡一下以恢復日間的疲勞，而她偏不讓我睡。這時我是如何地想你來幫助我呵！即使每晚陪我坐一個鐘頭也好。然而你，奇，你總還記得很清楚吧？費了九牛二虎之力喚醒了你後又朦朦地睡著了。經好幾次的大聲叫喊你才醒來，僅僅幫我拿一塊尿布或者倒盆水給孩子洗屁股之後你又跑去睡著了。你半句話也不說，你完全沒有注意到我的睡眠和勞動問題，你沒有說過一聲安慰我的溫存的話。我每次抱著孩子在懷裏吸奶時，眼淚一滴滴如吊珠般滴在她的臉上〔。〕[135]

　　又如，每次格雷託付奇照顧孩子、或孩子因饑餓大哭，奇不是只顧和友人打牌便是蒙頭大睡，對孩子的「饑餓問題」、「尿屎問題」都無動於衷。面對妻子的抱怨和責問，奇表現出負氣而不體諒的態度，令妻子痛苦萬分。顯然，奇過份重視自己個人的休閒娛樂與社交活動，並以散漫的態度執行其育嬰義務，忽略了嬰兒階段的生命體無法避免的依賴性。

> 我對孩子這般關心，而你竟如此漠然不顧，難道天下的男子都

---

135 同註110，頁59。

是如此的嗎？[136]

我極力安慰你，勉勵你，可是得到的是什麼呢？[137]

我是怎樣在困苦生活著，為了工作，為了學業，為了生活，我不得不每天跑到外面去喝灰。但回來見到孩子的啼哭，下身被尿濕得水淋淋的我又流著傷心之淚了。[138]

奇，你是將一切擔子推到我的肩頭上來了！家庭和孩子的負擔，完全交給我了，你叫我怎麼辦呢？[139]

　　家務分工是指為了滿足家庭成員日常生活所需付出的勞動，包括洗衣、做飯、打掃等活動。丈夫對家務的自覺參與和分擔能顯示其意識到婚姻伴侶在日常生活中的平等權益與地位。而婚姻生活中的撫育義務應該是由夫妻雙方共同承擔的。因為這不但顯示男性對自身情感的自治性支配，使男性在履行丈夫與父親義務時發揮其情感功能，同時也表現出其理解家庭人際和諧運作所需要的相互扶持與合作精神。這些權力與義務需要配合執行是格雷女士所清楚意識到的，因此，奇在情感支持、經濟支援、家務分工和照顧幼嬰多方面的缺席與不合作狀態，都造成她極大的傷害和反感。奇所反映的「孕父」形象，不僅襯托出女性如何在新式家庭模式中努力於反省並調整自己的性別角色，同時更揭示了男性對本身在家庭角色分工上的有限反省和體認。而當中，對妻子的情感需求和關懷、家務勞動，以及特別是哺育嬰兒的分工問題更是這個人物所反映的現代化父親角色內容。

四、小　結

　　綜觀以上所討論過的「孕父」人物，儘管對其自身的角色認知程

---

136 同上，頁61。
137 同上。
138 同上，頁62。
139 同上。

度有所參差，我們仍透過此一特殊視角捕捉到五四女性小說中有關建構「新」父親概念的寶貴訊息。

一方面，我們看到了男性在家庭中所扮演的「孕父」角色，如何在妻子懷孕的階段和嬰兒初生階段發生碰撞和交流，使這些男性面對：（一）妻子的情緒和身體變化的應對態度問題、（二）自身的情緒失調問題、（三）照料妻子從懷孕、生產（或墮胎）和產後養育的經濟花費問題，以及（四）嬰兒初生階段的撫育工作。

另一方面，我們也從這些出自女作家之手的「孕父」形象身上，看到女性藉由獨特的性別視角去經營那些承載女性的探索和期盼使命的男性角色。而當中所要表達的願望是：（一）希望男性在妻子懷孕期間能夠發揮積極的參與努力和體貼的包容諒解，以分享和分擔妻子的生育歷程。這暗示了五四女作家們期許中的新父親角色內容，已從純粹推翻父為子綱的嚴父傳統模式，追求父子平等、相互尊重的親子活動，進一步擴展至胎兒母親在懷孕到產後階段的情感需求和精神關懷，同時也提醒初為人父者對嬰兒及嬰兒母親在生、心理方面的實際照料與參與。（二）關心男性在妻子懷孕期間所可能面對的種種問題，包括對彼此的角色認知、身心變化和經濟需求各方面的調適問題。因為一位男性父親角色的開始並非僅止於對已生孩子的後天教養，而是從妻子懷孕、自己升當「孕父」的時候便拉開序幕了。

第四節　結　論

綜觀以上所討論過的父親形象（包括原型人物和文學人物），我們可以發現他們不期而同地發出了一個訊息：父親角色的情感功能之失調。從內文所分析過的女作家的父親經驗和筆下的父親人物，我們讀到的是父親形象裏情感功能的匱乏、壓抑，和被需要。這又進一步地帶出了重新審視、定義父親家庭角色的課題。

如果說五四時期廣受批判的象徵意義上的父親形象，讓我們看到五四一代所臨陷的無父精神狀態，那本章所討論的父親形象，則是放大了的狹義父親，同時也是自然意義上的父親角色之探討。這批父親，有的因對自身的家庭角色認知有限而在身心上都無法拓展多元化的父親職務（如：有的單方面成功地完成傳統主流父親的模式功能，但卻又於情感功能方面存在失調或失責的問題）；有的雖然或有意或無意地感悟到了這種家庭角色的變遷趨勢和調整需要，努力作出適應，發揮父親角色中的情感功能，卻又僅得到吝嗇的重視和感激，等等。他們讓我們目睹五四青年在另一層面（私人領域）裏的無父情境。

接下來，讓我們集中於女作家小說中的父親人物，以再次檢審他們所可能產生的意義。

一、地平線下的月亮父親

在第一節裏，我們分析了一類擁有地親氣質表現的父親人物，他們的形象意義到目前為止都未曾被注意過。冰心的父親人物雖然處處流露親子活動的情感特色，但讀者們往往只留意化卿先生所代表的封建父權意義。就連冰心本身，從她對傳統型男女家庭角色分工的讚賞與支持，說明了她也並沒有意識到地父氣質在她的父親概念中所佔據的成份。換句話說，她由於側重評價母愛與母職而忽略了父親也可能發揮的地親作用。而父親角色的地親功能其實是實踐她所倡導的傳統家庭模式之重要前提。

出現在謝冰瑩《女兵自傳》裏的月亮父親雖然得到正面的肯定和評價，但卻仍舊敵不過象徵意義的父親強勢（不管是被批判的父親／父權，被剝削的貧窮父親階層，還是被崇拜的革命精神父親），因為謝冰瑩在她日後的作品裏（如：〈梅姑娘〉、《青年王國材》）所熱衷描繪的，幾乎都屬於後者類型的父親人物。而凌叔華筆下的理想父

親卻又常被置於兒童文學領域來分析，焦點都放在文本中的兒童人物身上，理想父親的形象意涵始終不被重視。

　　然而，我們卻一再地看到這類除了履行了天父的傳統職責外，也發揮著陰柔氣質的月亮父親穿梭於五四女性文學的場域中，並且得到子輩的欣賞、讚譽和感激。我們不禁要問：月亮父親被壓抑和忽視的尷尬，到底是人類情感關係的自然現象，還是歷史文化變遷的必然走向？他們又是否有撥開雲翳面對世人肯定的可能？由於子女對母親血濃於水的自然情感紐帶，往往會產生遮蔽父愛的威力，使父親的月亮氣質很難得到正視和認同。儒家有雲：父慈子孝，可見父親可以有「慈」的表現，而不是絕對的嚴厲不可親近。William Jankowiak 認為中國人的父親對他們的孩子也有其溫柔感性的態度，雖然這種感性一直為傳統的家長角色要求所壓抑。[140] 可是當我們看到現代文學批評世界裏感性父親嚴重缺席的現象時，是否意味著傳統的父親角色定義有其需要重新斟酌的必要呢？這同時也提醒我們，在顛覆催毀舊有不合理的父親概念和父子關係之際，也應注意文學文本中建構現代父親概念和父子關係的內容。

二、蒐尋中的「新父親」

　　在第二節中，透過分析一類被批判的父親形象，一方面揭示了缺乏實性情感功能的父親所帶來的負面影響，同時也傳達了女性找尋理想父親的隱藏願望。可以這麼說：凌叔華和白薇渴望父親角色中的地親面，這種意願是建築在她們對父親情感功能匱乏和失調的譴責上的。白薇所期許的父親概念強調父親對女兒的支持與保護、尊重與溝

---

140 Jankowiak, William, "Proper Men and Proper Women: Parental Affection in the Chinese Family," in Brownell, Susan and Jeffrey N. Wasserstrom, eds., Chinese Femininities/ Chinese Masculinities (Berkeley, Los Angeles and London: University of California Press, 2002), p. 376.

通，並非以君王式的高壓手腕和專制權威作爲父女相處的方式。而凌叔華則暗示了正面的父親角色需要實性情感的表現，尤其要求真誠、無條件的情感性質。兩者的父親概念都強調了屬於地親的角色內容部分。

第三節的「孕父」討論，繼續發現五四女性小說中男性的父親角色所包含的震憾性內容，如：男性自妻子懷孕前後、妊娠、分娩，及生產後爲人父者的哺育幼嬰期間所扮演的「孕父」角色、男性在妻子懷孕期間和產後階段所可能面臨的種種問題（妻子的、自身的、經濟方面的、初生嬰兒的，等等），這都是鮮爲當時人所關心的父親課題。通過探究當時這些有關孕育與性別角色關係的模擬書寫，結論出五四女作家對「新男性」的「新父親」角色內容的探索與期待，即是重新認識並調整自身在家庭中的多元身分和角色職務，包括在妻子懷孕期間和產後階段的關懷與照顧、以及分擔經濟負擔和撫育工作。

如此，我們發現了有別於代表傳統封建父權或代表政治革命的另類父親之存在，也肯定了他們的備受需要。在五四女作家的文學世界中追蹤尋覓「新男性」、「新父親」的過程當中，值得注意的一點是：新式父親未必要——按照母親過去在家庭中所扮演的角色來進行，而是指廣義上的、具有彈性的、可容忍各種不同方式的關懷與照顧，重點在於只要可以調整並改善與家庭成員之間的相處關係和方式便可。[141] 然而，要做到這點，男性必須對自身的性別角色內容作一番重估和認識。例如：尊重自己的潛能、尊重兩性關係和父子（女）關係、分擔雙親職務角色、哺育和情感型的角色發揮等等。對於這些身爲父親所可能執行的活動內容，傳統刻板印象中的性別分工觀念是應該首先被剔除的。因爲當人們約定俗成或明文規定地把情感性功能的角色分派給母親，將母愛和撫育幼兒視爲女人的天性時，無形中也就把男性

---

141 見 Dienhart, Anna, Reshaping Fatherhood: The Social Construction of Shared Parenting (Thousand Oaks, London: Sage Publications, 1998), p. 31.

／父親所可能含有的相似於女性／母性的氣質從親子關係中排除出來，拒他們於感性世界門外。接著，這些父親或無奈或不自覺地接受了合乎社會主流所認可的父親模式，並學習履行同樣的父職。在男性的父親角色接受社會化的過程時，他們當中有的被迫抑制自己的陰性或母性氣質，有的則漸漸遺忘自己曾有過的、或即使沒有但卻有培養可能性的這種潛在氣質。而這種跨越性別的氣質內容正是有望促進改善兩性關係的發展方向。

　　總而言之，剖析家庭角色和性別個體意義上的父親，也許沒有象徵父權或政治意識形態的父親形象來得有震撼力，但他們所承載的價值意蘊卻是不容置疑的。因為這些為數不多的體現男性家庭角色內容的父親人物，提供了後人捕捉父親形象的變遷痕跡，也見證了五四女性小說有關建構「新父親」、「新男性」概念的一部份記載。

第五章　陽剛主旋的跌宕起揚

── 從職業工作與男性的關係層面談「新男性」

　　家庭和工作是人類在現實生活中的兩項重要內容。上一章，我們從家庭關係討論「新男性」的「新父親」角色，這一章我們將從工作的角度對五四女性小說中的男性人物進行探討，以挖掘「尋覓『新』男性」現象如何在男性與工作之間的關係範疇裏得到呈現。

　　自農耕活動出現開始，男女因生理上的差異而形成「男主外，女主內」的社會生產勞動分工模式。男性絕大部份的活動主要是從事戶外的勞作，而女性雖然也同樣進行農事操作，但偏向紡織業，加上由於無法避免的生養和哺育問題，漸漸促成女性以從事家務活動為主要職務的角色要求。[1] 如此發展開來，作為家庭的主要經濟供應者便成為男性的首要角色。在之後的不同時代裏，他們以各種不同的形式來執行這項「屬於」男性的「天職」── 工作。如：通過狩獵或耕植的成果來供養家庭成員；或考取功名踏上仕途，以接受朝廷奉祿維持家計。隨著社會的變遷，出現了各種新興的行業，造就了更多職業和工作機會，男性是「經濟供應者」的角色也更為根深蒂固。而且，正由於這種掌握經濟優勢的現象，男性主宰了在私人領域（家庭）和公共領域（社會）裏的權威。如此，男性與工作職業之間便形成了一種密不可分的關係，這種關係直接影響男性自身的生存條件、養家義務和權威尊嚴，而這些方面的表現也是鑒定男性氣質的最主要條件，是男

1　閔家胤主編《陽剛與陰柔的變奏：兩性關係與社會模式》（北京：中國社會科學出版社，1995），頁 271-272。

性陽剛氣質內容的主旋律。[2]

　　嚴格說來，職業與工作是稍有區分的。職業指個人在社會中所從事的作為主要生活來源的工作，而工作的涵概面較廣，包括三層意義：一是指從事體力或腦力勞動，也泛指機器、工具受人操縱而發揮生產作用、二是指職業、三是指業務或任務。[3] 由於本章在討論小說中男性人物與工作之間的關係時，牽涉到他們參與的職業活動場所、性質等多方面內容，因此，工作、職業和事業幾個名詞將在內文中交互使用，它們主要是強調男性賴以維持（自身和家庭成員）生活的工作及工作的活動內容。而與此相關的課題也正是本章所要討論的，例如，一位男性若失去了他的工作，或長期處於失業狀態，那將會是怎樣的情形？會影響他的權威？影響他的男性氣質表現？男性在工作場所裏的活動、遭遇、經歷，又會涉獵什麼內容呢？

　　五四女作家在她們的小說文本裏除了熱情地關注女性問題外，男性的問題也未被遺忘，尤其謀生能力和工作成就是評價男性魅力的重要依據，因此從工作層面對男性進行想像和探索是「尋覓『新男性』」的一項重要環節，讓我們得以勾勒「新男性」在工作職業方面的處境

2　以下數位學者都談到男性的工作或職業與其家庭經濟供應者角色，是傳統男性氣質的重要肯定。見 Morgan, David H. J., *Discovering Men* (London and New York: Routledge, 1992), pp. 72-140、Bernard, Jessie, "The Good-provider Role: Its Rise and Fall," *American Psychologist*, 1981, vol. 36, No. 1, pp. 1-12、Collinson, David and Jeff Hearn, " 'Men' at 'Work': Multiple Masculinities/ Multiple Workplaces," in Máirtín, Mac an Ghaill, ed., *Understanding Masculinities: Social Relations and Cultural Arenas* (Buckingham, Philadelphia: Open University Press, 1996), pp. 62-63、Hood, Jane C., "The Provider Role: Its Meaning and Measurement," *Journal of Marriage and the Family*, May 1986, vol. 48, no. 2, pp. 349-359。儘管這些學者多以西方男性的情況為研究對象，但他們對於男性與工作／職業、家庭經濟供應者角色及男性氣質的論點與分析是很值得參考和借鑒的。

3　「工作」和「職業」二詞的解釋見中國科學院語言研究所詞典編輯室編的《現代漢語詞典》（香港：商務印書館香港分館，1977），頁 341 和 1324；世界書局編輯部編《最新現代漢語大詞典》（吉隆玻：世界書局（私人）有限公司，1981），頁 375 和 1468；以及《現代漢語大詞典》編委會編《現代漢語大詞典》（上海：世紀出版集團、漢語大詞典出版，2000），（上）頁 679，（下）頁 2838。

與狀況，這包括男性和工作／職業／事業之間的各種課題，如：男性的工作與自我認同、家庭婚姻和政治社會的關係。這一章，筆者將透過分析五四女性小說中的一批男性人物形象，說明「尋覓『新男性』」現象中的關懷與想像如何在男性與工作之間的關係範疇裏得到呈現。

第一節　陽剛的跌宕 —— 失意的米飯班主

有句成語 ——「養家餬口」—— 是很可以解釋工作對男性的基本意義的。前面已提到工作對男性的重要性，首先是體現在爲家庭提供主要的經濟來源，以解決家庭成員的生活需求，也即是「養家」。然而這只是男性工作的其中一層意義。而「餬口」則是男性工作的另外一層意義，即工作是男性自立生存的依憑。換句話說，男人工作「養家」的大前提是「餬口」，「餬」自己的「口」。因爲只有先自立生存，達到爭取自主的權力，靠自己的能力生活，不仰賴他人，才能做到養活家人，讓家人溫飽。再進一步的工作意義則包括自我價值的建構和肯定，以及對社會的貢獻。[4] 在這一節，我們將從五四女作家的小說世界裏看到從事勞力型（工人、農人）和從事腦力型工作者（主要指文學或文藝領域，如：教師、作家、詩人、翻譯員）[5]，對工作所持的態度是有不同的。前者對所承擔的工作／職業純粹著重其經濟回酬，強調男性與工作之間的工具性和經濟關係，而後者則除了對工作有經濟期望外，同時更追求自身在社會和政治層面的參與感和貢獻。但在中國二、三十年代這個動亂的時代裏，男性與工作的關係發展起

---

4 以上的工作意義主要參閱 Jesser, Clinton J., *Fierce and Tender Men: Sociological Aspect of the Men's Movement* (Westport, Connecticut, London: Praeger Publisher, 1996)，頁 85，以及 McRae, Susan, "Chapter 4: Husbands and Wives at Work," in *Cross-class Families: A Study of Wives' Occupational Superiority* (New York: Clarendon Press, 1986)，頁 51。

5 商人也屬腦力工作者，但由於五四作家小說中的商人形象太過零星貧乏，故無法作有系統的分析。

了很大的變化。隨著中國本土的政治經濟受殖民帝國及外國資本家的干涉和施壓外，中國農村經濟破產，未完全消失的封建經濟勢力又頑強地起著作用，再加上婦女解放運動使大批女性湧入職業市場，等等的歷史和社會因素都使男性在職場上面臨了前所未有的衝擊與變革。失業人數的暴增導致男性經濟供應者的角色嚴重受挫，因此，在這一節裏所談到的大部份男性人物，不論是從事體力勞動或文藝行業者，都無可躲避地面臨了無法依靠工作取得生存資源的基本問題。

　　本節小標題裏以「失意」取代「失業」一詞，主要是因為對「失業」的定義仍存疑慮 [6]，而且所要分析的對象也不限於失業男性。 因此，筆者選擇針對「男性在其工作、職業或事業上的經濟功能、成就價值之表現出現問題」的情況為研究重心。也即是說，「失意」的意思泛指工作事業不順利，這包括之前談到過的有關工作的三層意義中，任何一項或以上的操作失效。具體的情形如下：一是指廣義上的失去工作者或無業者（被解雇、謀不到職業），二是包括有業者在工作範疇內的受挫（雇主欠薪、剝削，如城市工人、農村長工、佃農；所從事的行業因自然環境問題而導致無法得到預期的成果，或完全無法進行工作的活動內容，如遇到天災的農民；工作性質缺乏穩定性，收入沒有保障，或工作表現無法達到個人的理想要求，認為自己無法為社會國家作出貢獻，如：作家、詩人、藝術家）。這些在工作上失意的男性往往面對兩項危機：一是經濟危機，直接影響和威脅到自己和家人的生存需求；二是自我認同危機，無法肯定自我存在的價值與

---

6 根據多位研究失業問題的學者專家所言，「失業」的定義是無法確立的，因為那會依地理空間、時間和對象的不同而有所異。廣泛來說是指沒有工作的人（沒有 —— 包括待業、自願和非自願被解雇的無業情況；工作 —— 有全職和非全職形式的、不包括非正式的／不合法的職業；人 —— 未成年的小孩和老人不算）。（見 Sinclair, Peter, *Unemployment: Economic Theory and Evidence* (New York: Basil Blackwell, 1987)，p. 1-3）但這樣的界定也都是各有爭議的。如：李文輝在〈論社會學視野中的失業〉一文裏便強調了失業主體的前提必須是具有合格的勞動角色之職業承擔者，而「一個合格的勞動角色只有失去了一個職業角色，才是一個失業角色」。（《山東省青年管理幹部學院學報》，2001 年 7 月，第 4 期，頁 46。）

意義。接著筆者將探討面臨以上問題的男性人物會在哪些方面、有些什麼反應、或面對些什麼問題，以及這些現象的意義。

一、在生理方面

（一）施暴的男人

目前的研究學者對於男性暴力行為的模式及其產生原因有著各種不同的說法，本文主要的討論範圍是那些無法通過職業或工作來達到維持生計（自身的和家人的）的角色功能的男性，因種種的生理和心理因素所引發的暴力行為，並對此現象進行分析。這些男性人物的暴力行為包括家庭和公共場合內的暴力。

根據社會上對男性在家庭中的暴力行為之廣義定義（包括法律、社會心理學研究等方面），是除了指施暴人對受害者進行刻意的攻擊而造成的身體性傷害（輕微的如掌摑、推擠，嚴重的如拳打、腳踢、刺殺等）之外，也包括精神虐待如惡意辱罵、恐嚇等行為。有學者把男性的暴力行為作了這樣的特質歸類：控制、防衛、尋求贊同者（因為缺乏自尊心、要對方認同自己）、缺乏安全感、有強烈的佔有慾、嫉妒心和侵略性格、易激怒、以武力和強迫性性行為方式維持控制和使對方屈服。[7]

（1）家庭暴力

家庭暴力主要發生在私人領域（家庭範圍內），施暴對象不分男女老幼，主要是家人。[8] 而本文所收集到的受害人例子多是施暴人的

---

7 見劉秀娟編著《兩性教育》（臺北：揚智文化，1999），頁 291、Jukes, Adam, *Why Men Hate Women* （London: Free Association Books, 1993），頁 295-6、Loue, Sana, *Intimate Partner Violence: Societal, Medical, Legal, and Individual Responses* (New York: Kluwer Academic/ Plenum Publishers, 2001)， 頁 1-13 及頁 21-35。
8 本文對家庭暴力的定義主要參考 Gelles, Richard J.著，劉秀娟譯的《家庭暴力》 *Intimate Violence in Families*（臺北：揚智文化，1996），頁 17-19，以及 Jukes, Adam，

母親、妻子和小孩。

孩童是家庭中弱小且需受保護的成員，使他們得以在免受傷害和被悉心照顧的情況下健康愉快地成長。但在以下作品裏的孩子們，不但享受不到家長的愛護和關懷，就連基本的飽暖都成問題，更悲慘的是他們還要忍受成人暴虐無情的惡罵狠揍。此外，這些孩童的施暴者往往是男性，而且多是他們自己的父親。在丁玲的短篇小說〈松子〉[9]裏，少年松子經常遭到父親的毒打，有時甚至傷勢嚴重。〈楊媽的日記〉[10]也提到楊媽的丈夫因饑餓貧窮而把哭泣的孩子當出氣筒。馮鏗〈小阿強〉[11]裏的小阿強，更是自小便活在貧農父親的拳打腳踢下。這些孩子的父親都是因為生活困頓或在外受氣而於滿腔憤怒的情況下濫施暴力的。年幼的孩童不敢反抗，弱小無力保護自己，更不懂父親為何如此，也不知如何解救自己。松子的妹妹小三子對父親的印象是「一個可怕的大力的傢伙」，松子最後也因為畏懼父親的兇暴而離家，小阿強則終日活在饑餓和挨打中。

無論在性別、階級、家庭各方面都處於卑微地位的女性也是這些暴戾男性鎖定的施暴目標。丁玲的〈法網〉[12]便相當集中地呈現了女性在這方面的遭遇。王婆婆年輕時便常常被丈夫毒打，丈夫死後又淪為兩個兒子出氣的工具，至老都擺脫不了暴力的魔掌。阿翠和張宗榮的妻子屬於丈夫眼裏導致他們失業或找不到工作的歸咎對象，無理地把他們在工作領域裏所受的委屈強行發洩在妻子身上。這種行為可以

Why Men Hate Women（London: Free Association Books, 1993）。

9　丁玲〈松子〉，原載1936年4月《大公報‧文藝》，第130期，初收短篇小說、散文集《意外集》（上海：上海良友圖書印刷公司，1936年11月初版）。見《丁玲文集》（第三卷）（長沙：湖南人民，1982），頁60-71。

10　丁玲〈楊媽的日記〉，原載1933年8月《良友圖畫雜誌》，第79期，初收《意外集》(1936)。見《丁玲文集》（第三卷）（1982），頁55-59。

11　馮鏗〈小阿強〉，原載1930年6月1日《大眾文藝》，第2卷第5、6期，署名馮鏗。見馮鏗《重新起來》（廣州：花城出版社，1986），頁108-114。

12　丁玲〈法網〉，1932年4月21日由上海良友圖書印刷公司收入「一角叢書」單行出版。見《丁玲文集》（第二卷）（1982），頁407-441。

解釋爲男性因爲無法執行經濟供應者的角色，覺得這項肯定男性氣質的活動受到威脅，因此轉向另一種證明自己的男性氣質和地位的方式作爲補償，即是通過對女性施展男性身體力量之偏差行爲。[13] 這或許是家庭暴力現象的某種可被接受的解釋，但絕對不是男性對女性濫施暴力的合理解釋。從顧美泉身上我們可以看到：顧美泉尚未失去工廠工作時對妻子阿翠疼愛有加，在她流產時還特意請假照顧她，這似乎難以令人預料到他會對阿翠有暴力行爲的表現。然而當顧美泉失去工作以後，他的態度便日漸改變了。從他開始「討厭起這女人來了，但是他還是忍耐著安慰她」，到生氣地埋怨她、罵她、痛打她，這個丈夫對阿翠而言，已成了「暴君」。[14] 明顯地，失業所帶來的經濟和精神壓力，在顧美泉身上成了向妻子施暴的合理化藉口，就連阿翠自己也接受了這點，駭怕得不敢反抗。但事實上，顧美泉之所以對妻子使用暴力的根本原因，在於他爲尋求發洩內心憤恨的對象。而正如王婆婆所說的那套公認的毆妻文化：

> 「怪不得他，到了那一天就沒得話說了，肚皮逼著人，又不能搶，一肚子怨氣，只好找老婆出。就可憐我們女人家，哪個一生不是在委屈裏拖過來的。我不是一樣，年輕的時侯，挨男人的打，那個老傢伙不是人，到底他死在我前面；現在這兩個雜種也不是好東西，動不動就找我出氣，罵起來象罵狗一樣，遭雷打的一些傢伙！可是，唉，自己的兒子，想想他們也沒有享過福，也沒有沾過做娘老子的光，還不是讓讓他們算了，窮人們講什麼孝道禮節……」[15]

這些事業受挫的男性，無論是家中的父親、丈夫或兒子，他們都同樣藉男性佔優勢的強壯身體，以及男性爲一家之主的權威來對親人

---

13 Morgan, David H. J., "Chapter 5: Challenges to Masculinity: (i) Unemployment," in *Discovering Men* (1992), p. 103.
14 同註 12，頁 414-5。
15 同上，頁 413。

動粗以洩怨氣。憑著他們唯一殘留的男性氣質 —— 武力／暴力，他們
享受著失敗的經濟供應者所僅存的榮耀，更可悲的是，他們的受害人
（女性）大多默許著他們的淫威，並且以他們也是受壓迫者爲理由，
寬恕容忍著男性的暴力對待。

　　（2）公共場合內的暴力

　　除了家庭暴力外，工作上失意的男性人物之暴力行爲也包括發生
在公共領域裏、家庭以外的人之間的爭執和鬥毆事件。這裏所涉獵的
公共場合內的暴力行爲主要指在公共場合內的個體暴力（如：私人毆
鬥事件、殺傷事件）和在公共場合內的集體暴力（如：地主與農民之
間、勞工和雇主之間的鬥爭）。這種因工作和職業問題而造成的對外
施暴，在作品中男性人物身上也主要以這兩種情況爲表現形式：（一）
爲發洩不滿而發生在私人領域外的毆鬥，亦即個體暴力。如：丁玲〈法
網〉裏的兩個工人顧美泉和于阿小，原來是好兄弟，但當他們在職場
上的利害關係成衝突時，于阿小便成爲顧美泉以暴力洩恨的直接目
標。顧美泉的暴力傾向到最後甚至嚴重到了謀害他人性命的犯罪程度
—— 用菜刀砍死于阿小的妻子小玉子。（二）發生在雇主與員工之間
的衝突，屬集體暴力。主要原因與工作待遇相關，如：金錢或糧食回
酬的剝削、工作時間的過長，以及在工作現場內的種種不合理待遇。
有在上位者對在下位者的施暴，如：資產階級運用武力鎮壓罷工者，
當眾被打傷和打死的工人人數甚多，見丁玲的〈奔〉[16]、〈一天〉[17]。
此外，也有相反的情形，即受壓迫的一方如佃農和勞工群起對地主和

16　丁玲〈奔〉，原載 1933 年 5 月《現代》，第 3 卷第 1 期，後收入《夜會》（上海：
　　上海現代書局，1933）。見《丁玲文集》（第三卷）（1982），頁 39-54。
17　丁玲〈一天〉，原載 1931 年 9 月 10 日《小說月報》，第 22 卷第 9 號，初收《水》
　　（上海：上海湖風書局，1931 年初版）。見《小說月報》原文，頁 1133-1138。

雇主進行武力報復或鬥爭，這可見於丁玲的〈東村事件〉[18]、馮鏗的〈小阿強〉等，故事中的地主都被盛怒的受壓者殺害。

（二）受傷的男人

前文所討論過的是些使用暴力的男性人物，但這並不代表所有的男性都是施暴者，也不表示那些施暴的男性是純粹的單向施暴者。這裏，筆者也發現了在工作領域裏遭到暴力對待的一群受傷的男人。他們當中有的是純粹的受害者，有的是除了對旁人施暴外，另一方面自己卻又受到更強大的勢力所欺辱、傷害。這使男性的身體力量陷於一種非常尷尬和矛盾的象徵秩序，它一方面代表了男性氣質的重要肯定——強壯威猛、有攻擊性；但一方面卻又無奈地揭示了弱勢男性在階級社會裏的身體力量是被踐踏和蹂躪的。[19] 如：被佃主爪牙黃大爺欺侮的小阿強的父親，「平時兇悍得一頭野牛似的」，「現在卻軟弱得如同一隻小貓般毫無抵抗地給一個漢子按住痛打，又扯了他的耳朵，好像強迫他舔吃地上的穢物」；[20] 不甘被廠方無理解雇，向對方抗議理論不果而被帳房叫巡警給踢趕出去的顧美泉（丁玲〈法網〉；還有其他許多因資產階級濫用權勢地位，對貧窮的勞力工作者任意虐待或提出苛刻的、有損員工權益的要求之情形，如：丁玲的〈奔〉和〈一天〉便出現這類處於勞動貧民階層的受傷害的男性人物。還有蕭紅〈王阿嫂之死〉中的王大哥，因為疏忽犯錯而被地主扣一年的工錢，他氣

---

18 丁玲〈東村事件〉，連載 1937 年 5 月 31 日至 7 月 5 日《解放週刊》，第 1 卷第 5 至 9 期，初收《一顆未出膛的槍彈》（上海：生活書店，1938）。見《丁玲文集》（第三卷）（1982），頁 124-147。

19 Kenneth Clatterbaugh 在 *Contemporary Perspectives on Masculinity: Men, Women, and Politics in Modern Society* (Coloroda & Oxford: Westview Press, 1990), 頁 118 中論及工人階級的男性擁有雙重姿態的權力身份，包括屈服於主人的無權角色和操控女性人力資源的權力角色，這在本章所談到的使用暴力的男性身上可以發現相同的情形：他們一方面因工作失意而向女性濫施暴力，發揮男性在生理上的較強體力和家庭中的權威，一方面卻又無奈而卑微地屈服於男性強勢階級的權威。

20 同註 11，頁 112。

憤卻不敢反抗，轉而藉酗酒和打罵小孩、小動物作發洩，最後慘遭地主遣人趁他酒醉時活活燒死。這些男性在他們工作場合裏都蒙受了來自另一同性階級的暴力對待，使他們表現出異於男權主流文化中所普遍認可的男性氣質，而顯盡「軟弱」、「恐慌」等等陽剛不起來的去勢慘狀。

二、在心理、精神和情緒方面

男性的工作角色與家庭權威和自我肯定有莫大的關係，因爲他們被要求藉工作能力來表現經濟價值，得到自我的肯定以及家人的尊重，而這種肯定與尊重更是隨著其工作上的成就高低成正比。[21] 以五四時期的政治和經濟背景來解釋所謂的工作成就，一方面指職位的高低、薪金的多寡，一方面也指工作性質對救國和改革社會的意義和貢獻程度而言。男性在工作事業上的不順利，即表示著他們的工作成就出現問題。

首先，我們可以從男性工作範疇內的經濟成就談起，這種經濟成就是指個人和家庭兩方面而言。身爲家庭的主要經濟供應者，男性如果能夠通過工作得到酬金來養活家人的話，那他便算是達到了最基本的經濟成就。但很不幸的，這裏所分析的男性都在工作上出現了問題而直接影響其經濟成就。有的是因爲工資延發拖欠，有的是因爲所得回酬嚴重低於工作上的付出，這都造成入不敷出、捉襟見肘的經濟困境，使得男性當事人無法成功有效地履行生活經濟供應者的職務。至於那些失業或待業的男性，更是沒有什麼經濟成就可言了。這些失業或事業受挫的男性往往會因此而失去家人的尊重，失去自己在家庭領

---

21 男性的工作價值和經濟意義可參考 Jesser, Clinton J., "Men and Work," in *Fierce and Tender Men: Sociological Aspect of the Men's Movement* (1996)，頁 85-95。

域裏的權威地位，也失去自我存在的價值與尊嚴。[22] 因爲他們無法維持自己的生活，也就意味著喪失了個人自立、自主的能力和成就。

此外，還有小部份男性人物（以知識份子爲主）會特別因爲本身的工作內容沒有達到符合救國或改革社會的目標、意義，而產生嚴重的自我懷疑感和否定感。他們當中有的同時也面臨了經濟問題，但也有的不是。

接下來，我們看看這些周旋於工作、金錢、權威和價值尊嚴之間的男性，如何表現他們在事業困境中所產生的連鎖性情緒和心理反應。

（一）男性的家庭權威之淪喪

在佔主流的男性文化裏，男性在家庭中最強穩的權威支撐來自其經濟供應者的角色，因此，當這項功能無法正常操作時，其原來享有的權威也就有削弱或轉讓的可能，這通常表現在家人對男性當事人的尊重度明顯下降方面。[23] 此外，更多的時候這類男性是主動地默認了自身的失職而羞慚沮喪，同時也因此而莫可奈何地忍耐、接受著權威淪失的事實。

丁玲有好些作品便描寫了這類失勢的男性，如：〈東村事件〉裏的陳大爹、〈一月二十三日〉[24] 裏的湯老二，他們的登場、言行都說明了他們已失去了妻子對他們的尊重，以及過往發號命令的支配權力。貧農陳大爹一開始便以「從門邊靜悄悄出現」的低姿態登場，之後面對妻子陳大媽惡毒的埋怨、喋喋不休的冷嘲熱諷，憤怒的原想罵

---

22 有關男性的工作與尊嚴、權威之關係可見參考 Morgan, David H. J., *Discovering Men* (1992)，頁 102，和 Willott, Sara and Christine Griffin, "Men, Masculinity and the Challenge of Long-tern Unemployment," in Máirtín, Mac an Ghaill, ed., *Understanding Masculinities: Social Relations and Cultural Arenas* (1996), 頁 77-92。

23 見 Reskin, Barbara and Irene Padavic, "Paid Work and Family Work," in *Women and Men at Work* (Thousand Oaks, London, New Delhi: Pine Forge Press, 1994)，頁 154-155。

24 丁玲〈一月二十三日〉，1936 年 7 月原載於開明書店十周年紀念刊《十年》上，初收《意外集》（1936）。見《丁玲文集》（第三卷）（1982），頁 92-111。

句「娘賣 x，你這瘋母狗！」，結果「這句話卻從陳大爹口中又縮回去了」，只能自我安慰式的用力朝陳大娘的背影，遠遠地「吐了一口痰」。[25] 〈一月二十三日〉裏的湯老二長期失業，好不容易找到一份差事卻偏偏生起病來，無法工作。他發著四十度的高燒，口乾舌躁，以哀求的口吻請求妻子給他倒點水喝，但身邊的妻子就是不理他。湯老二乞憐的屈忍狀並非原來就如此的，而是由於妻子取代了家庭經濟供應者的身份以後才不得不作此改變。他「本來是脾氣壞，因為近來常常靠女人們洗洗漿漿和替人倒馬桶才免〔勉〕強餬口，就變得低聲下氣，一到病倒下來，就更抱歉似的，很怕看女人們不愉快的臉色」。[26] 這說明了導致湯老二銳氣暴跌的三個重要因素，一是失業，二是靠女人賺錢養家，三是失去工作能力（生病），三者對男性權威的殺傷力都非常強勁。但總的來說，這些男性都失去了妻子對他們的尊重和服從。

除了像陳大爹和湯老二這類屬於社會下層、教育水平低的男性勞力工作者外，來自中上階層的男性知識份子也會面對這種失勢的窘境。他們當中也有因為失業、靠女人過活或失去工作能力，而無奈地或主動或被迫降低尊嚴的男性。落魄的俄國詩人亞洛夫（丁玲〈詩人亞洛夫〉[27]）、失去官職的楊先生（丁玲〈一月二十三日〉），以及因公司倒閉而失業病重的陸老爺（丁玲〈團聚〉[28]），等等，都是這類非常值得細讀的男性人物。

亞洛夫原為俄國的詩人，經常出沒於達官貴人的高級場合裏，俄國十月革命的暴動發生後，亞洛夫流落異國他鄉，在上海過著落魄貧

---

25 同註 18，頁 125。

26 同註 24，頁 92-93。

27 丁玲〈詩人亞洛夫〉（原篇名為〈詩人〉），載 1932 年 11 月 1 日《東方雜誌》，第 29 卷第 5 號，初收《夜會》（1933）。見《丁玲文集》（第二卷）（1982），頁 464-477。

28 丁玲〈團聚〉，原載 1936 年 9 月 1 日《文季月刊》，第 1 卷第 4 期，初收《意外集》（1936）。見《丁玲文集》（第三卷）（1982），頁 71-91。

窮的失業漢生活。由於靠著妻子安尼當交際花的幫傭才得以餬口，亞
洛夫經常受到妻子的奚落和輕蔑，罵他「沒出息」、「搶不到一碗飯
吃」、「丟人」，還吝嗇的提供廉價食物給他。[29] 亞洛夫的女兒小安
尼也同樣鄙視失業的父親。亞洛夫還得低聲下氣地向妻子討零用錢，
也遭到安尼的拒絕和污辱。直到他謀得了公共汽車售票員的職位時，
妻女對他的態度才驟然好轉，並深深爲他感到驕傲，足見他在家中的
地位是建立在其工作能力上的。因著亞洛夫終於有了一份職業，他才
得以贏回妻女對他的尊重和在家庭中的威望。

　　楊先生的官職被辭退後一直失業，雖然有不少積蓄，但坐吃山空，
家裏的經濟狀況發生動搖。他目睹妻子因他沒有經濟收入而勞心費神
地開源節流，心有愧疚：「只有楊先生明白她，她有許多苦衷。〔…〕
他這兩年沒有合適的差事，錢少了，地位低了；〔…〕家裏人都不能
太吃苦，這兩年來，全靠她一人張羅，自然也有許多連他自己也不過
意的地方，但他不能說，他也不必說」。[30]

　　〈團聚〉裏的陸老爺，失業以後搬到鄉下靠祖田渡日，不久又患
病而半癱瘓起來，結果一家的生計和大小事務便落在妻子肩上。陸老
爺失業和生病無法工作的情況是說明其權威旁落的佳例，因爲陸太太
取代了他在家中的作主權，「由一個完全附屬的地位站到半中心，有
權主持大小家事」。而陸老爺也因爲自己的存在價值之薄弱而一改過
去的態度：「他常常感到一些意外的不馴，卻更愛她了，有時受了像
申斥似的容顏，這在他的少壯時代和他的性格上都是不能容忍的，他
也無聲的寬容著她」。[31]

29　同註 27，頁 465-6。
30　同註 24，頁 100。
31　同註 28，頁 74。

（二）男性自我肯定的危機意識

　　由於工作是男性在多方面得到肯定的最主要憑藉 [32]，因此當男性的事業面臨困境時，也就表示他們多方面的肯定都會受到威脅。許多男性對這種逼身的危機感是有著極為敏銳和強烈的反應的，他們往往會因此而陷入深深的痛苦、恐慌、頹喪、仿徨、焦慮和不安等等的負面情緒中。他們的這些情緒和反應，暴露了男性如何看待自己和工作／職業／事業之間的關係，以及如何衡量工作的經濟和社會意義等方面之內容。[33] 這些人物計有：丁玲作品中的湯老二、楊先生（〈一月二十三日〉）、亞洛夫（〈詩人亞洛夫〉）、張宗榮、顧美泉（〈法網〉）、陸老爺瘋了的二兒子（〈團聚〉），還有謝冰瑩〈拋棄〉[34] 裏的譚若星，凌叔華〈病〉[35] 裏邊的芷青，〈奶媽〉[36] 裏奶媽的丈夫，以及長期為胃病和潦倒的生活煩惱的文學青年威展（白薇《悲劇生涯》[37]），等等。

　　我們從這群失落的經濟供應者身上看到的，不是一般傳統社會對男性性別角色所期待的自我成就感或職業榮耀感，而是男性經濟供應者的失敗、失意、失職、失勢，以及因此而產生的自我質疑。工作或事業上的挫敗使他們質疑自己的男性尊嚴、男性氣質和生存價值，並表現出各種負面的情緒和反應。我們看到病中的湯老二不斷地自艾自怨，更對養家的女人們感到「抱歉」[38]；楊先生也對辛苦持家的妻子

32　可參閱 Ford, A., *Men* (London: Weidenfeld & Nicolson, 1985), p. 220.

33　有關男性在工作壓力問題上的負面情緒反應可參考 Kilmartin, Christopher T., "Chapter 10: Men at Work: Jobs, Careers, and Masculinity," *The Masculine Self* (2nd Edition)(Boston: McGraw Hill, 1994, 2000), 頁 197-202 的部份。

34　謝冰瑩〈拋棄〉，短篇小說集《前路》（上海：光明書局，1932）。見艾以、曹度主編《謝冰瑩文集》（下卷）（合肥：安徽文藝出版社，1999），頁 3-42。

35　凌叔華〈病〉，原載 1927 年 4 月 2 日《現代評論》，第 5 卷第 121 期。見陳學勇編《凌叔華文存》（上卷）（四川：四文藝出版社，1998），頁 184-194。

36　凌叔華〈奶媽〉，原載 1936 年 4 月《文藝月刊》，第 8 卷第 4 期。見陳學勇編《凌叔華文存》（上卷）（1998），頁 363-376。

37　白薇《悲劇生涯》（上、下）（上海：生活書店，1936）。

38　同註 24，頁 92-93。

感到過意不去；亞洛夫「把所有的時間都放在怨恨裏」，並一再緬懷於過去的榮華富貴[39]；張宗榮和顧美泉失業後的焦慮恐慌和失去理性的暴力行爲，這是由於無法面對和接受自己是失敗的經濟供應者之事實，而轉向攻擊可以作爲他們歸咎和洩恨的弱小對象；陸老爺的二兒子被開除以後，對一切感到懷疑失望，最後更精神錯亂；譚若星在失業時所生的哀歎，以及種種不切實際的幻想和打算；芷青因爲肺病影響工作能力，妻子爲替他治病在外奔波賺錢卻遭到他無理的懷疑和挑釁；奶媽的丈夫因爲養不起家人而必需靠妻子當別人的奶媽賺錢，結果自己的新生骨肉不但沒母奶可喝，還要與母親分離，愧疚感令這位丈夫在給妻子送別時幾次「啞著聲」「不敢看她」，只留下半句：「都是男人不中用，害得家散人……」[40]；還有威展在失業潦倒時用盡各種方法對同居女友進行精神和肉體上的污辱虐待，等等。

　　以上的所有男性，基本上都處於一種懷疑自己、無法肯定自己，甚至是否定自己的危機意識當中，這背後昭示了男性所認定的以工作來展現和確立自己男性魅力的神話已瀕臨破滅。然而他們卻一時無從割捨、擺脫和調整此一根深蒂固的性別職務觀念，結果感到自身的男性氣概（如：尊嚴、權威、工作、金錢、地位）受到打擊。與此同時，當他們目睹女性取代或平分自己的工作角色／經濟供應者角色時，他們對女性的工作能力產生了忌妒又羨慕、欣賞又憤恨的矛盾情結。[41] 如此，這種矛盾情結夾帶著自我價值的無法確認，便造就了這幅男性危機症候群的圖像。張宗榮和顧美泉的暴力傾向、芷青的多疑、威展的冷熱無常和對女友的身心虐待，都可說是爲了掩飾這種危機感而產生的變相之自我防禦。在這些例子當中，威展一再對同居女友葦發出的怨語最具代表性。

39　同註 27，頁 468。

40　同註 36，頁 369-370。

41　見 Lewis, Robert A., Robert E. Salt, eds., "Chapter 5: Husbands' Jealousy," in *Men in Families* (Beverly Hills: Sage Publications, 1986), p.97-114.

　　威展本來就是個不切實際、性喜揮霍之人，後來因為事業潦倒、經濟拮据，加上有胃病和淋病，還把性病傳染給同居女友，害對方痛苦不堪，卻又沒錢醫治。在焦慮憂愁、自卑內疚和惱羞成怒的複雜情緒下，說出以下很能代表著在工作事業上失意的男性的心情和想法，以及工作與男性氣質內容密切相聯的話語來。從起初的愧疚自責和自卑，

> 「我本想到南洋去發幾百萬的財回來，那時候我才貢獻給你幸
> 福，使你快樂一生。哪知道是弄到這樣窮酸，還負著一身的債，
> 一身的病。現在你這樣病了，我簡直沒有法子想，我是一個無
> 用又無能的人了，我真沒有臉再見你呵！」[42]

到後來的惱羞成怒、熱諷冷嘲和無理取鬧，

> 「那你簡直是蔑視我底能力！你看我是不能養活一個愛人的，
> 所以你要走開，那就是證明我的恥辱！」[43]
> 「快去找個有錢的男人吧！」〔…〕「你這樣病是需要一個男
> 人幫助你的，而且必須是有錢的男人。這樣的世界金錢是萬能
> 的。」[44]
> 「那就算是我害了你吧，所以我總想發財，發財，若是我能夠
> 中到航空獎券第一彩，我一定分一半給你醫病。」〔若中不到〕
> 「那就沒有辦法，我沒有別的法子可以賺錢，也找不到職業，
> 所以你還是去找有錢的人結婚」[45]
> 「如果我這把瘦骨嶙峋的身體賣得到錢，我就賣了來供給你醫
> 病！」〔但是〕「我找工作，沒有；我絞腦汁寫文章，寫不出；
> 我想借款，無處借：天不掉下黃金給我，我怎樣能有錢？」[46]

---

42 同註 37，頁 216。
43 同上，頁 295。
44 同上，頁 675。
45 同上，頁 679。
46 同上，頁 789。

　　這些言語都坦露了一個事業失敗的男性的內心恐慌，一方面嚴重的自我否定感拖垮了他的尊嚴和信心，一方面又因執著於男性貫有的自我優越感，而頻頻以傷害他人的方式來維護落空的自我肯定與認同感。

　　此外，另有兩位需要特別提到的男性人物是：留美土木工程師朱英士（冰心〈去國〉[47]）和職業作家子彬（丁玲〈一九三〇年春上海（之一）〉[48]）。這兩位知識份子面對的不是因經濟或生活困難而帶來的自我否定問題，而是因為另一層意義上的工作成就 —— 社會意義與國家貢獻無法得到實踐而產生自我危機意識。和以上的男性人物一樣，朱英士和子彬也有著焦慮沮喪、迷惘痛苦的反應。

　　〈去國〉裏的朱英士是位甫畢業自美國的土木工程師，父親朱衡曾是位活躍的革命家，英士嚮往父親所為，一心要回返祖國學以致用，施展抱負一番。他對工作的要求顯然不在於經濟回酬或職位身份的高低，而是極重視工作內容所能產生的救國濟民之作用，這也是他的工作滿足感之主要來源。且看看英士在回國途中的壯志雄心：

> 「以我這樣的少年，回到少年時代大有作為的中國，正合了『英雄造時勢，時勢造英雄』那兩句話！」[49]

　　英士回國的時候正處於民國初年，宣統復辟才告失敗，中國的政治、經濟和社會一片混亂，因此根本沒有機會讓像英士這樣的留洋人材發揮所長。當他發現父親為他所謀的工作原來只是白領薪金不幹活，而且也無發展前景可言的「虛職」時，他只覺得「失望」、「抑鬱」、「淒寂不堪」，最後終於在徹底失望的心情下放棄理想，選擇離開祖國。英士在工作範疇內所蒙受的挫敗感主要來自於工作能力（即

47　冰心〈去國〉，載 1919 年 11 月 12-26 日《晨報》。見卓如編《冰心全集》（福州：海峽文藝出版社，1994），頁 43-53。

48　丁玲〈一九三〇年春上海（之一）〉，載 1930 年 9 月 10 日《小說月報》，第 21 卷第 9 號。收入《一個人的誕生》（上海：新月書店，1931 年 5 月初版）。引文見《丁玲文集》（第二卷）（1982），頁 230-264。

49　同註 47，頁 44。

專業知識、技能）得不到滿意的發揮，直接影響到他要求工作應有「振興實業」、「救濟貧民」的社會意義之理想。[50] 在這種連鎖反應下，英士也就無法透過工作表現來肯定自己的存在價值與意義。

另一位男性人物子彬，是一位頗有名氣的青年職業作家，生活雖然不算非常富裕，但絕無經濟之憂。他曾經享有很好的事業成就，包括寫作專業所帶來的名利地位和自我滿足感。但由於二十年代末、三十年代的文學走向發生極大的轉型變化，即普羅文學的興盛。五四以來知識份子們所曾秉持的講求個性解放和精神自由的創作主旨，已隨著時代的變遷而有了新的訴求 —— 強調文學應為群眾和政治服務。[51]這令一貫書寫個人題材、喜好賣弄文字技巧的子彬受到一些評論者的批評，指責他「作品內容的空虛，和缺乏社會觀念」，這使子彬深深為此感到「苦悶」。[52] 儘管表面上子彬堅持自己的創作風格，但實際上他已對自己的工作內容和意義產生動搖和懷疑。每當好友若泉規勸他改變寫作路線時，子彬都會因自己的創作不被認可而覺得自尊受損，結果與若泉不歡而散。顯然，子彬那曾被自己引以為豪的寫作事業和成就因為當時的社會和政治趨勢而遭到否定，身為職業作家的子彬在工作上的社會貢獻意義面臨被否決的窘境，這嚴重撼擊了子彬的自信和自我肯定感。他日漸削瘦，而且變得易怒、沈默、憂鬱和矛盾，尤其目睹先後選擇群眾路線而遠離自己的好友若泉和妻子美琳，為他們的工作自信而充實地忙碌著，這更使子彬深感嫉妒和孤立。

如此，我們看到一類男性知識份子，儘管處於不同階段的五四時代，各自的職業身份、內容也不同，但他們都因為在工作領域裏無法發揮進一步的自我滿足感，而對自己的身份認同感到徬徨。

---

50 同上，頁 49-51。
51 唐弢主編《中國現代文學史》（第二卷）（北京：人民文學，1979/2001），頁 1-23。
52 同註 48，頁 232。

三、小　結

　　這一節分析的是文本中男性人物在工作領域和職場上面對困難時的種種反應，揭示了以批判與關懷並進的方式來探討男性，以及通過期盼來尋覓懂得尊重女性和自己的「新男性」的情形。

　　首先，這群職場失意者的暴力行為在文本中是受到注意的。這一方面意味著男性應該學習尊重他人的身體（包括同性、異性、老人和小孩），一方面卻又揭示了這種尊重他人的人身安全是雙重標準的。這些出現在五四女性小說中的男性暴力行為之合理性，決定於施暴者的階級身份。若施暴者的階級身份是屬於貧窮的無產階級者，或同時又是受害者身份時，這些男性的暴力行為儘管受到指摘但卻又明顯得到同情、諒解，甚至是默許的。而且，若這類無產階級施暴者的施暴對象是資產階級和壓迫者的話，那暴力更是被鼓勵和讚賞的，這我們將在第二節裏再談。反之，若施暴者是資產階級者，其暴力行為則是被痛斥的。雖然，性別階級不平等因素和男性的暴力傾向問題並非文學中男性暴力行為敘述所要傳達的最主要訊息，而整體社會階級中壓迫者與被壓迫者的衝突關係才是這些故事的焦點。但是，這些敘述所隱含的性別意識和內容，卻是非常值得重視的，它幫助讀者超越純粹以經濟和社會階級視角看待工作失敗而有暴力行為的男性。

　　其次，這群職場失意者的種種負面表現，標示了男性不但不懂得尊重女性的身體人權，同時也不尊重女性的工作能力、自主權力。通過批評男性源自於男權中心思想而產生的嫉妒、自私、霸道、自我中心，暗示了男性應該學習尊重女性的工作能力。總而言之，在既批評又關懷的視角下，五四女性小說中這批在工作／職場／事業上的男性失意者，是被期待改變的。在各種不同情況的工作領域裏，遭受阻挫的男性被期盼學習調整並檢討自己的心理、思想和行為，使自己成為有包容心、有氣度涵養、有理性應對危機的能力的「新男性」。

第二節　陽剛的起揚 ——
政治洪流下的「新男性」

接下來，本節將討論一群男性人物在工作範疇裏的活動表現，以及如何通過政治力量和信念重建陽剛氣質。由於農民、工人和文職者是三類最常出現在文本中的男性工作者，所佔的份量較大，敘述較多，因此本節將針對這幾類男性人物進行分析，其餘零星的行業工作者則不作詳解。無論是勞力型工作者（農民、工人）或腦力型工作者（文職者），他們在文本中的表現都有明顯的相似處：一是在刻板印象中，男性於職場或工作範疇內的被視爲理所當然的堅忍和耐力表現；二是在二、三十年代的特殊政治氛圍下（尤其指馬克思主義和社會主義理論盛行的影響），男性陸續重新審視自身的職業和階級身份，並作出調整，努力發揮階級覺悟和反抗壓迫的革命精神或行動之表現。在接下來的分析中，我們將看到工作／職業／事業作爲男性陽剛氣質的主要體現內容，如何與政治發生互動而產生重振雄風的效果。

一、農　民

從事農產活動是中國最古老也是最重要的行業，就算到了十九世紀末、二十世紀初近現代工業興起的年代，農業依然是中國最主要的經濟和生產活動。根據一份針對中國 1933 年的職業分類統計報告顯示，以從事農業活動爲職業的人數百份比佔 2.5921 億總工作人口中的79% [53]，而在此之前的十年間，這個百分比變化極小。[54] 儘管如此，

---

53 劉大中、葉孔嘉《中國大陸的經濟：國民收入與經濟發展，1933-1959 年》*The Economy of the Chinese Mainland: National Income and Economic Development, 1933-1949*（Princeton: Princeton University Press, 1965），頁 185，表 54。轉引自

在五四女性小說中，從事農務行業者的相關描寫或敘述並不豐盛，而且有欠深刻。這顯示了大部份五四女作家由於出身中上家庭、長大後又主要生活在大城市內的背景經歷限制了她們對農民的認識，而只能作出刻板的粗淺模擬。雖然當中有嘗試在無產階級文學領域裏求突破的女作家，但卻又往往因本身強烈的政治使命感而使到人物有政治符號化的傾向。不論是流於表面還是政治個性過強，我們將會發現這些男性人物都不同程度地體現了屬於農民的原始氣質，一種與土地、自然界、生存慾望息息相關的勞動者特質。例如：他們普遍熱愛勞動、崇尚過人的體能耐力。其實，這些氣質也同樣可以在女性農業勞動者身上找到，但由於傳統性別分工的普遍印象，使得女性一方面在家庭私人領域內的工作活動受到過重的期待和肯定，一方面在戶外的農事生產工作及經濟角色上也受到輕視。因此，這類強調體能耐力的特質通常被視為主流男性氣質的表現。這涉及到性別差異的非絕對性之課題了。但由於本論文的研究重心放在男性人物身上，因此，有關女性農務勞動者的問題暫且不談。接下來，看看這些男性農民如何在他們的職業角色裏展現其男性氣質：一是強調其力量、體能、魄力、耐力的傳統形象特質，以及這些特質又會在什麼方面受到考驗；二是在社會變革和政治需求下所產生的新的男性審美準則──階級覺悟和政治鬥爭意識。必需一提的是，與下一部份裏我們將談到的工人人物相比較，農民人物的階級覺悟和政治鬥爭意識明顯地薄弱和模糊許多，處於初期的萌芽狀態。

（一）農民形象的基本特質

本文所分析的男性農民不管是傳統型的還是革命型的，基本上都

〔美〕費正清、費維愷編，楊品泉等譯《劍橋中華民國史 1912-1949 年》（ *The Cambridge History of China*）（北京：中國社會科學出版社，1993 初版，今採 1998 重印版）（上卷），頁 43-44。

54 同上，頁 75-76。

保存了農民某些相當固定的形象內涵。這些形象內涵有的符合了主流文化中的男性氣質概念，但也有的是與此相悖反的，這可從他們的工作態度、性格和思想觀念中看出。

（1）符合男性氣質的外型、性格與角色期待

這些農民普遍上具備了以下的正面性格特質，如：勤奮刻苦、善良忠厚、安份守己等，而外型上則是健碩能幹的。試著將這裏頭近於男性陽剛氣質的部份加以集中放大，我們會發現文本中有關男性農民形象的陽剛氣質面之特寫是相當一致的，即強調男性勞力工作者強健壯碩的體格身軀、驚人的勞動力和耐力、對工作的熱愛專注，等等。[55]

丁玲的〈田家沖〉[56]裏便一連出現了三位農民——趙得勝（父親）、趙金龍（大哥）和小哥，可說是女作家作品中數量有限，而又較完整的農民形象。通過么妹的眼睛轉播，這幾位農民表現了以下特質。在外型體能方面，父親趙得勝是「高的」、「壯實的」、「壯健的人」；大哥趙金龍是個「健實的少年農人」，有著「強有力的大手」，「比兩條牛還得力」，比父親還「能幹」；小哥「也能夠在田裏做事」，還有著「強壯的腿」；另外還有當地的其他農民，全都是「強壯有力」的。[57]在勞動表現方面，趙得勝和兩個兒子的勤勞刻苦從田地裏的成果可以得到證明。

> 這些美的田坎，都是她〔么妹〕爹和她哥哥們的匠心完成的。[58]
> 圍著這樹和土地的，是大大小小很好看的田，有些田放了水，

---

55 Connell, R. W.在分析男性身體與男性氣質的關係時，提及繁重的人力工作講究體力、耐力，以及一定程度的承受能力。這種體能表現是男性勞力工作者的男性氣質表現之一。見 *Masculinities* (Cambridge: Polity Press, 1995)，頁 55。

56 丁玲〈田家沖〉，1931 年 7 月 10 日載《小說月報》，第 22 卷第 7 號，後收入短篇小說集《水》（1931）。見《丁玲文集》（第二卷）（1982），頁 319-357。

57 同上，頁 379、334、321、345。

58 同上，頁 320。

　　靜靜地流著，有些剛剛耕過，翻著，排著濕潤的土塊。[59]

　　有著相似氣質表現的男性農民人物也出現在丁玲其他的作品中，如：楊媽在鄉下那勤勉刻苦的貧農丈夫（〈楊媽的日記〉）、在田裏無憂無慮地耕田勞作的陸小二（〈阿毛姑娘〉[60]）。其他的女作家如：馮鏗〈小阿強〉裏的阿柏叔，被形容為「頑健得如同一頭好水牛的農民」[61]，以及陳衡哲〈巫峽裏的一個女子〉[62] 裏在山洞附近開墾種植的男主人公。他們都不約而同地以健壯強有力的外型出現，也流露了願意自食其力、期盼享受勞動成果的堅忍信念和精神。

　　他們之所以有以上的這些特質表現，很大程度上是與他們在家庭中的角色扮演有關，因為這些農民和大部份男性一樣，都是家中的主要經濟供應者，他們辛勤工作的唯一目的是為了家人的溫飽。例如丁玲〈水〉[63] 裏邊「那些不知道疲倦的強壯的農人」們，在水災前和水災後的不變信念是：土地與糧食。[64] 有土地，農人的勞動力才能夠發揮，才有望得到糧食。〈田家沖〉裏的趙得勝不管是思想觀念改變前或後，從未鬆懈過吃力的農耕工作，圖的也只是「一家人老老小小吃飯」。[65] 談到這裏，一個頗為現代學者所爭議的問題是值得讀者思考的，即：男性這些堅毅耐勞之類的所謂陽剛氣質，到底是與生俱來的呢，抑或是後天環境（如：在外打拼以求獲金錢或食物所必需具備的

---

59 同上，頁 326。

60 丁玲〈阿毛姑娘〉，原載 1928 年 7 月 10 日《小說月報》，第 19 卷第 7 號，初收短篇小說集《在黑暗中》（上海：開明書店，1928）。見《丁玲文集》（第二卷）（1982），頁 128-170。

61 同註 11，頁 111。

62 陳衡哲〈巫峽裏的一個女子〉，見散文、短篇小說集《小雨點》（上海：新月書店，1928）。見羅岡編選《陳衡哲小說‧西風》（上海：上海古籍出版社，1997/1998），頁 28-33。

63 丁玲〈水〉，連載 1931 年 9 月至 11 月《北斗》，第 1、2、3 期，初收《水》（1931）。見《丁玲文集》（第二卷）（1982），頁 369-406。

64 同上，頁 383。

65 同註 56，頁 342。

堅強和耐力）所造就的？[66]

（2）悖反的男性氣質

中國農業從春秋時代的奴隸制生產方式演變到後來的封建生產方式，地主和農民是伴此發展過程而生的兩大階級。他們彼此相互依存而又相互對立，並常常因這種矛盾和緊張的利害關係而發生衝突。歷史上大部份的農民革命如陳勝、吳廣起義和金田起義等，基本的特點多是為了抗議封建宗法制的經濟結構使農民淪為受剝削者階層的悲慘處境。一般受剝削的農民階級（當然富農不在這行列之中）又分為中農、貧農和雇農，按不同時代有不同的演變分化，不易確切界定，大致是指近代所分稱的自耕農、半自耕農、佃農、雇農等等。[67] 這些農民因為地主種種不同形式的剝削（如：過高的地租率、不公平的收成或利潤分配、其他各種無由來的附加費、任意奴役佃農為自己工作，佔用他們自耕的勞力和時間，等等），幾乎一輩子甚至數代人都過著非常貧窮艱苦的生活。此處所要談到的農民人物，主要便是這類受盡壓迫的窮苦農民。

中國最後一個封建政體清朝滅亡、民國建立以後，封建制度無疑在一定程度上是被推翻了，但其頑強而牢固的滲透力量依然餘威無窮，尤其在社會經濟、職業分化和等級階層結構方面，身份處下位者的受害更是不減絲毫。傳統農民的服從認命、主僕等級、父業子傳等思想觀念，也就是這種封建宗法制文化的傳承特質。因此，除了強健和耐勞外，作品中農民身上的共有特質裏還出現了一些與傳統主流文化中的男性氣質意涵相矛盾者，如：軟弱不敢反抗、委屈順從、忍受

---

66 例如，R. W. Connell 便一再強調男性身體的呈現是受社會和文化所影響和塑造的。見 Connell, R. W., *Masculinities* (1995)，頁 55-66.

67 武岩、廖樹芳、秦興洪合著《中國農民的變遷》（廣州：廣東人民出版社，1999），頁 158-168。

欺侮、盲目守舊、消極認命等等的態度表現。[68] 這主要是因為農民階級屬性和其職業地位所帶來的低下身份，以及工作範疇內的無保障、挫敗與困難等因素，影響到他們在家庭單位中經濟供應者和保護者角色的執行，也進一步反諷了男權主流文化所認可的陽剛概念。

我們看到小阿強的佃農父親被地主爪牙殘忍欺侮時，只能「棉花般的不敢反抗」，「軟弱得如同一隻小貓般」「在暴力下面忍耐著」，連吭一聲也不敢，後來甚至要靠兒子小阿強為他出頭。[69] 還有老農趙得勝對地主手下高升的唯諾「恭維」、「馴良」畏懼，就連女兒桂姊也「頂瞧不起他」，「高升派人來搶穀子，〔他〕動也不敢動」。[70] 三小姐對他講解不平等階級待遇應當被反抗和剷除的革命思想時，他不但嚴禁兒子們接受三小姐的勸說，還央求三小姐不要再教唆他們有反抗主人的想法。還有佃農陳得祿為救被關在牢裏的父親而不惜答應佃主乘人之危的條件，忍痛把自己的妻子七七作為抵押，結果七七被無良的佃主姦污，陳得祿除了只在暗中痛打七七以作發洩外，便是消極的反抗。且看看陳得祿在忍無可忍之下去找佃主趙老爺討回七七時的心情和表情寫照：

> 陳得祿鼓著很大的勇氣來，不知為什麼，一進這所大房子，便覺得心有點空，怨恨與恐懼交織著。他不敢望趙老爺，從出世就怕他，在他的後邊有看不見的勢力時時控制著他們的。[71]
>
> 他〔王金〕遇著了陳得祿的眼光，一雙被打傷了的眼光，求救的，慚愧的，恐慌的，而且兩手垂下去，失去了知覺似的倚在門邊，又把臉轉向院子去了。[72]

這些農民在面對他們的地主或佃主時都裸示了他們的奴性意識和

---

68 見蕭佩華〈中國現當代文學農民形象軌跡〉，《江西社會科學》，2000 年第 6 期，頁 32-36，有關「農民意識」和農民「劣根性」的論述。
69 同註 11，頁 110-1。
70 同註 56，頁 344。
71 同註 18，頁 140。
72 同上。

態度，表現出可悲的自輕自賤、盲目無知、順從強權、膽怯忍辱。結果不只他們的家人看不起他們，就連他們自己也為自己感到悲痛和羞憤。因為從男性氣質的層面來說，他們同時違反了家庭主要經濟供應者和保護者角色所被期待應有的剛強勇敢、堅定不屈之特質。

（二）是農民還是英雄？

農民在受到極度的壓迫和剝削而容忍度達到極限時，也會發生群起反抗的情況。這批作為研究對象的男性農民，雖然讓我們看到了他們既堅毅耐勞卻又軟弱順從的矛盾面，但他們的反抗意識和力量隨著歷史條件的改變是在不斷擴大、不斷增強中的。然而，傳統農民運動和現代農民運動（這裏尤其強調由中國共產黨所領導的農民運動）之間又有著很多複雜的不同之處，例如兩者暴動的原因、形式、參與者成份、鬥爭對象和目的等方面，都是不一樣的。但必須強調的是：正因為這些農民的鬥爭情緒、原因、對象和目的的複雜性，才會產生了一方面披著政治外衣，一方面又隱含復仇烈火的形象特質來。由於本文所要分析的人物例子多屬於 1920 年代以後的農民情況,故只著重交待以共產或馬克斯主義政治思想為主導的農民運動特點，並解釋在此歷史背景底下的農民如何體現其政治個性，以及這些政治個性和男性氣質的關係之課題。

（1）政治符號化的農民形象

中國共產黨在 1921 年成立以後便積極宣傳打破等級階級的群眾革命，除了工人階級是此革命號召的主力軍之外，農民也是共產黨極力拉攏、扶持的重要對象。共產黨員和一些知識份子在農村裏所進行的活動主要是宣傳馬克思主義思想、向嚴重缺乏階級意識的農民灌輸推翻現有制度的想法，以及組織和發動農民反抗地主的鬥爭運動。因此，激發農民自發性的革命意識和採取武力的鬥爭行動，以推翻不合

理封建土地制度，重新分配土地，並以馬克思主義為指導思想的中國共產黨為領導力量，是這類農民運動的主要活動內容。而其發生的原因主要是階級矛盾的尖銳化，帝國主義和封建主義勢力對農民的雙重壓迫以及中國共產黨為局勢所逼而加強施行的政治方針。值得注意的是，雖然共產黨急欲解決舊的不合理的土地問題，以改善農民的生活處境是其熱烈展開農村農民革命運動的目的之一，但共產黨更重要的目的是：藉解放農民為體現推翻舊政權，並建立以馬克思主義為指導思想的新政體。[73] 也即是說，「他們把動員農民和盼望解放當作為目的服務的手段」[74]，以方便有利地展開「以農村革命根據地作為戰略基地」[75] 的政治需求。因此，不管是自發性或是被刻意渲染的性質，這些農民身上的政治色彩可說是相當空前的濃厚和鮮明的。當他們被反映到文學世界裏時，這種政治特質（如武力鬥爭意識或行動）更是突顯，尤其若執筆的女作家是在飽含著政治激情的情況下塑造他們的。

丁玲筆下的趙得勝和趙金龍（〈田家沖〉）、王阿二〈奔〉、陳得祿〈東村事件〉和那群逃難的農民（〈水〉），還有馮鏗的小阿強和阿柏叔，都程度不同地實踐了他們的政治使命。他們分別表現了思想落後無知的農民如何產生朦朧的覺醒意識，如：被地主孫二疤子逼得走投無路的王阿二，最後決心和孫二疤子對抗，以及老佃農趙得勝一改過去的盲目保守，開始接受三小姐所說的階級問題。他們也表現了從膽怯畏縮、躊躇遲疑到勇敢挺身抗爭的轉變過程，如：一直忍耐、保持沈默的趙金龍在三小姐的引導和啓發下，終於「不再苟安」，並積極地參與農民革命的籌備工作，堅定地相信「新的局面馬上就要展

73 Feuerwerker, Yi-tsi Mei, *Ideology, Power, Text: Self-Representation and the Peasant "Other" in Modern Chinese Literature* (Stanford, California: Stanford University Press, 1998), p. 31.

74 〔美〕費正清、費維愷編，楊品泉等譯《劍橋中華民國史 1912-1949 年》（下卷）（1993），頁 373。

75 同註 67，頁 294。

開在他們眼前」[76]；自卑怯懦的陳得祿經再三遲疑以後也鼓起勇氣「造反」，助王金捉住地主趙老爺公開審判他，最後趙老爺被憤怒的群眾活活打死；還有那一群家破人亡、妻離子散、飽受饑寒的災民，也從一次次消極的抗議終於形成氣勢如洪的集體鬥爭行動。馮鏗的小阿強和阿柏叔更是標準的政治代言人——「我們窮人真的沒法子對他們反抗嗎？」「我們窮人對他們的鬥爭快要到了」，一問一答間，已把鮮明的政治旗幟高高舉起，昭示讀者。[77]

以上的男性形象，由於本身農民的職業地位和階級屬性，使他們不管在私人生活或職業活動領域裏都受到嚴重的壓迫。而當時的歷史和政治環境提供了他們奮起抗爭的機會，同時也經由共產黨員的馬克思主義思想傳播工作提升了他們的政治意識，使他們的農民職業身份滲入了濃厚的政治成份。我們也許會覺得這些農民身上雷同和概念化的人格特點，往往導致一種人物形象政治符號化的現象，但從另一個角度來看，正是因為他們這些強烈的政治化個性和行徑，才使他們得以一洗過往的軟弱無能。可以這麼說，以上這些男性，是憑藉了政治武力的洗禮來消弭他們之前男性氣質的相悖之處。

（2）政治披衣下的復仇者

從前文的討論，我們得知像丁玲、馮鏗這類有著強烈政治使命感和責任感的女作家，在她們描寫自己對農民的階級情感和政治期盼時，由於秉持著左翼作家所強調的文藝為政治服務之創作態度，結果造成筆下的農民形象傾向政治符號化。然而，在她們所塑造出來的農民人物當中，並非全都像馮鏗筆下的小阿強那樣刻板和公式化地表現著他們的政治功能的。像王阿二（〈奔〉）、陳得祿（〈東村事件〉）和那群揭竿起義的災民（〈水〉），他們最為讀者和評論者稱道的藝

---

76 同註 56，頁 356-7。
77 同註 11，頁 111-2。

術價值無疑是其所體現的階級革命意識，但嚴格說來這種政治意識是相當籠統的，更多的時候，英雄式的復仇情緒和慾望才是這些人物真正的革命發端。正如呂西安·比昂科所言：

> 儘管共產黨上層對農民處境的關心是真誠的，並決心改善他們的處境，但他們把動員農民和盼望解放當作為目的服務的手段，這些農民對這一目的 ── 國家的獨立，權力和威力 ── 興趣卻要小得多。[78]

呂西安·比昂科認為利己主義和英雄主義才是促使當時大部份農民參與革命活動的重要原因。如此一來，我們更有必要對這些政治披衣下的復仇英雄進行一番解讀，特別是農民的復仇情緒和英雄情結之關係探討。

之前我們已經談過男性農民由於本身的職業地位和階級屬性，在男性氣質的陽剛表現方面出現了矛盾之處：既是堅毅耐勞的硬漢卻又是軟弱順從強者的弱者。這不只挫損了男性的尊威和家庭權威，更令他們內心種下強烈的憤怒情緒與報復意圖。從政治的某個層面來說，政治是利用了他們，但他們又何嘗不是利用政治趨勢為動力，助他們發洩心中怨恨、報復心中私仇呢？從宏觀角度來看，他們的仇恨無疑是屬於階級壓迫的仇恨，但真正能掌握或明白這種政治、社會現象之概念的農民並不多。反之，從狹隘的角度來看，這些仇恨卻是個人的切身經驗。因此，這些農民所表現出來的革命激情和鬥志，有很多實際上是為了渲洩個人的仇恨，以補償受挫的男子氣概。

陳得祿便是個很好的例子，由始至終他都表現了壓倒性的復仇情緒和慾望，幾乎沒有半點政治或階級意識，這可以從他被動和退縮的態度看出。陳得祿長期為地主趙老爺欺壓，卻從不敢有反抗的念頭。

---

78 呂西安·比昂科著，珍妮特·勞埃德譯，〈第六章：農民運動〉，見〔美〕費正清、費維愷編，楊品泉等譯《劍橋中華民國史 1912-1949》（下卷）（1993），頁373。

直到自己的妻子七七被強行收押軟禁，還遭到趙老爺姦污，才激起他的憤怒。顯然，七七被人「佔有過」是陳得祿真正無法接受和容忍的恥辱和怨隙，因爲這嚴重地傷了他愛七七的心，同時也痛擊了他的男性尊嚴 —— 無法保護自己的妻子。起初他只敢在七七「肉體上揮著拳腳」、「踢她」來發洩憤怒，但當趙老爺禁止七七與陳得祿見面時，他的復仇意識才達到白熱化：

> 他想到趙太爺有時把她不如一條牛樣蹂躪著，就恨不得幾鋤頭將他捧死。現在他來這山上，常常是仇恨超過了希望，什麼時候他才能吐一口胸中的悶氣呢？他想過一些犯罪的事，有一天，他看著那壞東西出血，血濺到他身上，死在他腳下，像狗一樣，於是他跑遠去，官廳捉不到他，他在另一塊地方活下去。他又想只要悄悄毒死他好了，不讓人知道，那末他還是可以留在家鄉，而七七總有一天會回來的。但他決不定什麼時候動手，他又怕告訴人；尤其是近來，在一個收成好的豐年中仍然沒有足夠糧食使他只想做一點非常的事。他雖說怨恨一齊集中到趙老爺身上，但他卻實在沒有把那些事想妥。[79]

陳得祿八歲的弟弟也同樣因爲被趙老爺的惡犬咬傷而燃生報復心理 ——「終有一天我要報仇的」，「那小小的心在暗處凝固了，頑強的生長著報復」。[80] 還有在審判趙老爺的大會裏，那群激昂憤怒的農民，以接近瘋狂暴戾的方式將趙老爺活活打死，都說明了復仇情緒與慾望是主導這些農民革命行爲的源頭。

至於丁玲〈水〉裏邊那群勇敢跳出來引導災民反抗的農民，和馮鏗的英勇小紅軍阿強，更是復仇和革命英雄情感的典型融匯。他們的表現明顯以復仇爲情感基調，而伴隨著復仇而生的英雄感又是促使他們甘心爲政治服務、獻身的另一種雙生的情感表現。作者丁玲和馮鏗

---

79 同註 18，頁 129。
80 同上，頁 127。

都爲這兩位復仇英雄營造了一種受難者奮身鬥爭的英雄氣勢：「裸著半身的農民」以「帶著雄厚的力」的聲音鼓舞了饑民的心，「他的每一句話語，都喚醒了他們」，使他們「甘心聽他的指揮」，儼然一副發難英雄的寫照；[81] 小阿強自願冒著生命危險爲農民團體送信，成功發動農民運動，將當地所有的壓迫者槍殺掉，而小阿強頓時便成了眾人前呼後擁的小英雄。

綜觀以上討論過的農民形象，從初步而朦朧的階級意識覺悟，到實際的行動表現，從個人的恩怨情仇，到集體的組織化階級鬥爭，從請願談判到鬥毆流血，這一系列的演變發展，都流露了一種屬於男性氣質文化裏的內容 —— 積極主動、強調秩序組織、崇尚以暴制暴（以更陽剛的武力手段制服、反擊原有的陽剛勢力）。如此，農民不再只是農民，農民已變成農民英雄。這些從事農業活動的男性工作者，因著以復仇爲情緒基調而衍生的革命鬥爭意識，既革新了他們在職業場所上的身份內容與價值，同時也勃興了純陽剛的男性氣質表現。

二、工　人

比起農業，中國的工業起步相當晚，雖然至今僅有近百年的歷史，但工業的發展代表了中國走向現代化的重要標誌，因此反映工業領域題材的文學是有著極爲可貴的歷史和社會意義的。從五四早期階段開始，「勞工」文學在李大釗、陳獨秀等知識份子的帶動和倡導下逐步成長。雖然這方面的作品並不夠成熟，但經過二十年代末三十年代的無產階級革命文學運動後，以工業活動和工人階級生活爲寫作題材的風氣開始盛行，總體的數量和質量都有提升。儘管如此，由於個人的現實生活經驗所限，大部份第一代和第二代的五四女作家鮮少涉獵這方面的主題描寫，只有少數幾位受無產階級革命運動和馬克思主義思

---

81 同註 63，頁 402、406。

想影響的女作家如：丁玲、馮鏗和廬隱等，在她們的文本裏探討了中國近現代工業領域裏的工人情況。到了三十年代以後，才有更多新一輩的女作家如蕭紅、羅淑、葛琴、草明等，對這方面的題材進行深入的描寫。[82]

接下來，我們就丁玲、馮鏗和廬隱作品中的男性工人形象，探索男性與勞力型職業兩者間的關係內容。這些作品包括丁玲的〈奔〉、〈法網〉、〈一天〉和〈一月二十三日〉、馮鏗的〈重新起來〉[83]、廬隱的〈靈魂可以賣嗎〉[84] 等，創作時間除了廬隱的較早外，其餘的都集中在二十年代末三十年代，尤其是 1927 年中國國內大革命失敗以後直到抗日戰爭開始這段時間。另外，這些作品的共同背景多座落在工商業發達的沿海城市如上海。這是因為中國的工業發展經歷了清末時期幾乎由零開始的萌芽階段，到第一次世界大戰以後（二十世紀二十年代始）才大幅度增長，出現了日漸增多的華資和外資工廠，其中以棉紡業和煙草加工等工廠工業最為興盛，因此，上海的工業情形一直在中國現代化工業發展過程中扮演著前鋒的重要角色。上海除了工人最多、最集中外，同時也是具有強大組織化工人力量的地方。如此，這些作品分別突顯了兩個主題：一是工人階級的工作環境、工作待遇和生理健康；二是工人形象與政治地位的提升。

（一）藍領階級的工作環境、工作待遇與生理健康

以上幾位女作家的作品內容顯示，不管從事何種生產類型的工人

82　見賈玉民〈20 世紀中國工業文學的歷程和展望〉、張鴻聲〈從人道主義到社會主義 —— 論「五四」勞工文學〉，《鄭州大學學報》，第 30 卷第 5 期，1997 年 9 月，頁 5-12，及頁 13-19。

83　馮鏗〈重新起來〉，完成於 1930 年 5 月 1 日的未發表之手稿，由後人從其遺稿中整理出來。見馮鏗《重新起來》（廣州：花城出版社，1986），頁 273-347。

84　廬隱〈靈魂可以賣嗎〉，原載 1921 年 11 月 10 日《小說月報》，第 12 卷第 11 號，初收短篇小說集《海濱故人》（上海：商務印書館，1925）。見郭俊峰、王金亭主編《廬隱小說全集》（上）（長春：時代文藝，1997），頁 22-29。

（包括煙草廠、紗廠、鐵廠、機器或金屬製品等等），他們的工作環境和工作待遇都屬於不合理狀態，健康和生活情況更是惡劣非常。

（1）盧　隱

盧隱的〈靈魂可以賣嗎〉首先探觸了工廠工人的生活和心理狀況，儘管其流於表面和明顯以知識份子的主觀抒情為主的敘述技巧略嫌不夠寫實，但她卻提出了工人的勞力資源被強行異化的問題。〈靈魂可以賣嗎〉的主人公雖然是個女性勞動者 —— 荷姑，但她的視角放大了整間工廠的工人處境，這包括男性工人在內。他們在工作期間裏的活動是劃一不變的：

> 手足的轉動，永遠是從左向右，他們所站的地方，也永遠沒有
> 改動分毫〔…〕當早晨工廠動工鍾響的時候，工人便都像機器
> 開了鎖，一直不止的工作，等到工廠停工鍾響了，他們也像機
> 器上了鎖，不再轉動了！他們的面色，是黧黑裏隱著青黃，眼
> 光都是木強的，便是作了一天的工作，所得的成績，他們也不
> 見得有什麼愉快，只有那發工資的一天，大家臉上是露著淒慘
> 的微笑！[85]

顯然，這種異化表現在對人的精神自由與思想能力的抑制與麻木化，使勞力業者的身體功能封滯在以勞力生產來滿足生理需求的基層作用裏，個人思想意志的表達是極不被鼓勵甚至是受到嚴厲禁止的 —— 「除了謀利和得工資以外，再也似乎不能更想什麼！」。這樣的結果是每個工人都成了「一副很好機器，和那紡車似乎沒有很大的分別」，「除此更沒有別的意義」。[86] 而盧隱所關注的正是一種基於五四時期所盛行的人道主義立場而來的另一慾望層面，它要求超越對家庭和個人經濟利益的簡單滿足，而追求個人精神層面的發揮自主權。

---

85 同上，頁29。
86 同上，頁27。

因此，我們看到女工荷姑拒絕「我」自作聰明所給與的金錢幫助，並向「我」發出如此的感歎：

> 這工廠裏的工人，實在不止是單賣他們的勞力，他們沒有一些
> 思想和出主意的機會，—— 靈魂應享的權利，他們不是賣了他
> 們的靈魂嗎？[87]

強調在工作領域內的個人表現和成就感、滿足感是一種現代化的職業內容需求，它包含了一定的人道和個人色彩，講究個體的而且是精神層面的追求與實踐，這在我們所處的當代社會裏是極爲普遍和基本的工作期望。然而，盧隱所提出的這種現代化的工人職業意涵，在很大程度上是不切實際，也不合時宜的。因爲當時的工人處境就連最起碼的生理需求（衣食住行、健康安全）都無法得到滿足，而且還深受威脅。因此，更遑談進一步的精神、思想、文明和文化之需求了。

（2）丁玲

丁玲的〈奔〉赤裸裸地剖視了工人飽受剝削和壓榨的情形。滿懷希望、風塵撲撲從鄉下來到上海，準備投靠姐夫李永發的張大憨子見證了這場人剝削人的慘劇。據張大憨子的回憶，三年前在鄉下爲農的李永發是個「能幹人，下田做活，一個人當兩個人」，說明了他具有勞力工作者的合格條件：健壯勤快、能幹耐勞。此外，當他遇到各種挫折時（如被捉去當兵夫，田地被佃主轉賣），他帶著妻子到上海找生計，表現了他堅強面對生活挑戰和勇敢拼搏的積極性格。[88] 然而，在上海的工廠當了三年工人，每天工作十四小時以後，映入張大憨子眼簾的李永發，已是個面目枯槁、形銷骨索的半殘人。

> 從東邊房裏走出來李永發，他赤著上身，一手舉著短棉褂，赤
> 色壯健的農人的胸脯，已經乾瘦，深陷的臉的輪廓使張大憨子

---

87 同上，頁 29。
88 同註 16，頁 45。

認不出他了，可是他還認得張大憨子。他衣服也不穿上便搖著
他枯瘦的臂膀走過來，抖著〔。〕[89]

此外，還有在茶館裏的幾位工人，一個只有十六歲身材的少年人
（童工），卻有著「一副蒼老的面孔」，另一位年紀大點的工人，也
一樣是「灰色的臉和灰色的頭髮」，還有小乞丐阿金的爸爸，一個月
前因工作疲憊過度而發生意外，失去一隻手臂，工廠只以十塊錢便把
他打發掉。[90] 廠方還以武力鎮壓爲爭取撫恤金和醫藥費的罷工者，濫
用武力兵器，草菅人命，開槍打死不滿廠方的抗議工人。這些工人的
處境和遭遇都說明了工作環境的惡劣，工人生命、健康福利的無保障，
工作時間嚴重過荷，廠方枉顧工人安危和權益，拒絕調整工資、發薪、
給撫恤金、醫藥費等等之問題。

丁玲的另外幾篇作品，都不同程度地揭示了相似的工人問題。〈法
網〉裏的顧美泉，辛辛苦苦地當了多年學徒以後，以爲可以安安份份
地在鐵廠裏工作，不料卻只因爲請假一天照顧小產的妻子而遭無理解
雇，結果導致一連串悲慘的事故發生。〈一天〉也從一位年輕通訊員
陸祥的視角裏轉達了工人的生活和工作情況。故事中的工人蔡包子和
小鬍子都是陸祥急欲聯絡的受廠家壓迫的工人，以對他們進行瞭解和
灌輸反抗不合理待遇的思想，但作者巧妙地安排這兩位陸祥所要造訪
的人物齊齊失蹤，使讀者只聞其名而不見其人。然而實際上作者早已
通過對這兩位工人的住處之描繪，把他們落魄貧窮的生活情形清楚地
反映出來了。

這裏有好些平屋，東倒西歪的舊式的瓦房，擁擠的住著一些在
附近廠裏作工的人家，好些髒得怕人的小孩，蹲在那裏，玩著
一些積滯在小潭裏的污穢的水，水面上浮著一層油，現著好些

89 同註 16，頁 46。
90 同上，頁 49-51。

紅綠的顏色。[91]

像鴿子籠似的房子密密的排著，這是那些廠主們修的工人的宿
舍，特意租給這些窮人們住的，地基太小，人太多，空氣都弄
壞了，這裏常常可以散播出一些傳染的病症。陸祥走進了這裏，
一種從人體上所揮發出來的臭氣更使他難耐〔。〕[92]

從以上分別對工廠工人蔡包子和小鬍子住處的描繪，說明了工廠
工人們連最起碼的起居生活和健康衛生水平都無法達到。讀者雖然始
終沒看到蔡包子和小鬍子的真面目，但不難想像這兩位工人的悲慘處
境。

〈一月二十三日〉也反映了同樣的工人問題——衣食俱缺、居所
破爛、雇主欠薪。時值大雪嚴寒之季，一大群工人無法開工，綣縮在
數十個小蘆席棚下挨饑受凍。他們最急需解決的是饑寒問題，雇主卻
三番四次使計拖延、欺騙工人，為工人提供的住宿又極為簡陋，根本
沒有任何禦寒的保暖設備，加上延發工資導致他們沒錢購買食物，處
於嚴重的饑寒交迫之中。

丁玲的這一系列作品可說是相當程度地描寫了多個面向的工人處
境，讓我們瞭解男性工人階級與其工作際遇之間的各種問題。

（3）馮　鏗

馮鏗的中篇小說〈重新起來〉描寫了炳生一家的工人生涯。炳生
的父親在一家錫箔坊裏工作，一天工作十幾個小時，夜深才回家。由
於沒時間和家人共聚，年幼的炳生對父親的印象非常模糊，覺得自己
就像沒有爸爸一樣。唯一讓炳生留下深刻印象的，是父親那雙因長期
運用腕力「打箔」而造成肌肉異常發達的粗大手臂。這雙粗臂經過十
幾年的過度勞作，「一年比一年瘦削下去，只剩一把枯硬的骨頭」，

91　同註 17，頁 1136。
92　同上，頁 1137。

而坊主也因爲他年紀大，工作緩慢而削減他的工資。[93]

　　這裏，馮鏗藉一個工人孩子的童年回憶勾勒出一位工人父親的形象 ── 幾乎是父親等於「粗大的臂膀」。這雙從「粗大」到「枯硬」的「臂膀」是內含著多層象徵意義的。（一）它讓我們看到男性的身體如何因工作而遭受勞動損害。如炳生的父親便是例子：「打箔」需要一直「彎著身子」，「把一塊很小很小的錫片，用鐵錘來把它一下下的打壓下去，一直使它展開到很大很大而薄得來蟬翼也似的一張錫箔，雖然中間也使用碾軋的法子，但都是憑著人的氣力把它弄成功的」。[94]（二）它們反映了受剝削的男性工人與家庭、親人的感情關係發展之異化現象。如：炳生父親因爲工作時間的過長而影響到家庭生活，導致孩子缺乏家長照顧管教，甚至對父親的印象模糊、陌生。[95]（三）它們揭示了男性在職場上所面對的階級歧視與壓迫。正如當時幾乎所有的工人一樣，炳生的父親也因工人的職業地位低微，受到雇主在工資和勞力方面的無情剝削。這說明了大部份男性勞力工作者在他們的工作領域裏，非但沒有享受到父權制度爲男性所設計的多項特權，如經濟上的和社會地位上的，反之因爲他們屬於社會底層的貧民而無可倖免地遭到父權制度的迫害。

　　根據有關中國工人在二、三十年代的工作和生活情形之資料記載，這幾位女作家所描寫的都不足以道盡其中的殘酷與慘狀。如：《中國工人運動史》裏對於中國工人受壓迫的敍述便近似一幅人間煉獄圖。紗廠工人的工作環境處高溫、昏暗且密不通風，灰塵和原棉纖維漫佈室內，許多工人的視力受損，工作時常受燙傷，染上呼吸管疾病（如肺病）。煙草業工人長時期垂頭彎背，四週煙氣猛燻。使用機器工作的工人因機器設備不安全而常被壓傷軋死。加上管理層人員如管

93　同註 83，頁 276。
94　同上，頁 277。
95　同上，頁 276。

工、工頭的苛刻虐待，除了增加工作時間外，還任意扣除薪金，侮辱
鞭打，甚至殺害工人，這都說明了工人處境的慘絕人寰。最令工人們
痛苦不堪的，是不斷減少的工資、欠薪和因無故開除而失業的問題。[96]
不可否認，這些情況在盧隱、丁玲和馮鏗筆下都只能得到有限的發揮，
但作爲無產階級文學（這裏特指工人文學）最初階段的女性實踐者，
她們以文字留下了她們對另一類、另一階級男性的觀察與認識。

（二）工人形象與政治地位的提升

　　工人階級是在近代中國才形成的新群體，雖然大部份集中在沿海
各大城市，但人數佔全國人口的比例還是屬少。再加上其產生的背景
與外國帝國主義、資本主義和本土封建制度牢牢相扣，在這三者的壓
迫之下，工人可說是毫無社會地位可言，更別說政治權益。但在五四
運動中，工人階級所發揮的政治力量受到肯定。中國共產黨成立以後，
工人階級更是緊緊結合著馬克思主義來進行各種革命運動，其政治地
位因此日漸提高。由於工人多來自破產農村，又在多種壓迫之下無法
接受教育，知識水平偏低，要讓他們瞭解自己的階級問題和革命使命，
必需通過各種管道來對他們進行啓蒙工作。因此描寫這些與工人階級
政治活動相關的題材也就成爲許多作家的寫作熱點，結果出現了大量
帶有濃厚政治色彩的工人形象。接下來，本文分別對丁玲和馮鏗筆下
的政治化工人形象進行分析。

（1）丁　玲

　　丁玲的〈消息〉[97]和〈夜會〉[98]在創作時間上非常貼近，只相差

---

96 見劉明逵、唐玉良主編的《中國工人運動史》（第一、四卷）（廣州：廣東人民
　出版社，1998）。
97 丁玲〈消息〉，原載 1932 年 7 月 10 日《文學月報》，第 2 期，初收《夜會》（1933）。
　見《丁玲文集》（第二卷）（1982），頁 449-456。
98 丁玲〈夜會〉，原載 1932 年 10 月 15 日《文學月報》，第 3 期，署名叢喧，初收
　《夜會》（1933）。見《丁玲文集》（第二卷）（1982），頁 457-463。

數個月，其表達的主題也很相似，都描繪工人的政治性活動。〈消息〉講上海工人阿福和工友們在家中祕密聚會，商討上海工人對共產黨部隊的支援工作。阿福的老母親因不甘被兒子冷落，竊聽他們的談話，結果感動不已，暗中召集幾位老太婆一同縫棉被送給共軍。而〈夜會〉則寫幾個上海工人李保生、王大寶和小麻皮，趁中秋晚飯後的一點時間舉行街頭聚會，一方面爲紀念「九・一八」事件，同時也宣傳廠方種種不合理的待遇和虛僞的愛國捐款活動，還表演話劇揭示廠方和日本帝國主義者的狼狽爲奸，最後群眾興高采烈、滿懷希望地散會。

　　不管是地下的或公開的形式，阿福和李保生等人所組織的活動都有鮮明的政治內容和目的。他們不只清楚地意識到工人階級的生活處境問題，同時更關注國家命運，從狹隘的個人反抗需求擴大到集體的、國家和民族的利益爭取。此外，他們不再側重重複演出工人生活的辛酸和痛苦，而把悲憤化爲激昂的反抗力量，表現出經過思慮和安排過後的理性化行動。如：阿福和工友們的祕密聚談是有規律和計畫的，雖然文中未點明目的，但大概包括支援共軍和替共產黨召集工人力量、組織工運等政治目的，並非一般作爲大吐苦水或煽動民眾情感的粗淺聚會。文中雖然沒有他們談話內容的詳細敍述，但通過老母親的零星轉述，我們大概知道他們是共產黨員，因同伴在某處戰勝，他們準備送東西過去慰勞黨員們。從老太婆口中，我們也得悉「那個會」的人曾經救濟過上海的貧困工人，爲工人們帶來生活盼有改善的希望，如：「一天只做七個鐘頭工，加了工資，禮拜天還有戲看」。[99] 而〈夜會〉裏的李保生等人，藉中秋節舉行街頭慶祝和話劇活動來進行反抗外國資本主義和日本帝國主義入侵、討伐賣國利己者行爲的宣傳教育，亦見其籌畫的用心良苦，絕非臨時作興。李保生等人對工人群眾的談話裏，流露了明確的愛國思想和階級意識，對於當地的政治局勢和勞資關係也有深切的認識，其表現明顯超出了早期革命工人對政

---

99 同註 97，頁 454。

治的理解程度。

　　由於這種日趨明朗化的政治個性，這幾位男性人物原來低微的職業身份被提升了，工人原有的骯髒憔悴外型不再被作者重視，反而政治所帶來的精神充實與富裕之表現受到刻意突顯。阿福在老母親眼裏「變得高了一點似的」[100]，李保生「在大家心裏都同他好，都覺得這傢伙是他們一群裏不能少去的一個」。[101] 在馮鏗的作品裏，這種以人物的政治個性為審美內涵的現象更是得到特寫。

　　（2）馮　鏗

　　和生、炳生兩兄弟是馮鏗作品〈重新起來〉裏的兩位革命英雄的典範人物。和生在十三歲時被父親送去染布間當學徒，同樣過著受盡壓迫的生活。但他卻比父親多了一份覺悟，努力為自己的工作爭取應有的地位和權益。他加入工會，參與工人示威運動和鬥爭，讀夜校，還帶領弟弟炳生到平民中學念書，接受革命思想教育。在工人運動受到國民黨政府鎮壓時，和生雖然得以逃脫，但炳生和父親則因此而遭連坐被捕，結果父親死於獄中，炳生則在後來的紅軍解救下出獄，並正式加入紅軍組織，和哥哥並肩進行階級解放的地下革命。

　　在這兩位男性工人身上，如何被資產階級和殖民勢力剝削的內容敘述減少了，反而他們以工人身份或在職場上所發揮的政治力量得到了高度集中的描繪。這表現在：一、他們通過革命份子所組辦的無產階級學校接受了馬克思主義思想教育，並以此為思想武器與壓迫者對抗，爭取工人應有的利益。這不但說明了他們對無產階級概念的正式接觸，也反映了城市工人是無產階級革命運動領導層傾力栽培、寄以厚望的重要對象；二、他們一次又一次鍥而不捨、不怕犧牲的示威和罷工行動，並以此為自身應盡的「工作」「職份」，使他們的工人身

100　同上，頁449。
101　同註98，頁461-2。

份、工作性質與階級解放的政治性內涵交錯混合，成為非純粹的工人，而是革命工人。

　　由此我們伸展到對男性－工人－政治／革命之間的觀察，發現男性工人在有了這種政治思想和活動為精神內涵後，工人悲慘的工作遭遇和生活條件已不再對他們的男性氣質造成威脅。反之，從集體的示威和罷工行動中，為革命而施展的暴力已成為一種美學，尤其是受壓迫的男性還原其男性氣概的最直接途徑。他們所表現出的「革命愉悅感」[102]，其中的部份原因雖然可以解釋為「無產階級以暴抗暴的正義性」使然[103]，但筆者認為男性渴望重建和補償其受損的男性氣概之心理因素也不可忽視。政治使命使這些受剝削的男性工人有「合法」使用暴力的權力，因為那是為了「反殖民反侵略的正義戰爭」[104]，也是為了爭取自身應有利益的合理鬥爭。通過示威和罷工行動中的武力表現，他們得以跳脫自傷自憐或畏縮退卻的自卑、消極心態，反而顯露出樂觀自信的戰鬥意志，積極地追求革命理想，或應該說，實際上也為追求男性的英雄感。

　　且看看這兩位受剝削的工人 —— 和生、炳生如何被作者描繪成符合男性氣概的戰士形象。和生以「身軀高大」的外型登場，「他的瘦陷下去的眼眶凝結著尖銳的光芒，頭髮是毫無光澤的粗亂著」，「全身的胴體是偉岸的工人的骨骼，是神采奕奕的健康者」，「他的聲音尖銳得和他的眼光一樣，總之他是沉毅機敏的得力的同志，他闊大的肩膀上挑上一擔很重擔子！他是和生，執委會的委員，是這兒第 x 分部的部主任，是炳生的哥哥」。[105] 而弟弟炳生則「不是船中那個孩子

102　「革命愉悅感」一詞借用自余宗岱的〈革命文學中的「崇高軀體」〉，作者在文中對此詞的解釋為「革命者投身、溶解在革命的海洋中，個體生命與整個革命事業合為一體時狂喜般的感受」。（見《文藝理論與批評》，2002 年第 5 期，頁 59）

103　何國瑞〈歌頌革命暴力、愛國主義和國際主義的文藝 —— 社會主義文藝本質論之二〉，《武漢大學學報》，1999 年第 6 期，頁 58。

104　同上。

105　同註 83，頁 344。

模樣的炳生，而是一顆炸彈似的，偉岸的戰士」，在「煙霧彌漫」和「滾熱的子彈嗤嗤地從身上飛過」的險境中展開「熱烈的鬥爭」。[106] 顯然，這些陽剛的性格和行爲表現屬於男性的英雄或武力表現。值得注意的是，這些陽剛表現雖然與他們的工作職業關係密切，但卻已不再是工人行業的實質勞動內容，而是取之以政治理想爲主導的革命工作內容。至於這種政治個性背後隱藏的男性私人慾望 —— 重建男子氣概 —— 則是被歷史和革命的宏大氣勢給巧妙地掩飾過去了。

三、文職工作者

　　文職工作者基本上必定是知識份子，知識份子是近代才有的名詞，在中國古代，即是指「士」階層者。中國傳統觀念中有關「士」的作用主要是維護、調節社會秩序，身負「經世濟民」以及傳承思想教化的責任。[107] 儘管自明清開始，知識份子的職業內容已隨歷史變遷而走向複雜的分化現象 —— 有的繼續官場仕途的生活，有的融入近代商業活動，有的則投入近代文化事業。然而，身爲「士」者的社會作用依舊是他們共同的角色期待。這也是爲何在第一節裏，筆者指出從事勞心工作者的男性傾向追求工作上的自我滿足與成就感的主要原因。因爲這種自我滿足感主要來自於實踐維護社會秩序、傳播教化工作以貢獻國家人民的傳統使命。這尤其最常發生在從事近代文化事業的知識份子身上。

　　隨著科舉制度的廢除，加上西學東漸，士人不再以通過任官職爭功名爲唯一管道來實現其「士」的使命，反而因應種種維新改革政策，涉足近代工商行業與新式文化教育工作，以尋求實踐救國濟民的不同方法。一直到了五四時期，知識份子仍然不同程度地在政、商和文化

---

106 同上，頁 339。
107 見王先明《近代紳士：一個封建階層的歷史命運》（天津：天津人民出版社，1997），頁 192。

界發揮了他們身爲「士」的功能和使命。然而，在五四女性小說裏，從事政、商行業的男性人物並不多見，而且也無法達到茅盾《子夜》裏吳蓀甫般的典型水平和影響力，因此不納入分析案例內。如此，本節主要針對文本中從事文化行業的男性人物，如教師、書刊編輯工作者或寫作人、撰稿人等，討論他們在職場上的表現與變化，如何與革命和男性的陽剛氣質發生互動。

在五四新文化運動的影響下，出現在文學中從事文藝工作的新青年男子是廣受推崇和歡迎的人物形象，因爲他們符合了當時人所熱切追求的審美特質 —— 體現反封建、追求自由戀愛和個性解放的精神人格。然而，到了二十年代末三十年代，由於強調階級解放的政治氛圍和社會需求，這類男性文化工作者形象遭到了強烈的批判甚至唾棄。他們的職業身份或階級地位取決於他們的工作內容和性質是否傳達出普羅思想與階級自覺意識，否則便會被貼上「小資產階級知識份子」的標籤，而他們身上曾被五四第一代人所欣賞的形象特色，也成了備受排斥的負面特質。對男性文化工作者新的審美標準也就表現在放棄愛情，選擇與階級解放相關的革命事業之相似模式方面。這類處於社會結構轉型期的男性文職工作者，最常出現在所謂的「戀愛加革命」式小說當中，表現出當時人對另一類「新男性」的追尋與期待，一類放棄個人愛情、投身階級革命事業的「新男性」。

（一）工作內容與狀況

五四女性小說有著大量的男性知識份子人物形象，其中大部份者從事文藝性質的工作和活動，如大學生、教師、翻譯員、作家等職業。一般上，這些男性人物的工作內容並沒有太具體的詳細敍述，因爲作家們所著重突出的是：人物的思想性格是否體現五四新式青年的特徵 —— 愛國、反封建傳統、追求戀愛自由和個性解放等。至於人物的職業安排往往選擇當時社會上新興的文化行業，以象徵新式青年接受新

式教育此一基本特點。因此，用白話文進行創作、翻譯外國著作、在學校學習新知識或教授、傳播新式教育內容等等的職業，都是這些男性知識份子較常從事的行業。職業在這時期只是新一代青年的某種表徵，以配合說明他們傳播教化和啓廸思想的社會角色與功能。

　　然而，二十年代中期開始，馬克思主義思潮在中國的影響日廣，許多知識份子意識到等級階級是造成各種社會問題的最根本原因，於是便依循馬克思主義思想的引導，積極接近群眾，與社會底層人作近距離的接觸與認識，甚至以他們為學習的對象。隨著無產階級的地位日漸提高，這股新生的社會力量改變了五四時代早期所盛行的社會價值指向。文職工作者因其「士」階級的身份也導致他們在職業工作方面受到另一番的檢視，這尤其表現在被激進份子要求從事符合為群眾和政治服務性質的工作。許多知識份子因應時代的需求而陸續接受這種新的工作內容和價值指向，並視之為一大精神出路，使得以擺脫民初新式知識份子在思想覺悟後所普遍面臨的精神困境，明確地掌握了所要致力奮鬥的目標和活動內容。

　　這些時代內容反映到五四女性小說中時，讓我們得以從這類轉型當中的新式文職工作者身上收集到相關的實際工作內容。韋護（丁玲〈韋護〉）[108]、望微和馮飛（丁玲〈一九三〇年春上海（之二）〉）[109]、肖雲和若泉（丁玲〈一九三〇年春上海（之一）〉）、陸祥（丁玲〈一天〉）、譚若星（謝冰瑩〈拋棄〉）、以仁和王國材（謝冰瑩《青年王國材》）[110] 等等，都是這類將文化工作職業與階級解放之政治目的相結合的例子。綜合文本中的有關描述，這類男性文職工作者的主要

---

108 丁玲《韋護》，連載 1930 年 1-5 月《小說月報》，第 21 卷第 1-5 號，後由上海大江書舖 1930 年 9 月初版。引文見丁玲〈韋護〉，《夢珂》（北京：燕山出版社，1998），頁 154-253。

109 丁玲〈一九三〇年春上海（之二）〉，連載 1930 年 11 月 10 日、12 月 10 日《小說月報》，第 21 卷，第 11、12 號，收入《一個人的誕生》（1931）。見《丁玲文集》（第二卷）（1982），頁 265-309。

110 謝冰瑩《青年王國材》（上海：開華書局，1933）。

工作內容是：學習並翻譯馬克思主義思想學說、收集和分析新聞或文論以瞭解各方面的發展局勢、作剪報和起草各種計畫大綱及宣言通信、組織青年團負責執行學習和傳播馬克思主義任務、調查工人的工作和生活狀況、舉辦大大小小的演講和討論會、組織工人團體、發動罷工和示威等等的活動。

這類性質的工作內容反映了五四時期大部份文職工作者如何因應時代的變遷和需求，對自身的職業工作一再進行調整和變更。從民國初年的興辦新式學堂與推動新式教育、經營現代化報刊雜誌和書局出版社、從事新文藝創作和翻譯各種西方思潮等等的行業活動，到針對階級解放和服務群眾需求的思想傳播與實踐工作，這些男性人物演繹了這類五四文職工作者如何在社會職業結構的變動影響下，適應新興事業和社會角色的變動需求。

（二）理想男性

和第一節裏所談到的男性知識份子相比較，積極、樂觀和自信是第二節的男性人物之最大特色。韋護、若泉、望微和王國材等人都不約而同地擺脫了五四早期知識份子對愛情的執著追求以及對發展前景的彷徨與困惑，他們在苦悶的困境中找到出路，即以解放社會等級階級的革命工作為理想、目標，爭取並實現五四前人在事業或工作上落空的自我滿足與肯定感，這種自我滿足與肯定感主要產生於革命工作服務人民、貢獻國家社會的功能性質。而男性在工作上的自我滿足與肯定感又直接影響陽剛氣質的勢氣。如果說之前所討論的工農職業者是因工作收入導致男性陽剛氣質受影響，那這裏所談到的男性文職工作者則是因為工作的社會價值或工作態度被肯定與否，而影響其陽剛氣質。

基本上，以當時的價值觀而言，這些選擇致力於階級解放的革命事業之男性人物，都是被嘉許的。因為他們為無產階級服務的工作性

質和政治信仰轉化了他們的知識份子階級屬性，使他們和他們的職業成功地在新的社會價值指向內獲得存在意義的肯定。韋護、望微和若泉可說是當中最典型的男性文職工作者之理想形象。他們的工作都與革命有直接關聯，業務繁重忙碌，身心難得休息，但仍表現出吃苦耐勞的工作毅力，作風沉穩自信。我們可以從這些人物身上看到一致性的特徵：工作性質符合當時社會的職業價值標準、工作態度認真刻苦、面容清癯但精神煥發亢奮。

　　韋護是個詩人、教師兼社會革命工作者。在他剛登場時的工人裝束和參加討論會後的表現，都突顯了他的職業立場和態度。他激烈的爭辯和為公事煩惱的心理活動，表現了他對自身工作所持的堅定原則和理性思考。在他剛接任教務主任職位時，因知道將與「狂妄」的同事仲清合作，難免有激烈的爭辯和衝突，再加上大學的課務「實在繁重」，這些問題都困擾著他。然而韋護又很有「自信」地「能說服」仲清，也相信自己「實在比仲清強」，而仲清也是有他的優點的，因此，韋護決定「同他握手，合作，而且糾正他」。這又顯示了韋護在面對工作挑戰時的堅定意志和信心。[111]

　　若泉也是個文學青年，他放棄了過去一味描寫苦悶青年、抒發個人情懷的創作風格，積極投入提倡普羅文學的工作活動中。在他作出改變之後，他在堅持個人主義創作的友人子彬眼裏，「是站在很穩固的地位，充實的，有把握地大踏步地向著時代踏去」，「不會彷徨」的光明人物。[112]

> 若泉很忙，參加了好幾個新的團體，被分派了一些工作；同時他又覺得知識的貧弱，刻苦地讀著許多書。人瘦了，臉上很深地刻劃著堅強的紋路，但是精神卻異常愉快，充滿著生氣，像

111　同註 108，頁 166。
112　同註 48，頁 236。

到了春天一樣。[113]

詩人望微也和若泉一樣，放棄了沒有政治立場的創作活動，而開始執行著相似的職務。他每天忙碌地閱覽和歸納有關政治、經濟和革命進展的消息，還要處理一大堆如翻譯稿件、草擬方案、寫報告演說等等的事務，還要到工廠熟悉工人的活動情形，宣導階級鬥爭思想，也親自參與街頭演講和示威。這種清苦的生活使望微變得黑瘦而且經常疲憊不堪，但他表現得非常滿足於如此充實和有意義的工作。這種堅定的信念和意志成為望微「男性的美」的氣質體現，「表示出男性的不可動搖的堅毅和不可侮的尊嚴」。[114]

談到這裏，我們注意到這類以革命工作為職業的男性人物，其男性氣質魅力的所在與他們的工作是有直接關聯的。而且，若能夠在愛情與革命工作兩難兼顧時做到選擇後者的話（正如韋護放棄麗嘉、望微放棄瑪麗），那更是標準的理想「新男性」。因為屬於個人範圍的情愛問題已被新的時代主題所排斥，取而代之的是以激昂堅篤的革命信念和實踐作為工作職業和個人價值的最高評價。

四、小　結

總的來說，無論是勞力型工作者（農、工）或勞心型的文職工作者（詩人、作家、教師、通訊員），這些男性人物一方面展示了他們的工作內容和處境，一方面也呈現出其職業地位和男性的陽剛氣質表現如何因政治因素而發生變化。他們彼此間的共同點是形象政治化，說明了五四時代轉型期從工作職業層面對「新男性」的一種新審美標準，即強調男性人物對政治革命意識形態的掌握程度和實際表現。將分析結果作一綜合比較，我們又可以發現工、農、士三者在新的審美

113　同上，頁237。
114　同上，頁286。

內容方面的發揮程度之差異。工人的政治表現明顯超越了農民人物，這表現在革命工人具有明確的政治目標、清晰的政治概念、堅定的反抗信念、熱情積極而不失理智的、有組織有計劃的鬥爭行動，以及自發性的有效的思想教育之提升，等等。反之，農民在這些方面的表現則仍處於初步的啓蒙狀態，不管是在政治目標、意識概念，還是鬥爭行動各方面，都顯得相當稚嫩、模糊、曖昧，普遍上多具有因理性認識不足所造成的缺乏穩定性之特徵。至於文職工作者則因爲其特殊的階級屬性，使其在新的男性氣質審美觀和社會職業價值準則下，處於尷尬而矛盾的轉型境況。但他們最終的表現都遵守了這些新的社會要求，努力調整自身位置、工作職業和革命內容的融合關係。

第三節　結　論

　　本章旨在透過分析以上的男性人物形象，探究五四女性小說中的男性和工作／職業／事業之間的多項課題，如：男性的工作境遇或工作狀態與自我認同、陽剛氣質表現、家庭婚姻和政治社會的關係，從而探討「尋覓『新男性』」現象在此一層面的表現內容。

　　綜觀所討論過的男性工作者，其中所承載的「革新」或「變遷」訊息是有其一般性和特殊性的。

　　在一般性的共同點方面，勞力型工作者形象的功能意義主要在於揭示勞動階層的困苦生活和鬥爭過程，因此傾向於以一種性別差異不大的表現方式來展示勞動階級受到異化的身體勞動。而文職工作者形象所呈現的一般性共同意涵則是：體現五四知識份子在時代和社會的變遷需求中，如何從處於徬徨苦悶的自我否定狀態走向認同馬克思主義意識形態的發展歷程。總體而言，這些男性最終都以政治革命意識形態的表現程度爲他們工作職業的新價值準繩。

　　另一方面，值得注意的是，這些男性職業承擔者／工作者也表現

了其特殊意涵，即是穿梭自我、家庭、社會、兩性關係和政治層面的男性氣質課題。這些方面的課題幫助我們探索出更多有關「新男性」在職場上的變遷內容。

首先，從所分析的男性人物身上發現，男性是家庭經濟的主要供應者之性別角色期待依然不變，而且其強化的趨勢並沒有因女性步入公共工作領域的社會變化而有所退減，這種現象造成男性普遍以工作／職業的經濟功能為自我評價的基準面臨動搖，並直接引發其他與男性氣質相關的正、負面反應。

其次，是男性工作／事業受挫者所表現出來的暴力傾向問題，其施暴對象包括女性、小孩和同性。值得注意的是，在個體暴力方面，貧窮、失業或失意並非男性施展暴力的真正理由，男性氣概的受損和變相的膨脹才是重要原因。這類因工作／事業不如意而有暴力行為表現的男性，暗示了男性應該認識自身的暴力行為，學習尊重女性的工作能力，同時也學習在工作或事業出現問題時對自己的心理、思想和行為進行調適。在集體暴力方面，顛覆性強的革命鬥爭需要武力固然有其合理性與需求性，但這背後的男性私慾——施展和重建男性陽剛魅力——卻不容忽視。它容易令我們陷入一種表像的解讀：相信具有革命性質的工作／職業是評斷當時男性成為「新男性」的唯一準則，而忽略了男性崇拜以武力／暴力作為其陽剛氣質表現的情結作祟之可能。

再者，新的經濟活動和政治因素的介入改變了男性與工作／職業之間的關係，一方面使彼此從過往純粹的經濟關係轉入政治關係，一方面造就新的社會職業和價值觀念，並因而在某種程度上改寫了他們的男性氣質表現。

簡而言之，男性氣質的內涵幾乎貫穿這些男性人物與他們的職業／工作／事業之間，並直接影響到個人生活的多方面，這包括男性的工作與個人心理、身體、思想、家庭、兩性和政治等等的多元化關係。

透過分析五四女性小說文本中的這些男性人物形象，我們可以看到「尋覓『新男性』」現象中的關懷與想像如何在男性與工作之間的關係範疇裏得到呈現。特別是在解讀這種關懷與想像的空間時應注意其跨越性向度，是不限於國家民族或政治範疇的。例如當中有關工作/職業/事業與男性氣質互涉互鑒的探究，男性在此範疇內對自身處境的自省和調整，以及期盼男性改變有礙兩性和平相處的行為、態度和思想，都是些值得思考的閃光點。

第六章　總結語

　　本論文從外在視覺形象、情慾心理、家庭角色和工作事業四個方面，對五四女性小說文本中的男性人物形象進行分析，所討論的內容和解讀視角主要依據以下兩項論點：一是論證「尋覓『新男性』」現象於五四女性小說文本中的存在與意義；二是闡明五四女性小說文本中男性形象的研究價值。

（一）五四女性小說文本中的「尋覓『新男性』」現象

　　筆者在緒論中已討論過「尋覓『新男性』」現象的緣起與發展，這種現象發生在五四女性小說裏，即指女性基於某些原因，對男性生存狀況的發展面貌和變遷可能進行關注性的觀察、思考和想像，然後以形象書寫的方式再現所得感知。其可貴之處是夾雜在文本中獨特的性別話語，因為這些主要來自於女性的聲音反映了當時女性的人生體驗、思想感情，以及審美追求。「尋覓『新男性』」現象的論證也說明女作家們除了關心各種婦女和社會時勢問題外，也關心男性問題。然而這些性別課題的探討與體現方式，並非是純粹的女性人物形象塑造、或是針對女性生活處境的敘述，而是透過男性人物形象書寫來披露相關訊息。

　　經過分析，本論文不但從五四女性小說文本裏揭示了一群被忽略的男性形象，而且還在其中找到五四女作家通過文字對男性展開性別建構的現象，這種現象反映了五四女性小說中另類的、被忽略的女性情感 ── 女性對男性的關懷與書寫慾望。這種或有意或無意、程度不同的，以男性為對象的關懷，是包含了女性的性別視角、經驗和感受

的。

簡而言之，「尋覓『新男性』」現象肯定了五四女性小說文本裏所曾浮現的、被忽視的性別想像內容和成果，而肯定這點有助於改寫五四女性小說傳統的現有面貌，揭示其中有關男性生存狀態與處境的書寫內容。

（二）五四女性小說文本中男性人物的形象意義

五四女性小說中的男性形象是有著開闢先鋒的啓蒙意義的，他們是首批群體式出現在中國女性白話文書寫文本裏，並體現一定意義上的「尋覓『新男性』」主題的男性形象。

「新男性」的「新」具有一方面挖掘其「新穎」之處，一方面強調其「調整」、「改變」的雙重意涵，因爲：一、這些男性人物所「新」之處，是有前迹可尋的，從這點來說，不完全新奇，「新」的意義在這裏是一種變遷、轉變。二、這些男性人物又確實有異於過去的「新」處，從這點上看，他們是有新意的。

五四女性小說中的男性形象在一定程度上無疑受到以國家民族、以男權文化爲中心的審美標準所影響，但仍然有著其特殊之處，這也是五四女性小說中的男性形象異於五四男性小說中的男性形象之意義所在。五四男性小說所體現的「新男性」往往是國家、民族、政治意義上的「新國民」、「新青年」形象，而五四女性小說中的男性形象則更多的是從性別範疇出發，所營構的是性別意義上的「新男性」，而不僅僅是國家民族或歷史政治意義上的「男性」。所謂性別意義也就是強調性別的「多元向度之特性」，是概括國家民族或歷史政治意義層面以外的其他內容，如：個人心理、家庭婚姻、工作事業、兩性關係、性別角色和權力等等。

以下四個方面的分析，是本論文嘗試解決中心議題的結果，也即是各章的討論收穫。

一、從視覺形象到性別權力關係

通過分析男性人物在五四女性小說文本中的視覺形象（外型、相貌、體格、風度），我們得到兩項成果：

（一）男性人物作爲「被觀察者」和「被看者」在文本中所能施展的現代化視覺形象內容。

從文本中男性人物外型分析所得的表層觀察結果，可勾勒出兩大類屬於十九世紀末、二十世紀初的男性形象：文人知識份子和勞動階層者。

文人的視覺形象呈現中西交錯、新舊摻半的現象，而當中的西化或現代化特色更是五四時代「新男性」的重要標誌之一。他們當中有的保留了中式長袍的衣著打扮，有的則模仿並採用西式的服裝和佩飾，如：西式的畢業服裝、西方布料的選用、貼身的剪裁（異於中國服裝「肥碩寬大」的風格），還有鐘錶、皮鞋、眼鏡、別針等等。在面容方面，已找不到象徵中國封建君主制度的辮子存在，取而代之的是或油亮整潔、或象徵無拘自由的散亂的西式髮型。此外，人物的五官基本上仍保留著中國古代文人所強調的面目清秀乾淨、皮膚細嫩、白晰裏又以紅潤顯示其健康的精神狀況等特色，這反映了中國五四時代文人男性美的標準在某種程度上是有其繼承性的。另一方面，這些男性人物在服飾和髮型上的西化改變則較鮮明地反映了當時人以西方爲參照的價值取向和審美時尚。這些多樣化的髮型、服飾的質地材料、手工剪裁、用途和配帶位置，都顯了中國從晚清以來，經歷了半封建半殖民的社會和政治變遷，以及民國時所施行的《剪辮通令》和一套

民國服飾新範例以後，所呈現的一種複雜的時代面貌：追求平民化、自由化、多元化、現代化、個性化和西方化的精神意義。

　　與文人知識份子相比較，勞動階層的男性視覺形象單薄許多，而且傾向體現社會革命內容。只有生理肉體形態方面的書寫效果，倒是這類男性在視覺形象上值得一提的特點。不管是中國的傳統農民，抑或是崛起於近現代中國的社會新生階級──工人，他們的身體形態狀況之正、負面表現（工農強健的體魄或受到剝削殘害的身軀），一方面再三說明著人類身體作為社會經濟和勞力資源象徵的事實，一方面也明示了人類身體如何因應經濟和政治形態的轉變而產生變化。在這些男性勞動者身上，我們看到外國資本主義和殖民勢力，以及馬克斯主義思想對中國政治、經濟方面的影響，如何在他們的外在形態上留下時代性的烙印。

　　（二）男性人物作為「被觀察者」和「被看者」在文本中所呈現的性別張力，包括兩性關係、性別權力、女性成為觀察和書寫活動的主導者，等等之課題。

　　五四女性小說中有關五四男性的視覺形象敘述，不應停留在身體被長袍馬褂、或西裝皮鞋、洋帽洋表等所覆蓋的影像，而是應提升到一種映射兩性之間性別權力關係的形體想像。因為，除了從衣飾、容貌、身型等方面的組成部份來探看五四女性小說中男性人物的視覺形象外，觀察的意義也可以延伸到人物在被觀察過程中的表情動作和反應表現上，這也是這些男性視覺形象的存在意義──說明女性文本中通過書寫和想像建構男性的主題現象。

　　文本中的男性視覺形象──外型衣著、面容長相、身軀體格之展示，說明了男性的身體和外型美不但不再是女性文本裏的書寫禁忌，反而成為另一種突破性的書寫願望，使女性審美男性的慾望得到實現。這些不同形式的觀察歷程（如：平視、俯視、逼視、仰視），印證了女性擁有觀察者的席位，把男性變成觀察目標，同時也通過女性

本位的主體和主觀意識之作用，干擾著男性客體的呈現狀態，曝光了男性視覺形象的正、負兩面。

這種意識形態上的轉變不只說明女性不再活在男性目光底下，更成爲表達本身慾望的主體，意味著女性向過去僅屬於男性的知識界與權力界邁步。更重要的是，這也告訴我們五四女作家在掌握並運用了觀看和書寫的自主力量之餘，還實踐著一種對男性關懷和想像的願望，使我們得以瞭解「尋覓『新男性』」現象在五四女性小說文本中的部份痕跡，及這些男性人物的視覺形象之性別意義。

二、情慾認知與實踐的民主化

第三章的內容主要討論五四女性小說中男性人物對戀愛、婚姻、性等方面的態度與價值觀念，並嘗試發掘具有特殊意義的「新男性」和「新」兩性關係。根據分析所得，我們發現以兩情相悅之愛情爲基礎的婚戀原則、追求戀愛自由、婚姻自主、性解放，等等，這些都不再是評斷五四「新男性」的固定標準了。五四女性小說中的男性人物形象站在這幾項被視爲新式婚戀的準則上，揭示了「新男性」在情慾範疇裏的更多內涵。這些內涵主要圍繞著民主化兩性關係的情慾認知與實踐方式來發展，包括：

（一）男性對自己進行個體情慾自治的其中一項基礎：在情慾方面自我發覺和發掘、自我反思、剖白和實踐。這在文本中的男性知識份子身上顯得較有實現的可能，而文盲或社會下層男性群體的表現也受到注意。後者礙於教育程度不足，無法經由文字教育灌輸民主思想，因此，在情慾自治方面更加需要不同管道的正確引導和啓蒙。此外，提醒男性根據陽物崇拜所衍生的情慾觀念和行爲態度作出反思和調整。

（二）男性在與女性進行情慾方面的對話交流時，應該注意對話

的民主化素質。亦即要求雙方在平等、相互尊重的情境下，發揮各自的發言／聲權和聆聽涵養，以民主化的方式達到對話、溝通、交流的效果。

（三）當情慾處在愛情和婚姻的兩性關係裏時，理解專一忠誠和相互依賴、合作的夥伴關係之情感原則，是有助於處理婚外戀、多角戀和不履行婚姻義務的兩性問題的。

五四女性小說中男性人物的情慾世界，不管是以正面或是負面的表現展示他們民主與不夠民主的地方，其意義在於體現了五四「新男性」在情慾範疇內所可能發揮或發展的民主認知與實踐。

三、從家庭角色到實性和諧關係

第四章從性別角度出發，解讀文本中男性人物在家庭關係範疇內的重要角色 —— 父親。我們發現這類父親人物有異於象徵意義上的、以群體姿態出現的父親父權代表人物類型，他們在文本中是以具體個體形象出現，體現家庭角色和自然血緣意義的父親內容。他們的形象特色在於他們展示了另類父親的家庭角色扮演，而且大多表現出屬於正面的、有利於促進家庭人際關係和兩性和諧的特質，這在「尋覓『新男性』」現象的落實過程中留下了新式父親形象的建構內容。

（一）展示另類父親的人物畫廊

五四女性小說文本中所呈現的另類父親人物形象，基本上包括擁有地親氣質的親子父親和「孕父」，他們都在家庭關係範疇中發揮了情感性質的角色功能，程度不同地達到了實性的家庭人際和諧關係，尤其在父子（女）關係方面。

親子父親類型的男性在履行傳統父親角色中的正面職務（如：保護、供養、教育）之同時，更多地執行了地親／地父的活動。他們在文本中的地親氣質大致表現在對子女的主動親近、與子女之間的和善

溝通與分享，以及給予情感上的支持、鼓勵和安慰。這與現代學者所謂的五四「弒父」文化是截然不同的另一種形象意蘊。

此外，這些「孕父」也顯示了男性處於妻子懷孕或初爲人父階段所面臨的問題及所作出的反應，這都是鮮爲當時人所注意的父親角色課題。在文本中，這類男性在面對妻子懷孕期間的各種生理和心理變化時，一方面表現出自己毫無經驗的應對態度與複雜心情，一方面又爲自身所面臨的角色失調、生育費用和分擔撫育問題而焦慮失措。不管是正面或負面的表現，這些男性的父親角色都流露了情感型功能需求的形象特質，使我們看到五四時期富有特殊意義的父親形象。

（二）展望「新父親」

從所分析過的親子父親、「孕父」和初爲人父的男性人物身上，我們可以讀到文本背後的共同心聲，即是五四女性對「新男性」的「新父親」角色內容之探索與期待。

這首先表現在肯定、欣賞、讚譽和渴盼發揮地親氣質的父親形象書寫上。從正面的書寫成果中，我們看到這類受到肯定和讚賞的父親實際上曝光率並不高，反映了他們一方面被感激却又一方面受到忽視的邊緣化存在狀況。從被批判的父親形象書寫成果中，我們理解到缺乏實性情感功能的父親所帶來的負面影響，同時也傳達了五四女性找尋理想父親的隱藏願望。總體而言，父親角色中的地親面（主要指情感功能上的支持、保護、尊重與溝通等實性情感的表現），是備受期盼的，它是建構「新父親」概念的重要元素。

其次則從女性以關懷或批判方式對「新父親」角色的展望意圖看出。這種對男性的家庭角色表現表示善意的關懷，可見於有關男性在妻子懷孕期間和產後階段所可能面臨的種種問題之探索（妻子的、自身的、經濟方面的、初生嬰兒的，等等），也可見於男性在父子或父女關係中的角色認知與角色功能問題之書寫，這些都說明了男性備受期待的共同訊息。此一共同的展望目標即是希望男性重新認識並調整

自身在家庭中的多元身份和角色職務，包括在妻子懷孕期間和產後階段的關懷、照顧，和分擔經濟與撫育工作，以及和子女之間的實性互動情感之執行、培養。

四、從工作事業活動到男性陽剛氣質的重估

職業是人類在社會中所從事的作爲主要生活來源的工作。由於「男主外，女主內」的傳統角色分工，工作職業不只直接影響男性自身的生存條件，而且也是他們執行家庭經濟生活供應者義務和展現本身男性氣質的重要依憑。第五章從工作／職業／事業層面對五四女性小說文本中的男性人物形象進行分析，所要探索的是五四時代男性性別概念之變遷如何與男性的工作事業活動，以及男性氣質發生關係。分析所得的結果是：

（一）職場上的男性百態

首先，我們發現家庭經濟供應者角色依然是左右著男性與工作／職業／事業之間的關係。從所分析過的男性人物身上，我們可以看到一批因在工作事業上不順利，如：遭解雇、失業、待業、收成不好、欠薪、受壓迫或剝削、工作無成就感，等等的緣故，而面對經濟危機和自我認同危機的男性。這直接導致他們發生以下的情況：一是受到暴力對待，如被雇主欺侮；二是本身也作出暴力行爲，如毆打家庭成員或在公共場合內與他人發生打鬥；三是他們在家庭中的權威下降，因爲他們無法完成經濟供應者的職務；四是他們會陷入自我否定和懷疑的負面情緒中，因爲他們無法通過工作能力或成就來證明自身的存在價值。

其次，我們也從文本中的男性人物身上發現，當時的經濟形態和政治形勢對男性與工作職業的多方面影響。一是反映了許多新興的社會職業，如工人、翻譯員、革命宣傳工作者、白話文創作家，等等的

現代職業活動；二是馬克斯主義思潮和中國共產黨所倡導的政治意識形態，改變了當時人的職業階級和價值觀。中國過去士、農、工、商的職業等級排序已完全被顛覆，革命性質成爲衡量職業地位和價值的新準則。而政治意識形態的掌握與實踐也成爲「新男性」在工作事業範疇內的理想價值表現。

（二）男性與工作／職業／事業的新關係

另一方面，值得注意的是，在這些男性職業承擔者／工作者身上還表現了一項特殊意涵，即是穿梭自我、家庭、社會、兩性關係和政治層面的男性氣質課題。此一性別視角幫助我們探索到文本中更多有關「新男性」在職場上的變遷內容。

首先，男性作爲家庭經濟的主要供應者之性別角色期待依然不變，而且其強化的趨勢並沒有因女性步入公共工作領域的社會變化而有所退減，這種現象造成男性普遍以工作／職業的經濟功能爲自我評價的基準面臨動搖，並直接引發其他與男性氣質相關的正、負面反應。

其次，是男性工作／事業受挫者所表現出來的暴力傾向問題，其施暴對象包括女性、小孩和同性。值得注意的是，在個人暴力方面，貧窮、失業或失意絕不是男性施展暴力的正當理由，男性氣概的受損和變相的膨脹才是真正的原因。這類因工作事業不如意而有暴力行爲表現的男性，暗示了男性應該認識這方面的暴力意識，學習尊重女性的工作能力，也學習在工作或事業出現問題時對自己的心理、思想和行爲進行調適。在集體暴力方面，顛覆性強的革命鬥爭需要武力固然有其歷史因素存在，但這背後的男性私慾 —— 施展男性陽剛魅力 —— 却不容忽視。它容易令我們陷入一種表像的解讀：相信具有革命性質的工作／職業是評斷當時男性成爲「新男性」的唯一準則，而忽略了男性崇拜以武力／暴力作爲其陽剛氣質表現的情結作祟之可能。

再者，新的經濟活動和政治因素的介入改變了男性與工作／職業之間的關係，一方面使彼此從過往純粹的經濟關係轉入政治關係，一

方面造就新的社會職業和價值觀念，並因而在某種程度上改寫了他們的男性氣質表現。

簡而言之，男性氣質的內涵幾乎貫穿這些男性人物與他們的工作／職業／事業之間，直接影響到個人生活的多方面，這包括男性的工作與個人心理、身體、思想、家庭、兩性和政治等等的多元化關係。透過分析五四女性小說文本中的這些男性人物形象，我們可以看到「尋覓『新男性』」現象中的關懷與想像如何在男性與工作之間的關係範疇裏得到呈現。特別是在解讀這種關懷與想像的空間時應注意其跨越性向度，是不限於國家民族或政治範疇的。例如當中有關工作／職業／事業與男性氣質互涉互鑒的探究，男性在此範疇內對自身處境的自省和調整，以及期盼男性改變有礙兩性和平相處的行為、態度和思想，都是些值得深思的閃光點。

綜觀以上所述，本論文以性別（自然性別與社會性別）為視角對中國五四女性小說展開批評，以文本中的男性人物形象為焦點，根據他們的外在視覺形象、情慾心理、家庭角色和工作事業四個方面之表現，探討其在不同場景、不同的關係狀態和位置處境中，相互作用而產生的意蘊。這證明了五四女性小說中的「尋覓『新男性』」現象和成果，闡釋五四女性小說文本中男性形象的存在意義 —— 他們體現的不僅僅是國家民族或歷史政治層面的形象意涵，更值得注意的是，他們還體現了性別範疇內的男性形象意涵。這些從男性人物形象身上所解讀出來的意蘊，一方面呈現出女性小說文本裏的男性性別模式，一方面也揭櫫了女性參與對男性性別的現代性建構活動。這些解讀結果雖然在某些地方與女作家／作者的創作原意有相似互通之處，但更多的是些作者未能明確意識到，目前大多學者未能系統地發掘出來，而又實在客觀地包含在藝術形象中的審美意蘊。

筆者認為，這種對男性進行性別建構的嘗試和成果僅僅是女性關懷慾望和關懷情感的投射之一，五四女性小說不只在表現當時的主流

意識形態，如：女性在教育、經濟和婚戀方面的發展處境、婦女解放運動、或社會革命、階級鬥爭方面有受人矚目的成就，多元化的文本意蘊也可能夾雜了和儲積了許多屬於女性個人的、或是跨越另一性的、邊緣的、未被發掘的性別話語，例如其他文類的女性作品中的男性形象書寫以及男性研究便是有待進一步開拓的領域。筆者相信有關「尋覓『新男性』」現象（或主題）的挖掘，可以以五四女性小說文本爲根據點，繼續往前追溯到晚清甚至古代的女性文學作品，往後追蹤到當代女性文學作品。這項嘗試將可能進一步系統化地呈現出女性書寫與男性性別建構之間的關係之連貫性發展脈絡，並通過找尋其中的內在規律，引發更深層的意義。

附錄：參考書目

一、中文書目

(一) 五四女作家作品

B ㄅ

白薇（劇作）《打出幽靈塔》（原名《去，死去！》），1928 年連載於《奔流》創刊號、2、4 期。

白薇〈炸彈與征鳥〉，原載 1928 年《奔流》，第 1 卷第 6-10 期，以及 1929 年《奔流》第 2-4 期。

白薇《悲劇生涯》（上、下），上海：生活書店，1936。

白薇〈我投到文學圈裏的初衷〉，原載《文學》一周年紀念特輯《我與文學》，1934 年 7 月上海生活出版社出版。

白薇〈跳關記〉（散文），寫於 1944 年。見閻純德主編《女性的地平綫──20 司機華夏女性文學經典文庫》（北京：中國文聯，1995），頁 58-89。

白薇《白薇作品選》，長沙：湖南人民，1985。

冰心〈兩個家庭〉，載《晨報》第 7 版，1919 年 9 月 18 日至 22 日。

冰心〈斯人獨憔悴〉，原載 1919 年 10 月 7-11 日《晨報》。

冰心〈去國〉，載《晨報》第 7 版，1919 年 11 月 12 日至 26 日。

冰心〈最後的安息〉，載《晨報》第 7 版，1920 年 3 月 11 日至 13 日。

冰心〈一個兵丁〉，載《晨報》第 7 版，1920 年 6 月 10 日。

冰心〈離家的一年〉，載《小說月報》，1921 年第 12 卷第 11 期。

冰心〈分〉，原載《新月》，1931 年第 3 卷第 11 號。

冰心〈我們太太的客廳〉，原載天津《大公報‧文藝副刊》1933 年 9
　　月 27 日，第 2-10 期。

冰心〈相片〉，載《文學季刊》1934 年 7 月 1 日，第 3 期。

冰心〈西風〉，載《文學季刊》1936 年 7 月 1 日，第 1 卷第 2 期。

冰心〈我的老伴──吳文藻〉，原載《中國作家》1987 年第 2 期。

冰心〈童年雜憶〉、〈回憶五四〉、〈我的童年〉，見《世紀之憶──
　　冰心回想錄》（海口：南海出版公司，1999）。

冰心《姑姑》，上海：北新書局 1932 年初版。

冰心《冬兒姑娘》，上海：北新書局 1935 年 5 月初版。

冰心《關於男人》，（北京：人民文學出版社，1988）。

冰心著，卓如編《冰心全集》，福州：海峽文藝出版社，1994。

Ch ㄔ

沉櫻《喜筵之後》，（上海：北新書局，1929 年 6 月初版）。

沉櫻〈喜筵之後〉，《喜筵之後》（1929）。

沉櫻〈愛情的開始〉，《喜筵之後》（1929）。

沉櫻〈意外〉，《喜筵之後》（1929）。

沉櫻〈時間與空間〉，《喜筵之後》（1929）。

沉櫻《某少女》（上海：北新書局 1929 初版）。

沉櫻〈關於《某少女》〉，《某少女》（1929）。

沉櫻《夜闌》（上海：光華書局，1929 年 12 月版；大光書局，1930
　　年 7 月版）。

沉櫻〈夜闌〉，《夜闌》（1929-1930）。

沉櫻〈慾〉，原載 1929 年 8 月 16 日《北新》，第 3 卷第 15 期。

沉櫻《女性》（上海：生活書店，1934）。

沉櫻〈生涯〉，《女性》（1934）。

沉櫻〈女性〉，《女性》（1934）。

沉櫻《一個女作家》（上海：北新書局，1936）。

沉櫻〈生與死〉，《一個女作家》（1936）。

沉櫻《喜筵之後・某少女・女性》，北京：人民文學出版社，1987。

沉櫻著，陳寧寧選編《沉櫻小說・愛情的開始》，上海：上海古籍出
　　版社，1997。

陳學昭〈馮七〉，載《北新》1929 年第 3 卷第 20、21 號，署名式微。

陳學昭《陳學昭文集》（第一卷〔小說〕），浙江：浙江文藝出版社，
　　1996。

陳衡哲《小雨點》（上海：新月書店，1928）。

陳衡哲〈巫峽裏的一個女子〉，收入散文、短篇小說集《小雨點》
　　（1928）。

陳衡哲〈洛綺思的問題〉，載《小說月報》1924 年第 10 號，收入《小
　　雨點》（1928）。

陳衡哲著，羅崗選編《陳衡哲小說——西風》，上海：上海古籍出版
　　社，1997-1998。

D ㄉ

丁玲《在黑暗中》（上海：開明書店 1928 年 10 月初版）。

丁玲〈夢珂〉，原載 1927 年 12 月 10 日《小說月報》，第 18 卷第 12
　　號，署名丁玲。初收《在黑暗中》（1928）。

丁玲〈莎菲女士的日記〉，原載《小說月報》，1928 年 19 卷 2 號，
　　初收《在黑暗中》（1928）。

丁玲〈阿毛姑娘〉，原載 1928 年 7 月 10 日《小說月報》，第 19 卷第
　　7 號，初收《在黑暗中》（1928）。

丁玲《一個女人》（中華書局 1930 年 4 月版）。

丁玲〈一個男人和一個女人〉，原載 1928 年 12 月 10 日《小說月報》，第 19 卷第 12 號。初收《一個女人》（1930）。

丁玲〈他走後〉，原載 1929 年 3 月 10 日《小說月報》，第 20 卷第 3 號。初收入《一個女人》（1930）。

丁玲《韋護》，連載 1930 年 1-5 月《小說月報》，第 21 卷第 1-5 號，（上海：大江書舖 1930 年 9 月初版）。

丁玲《一個人的誕生》（上海：新月書店，1931 年 5 月初版）。

丁玲〈一九三〇年春上海（之一）〉，載 1930 年 9 月 10 日《小說月報》，第 21 卷第 9 號。收入《一個人的誕生》（1931）。

丁玲〈一九三〇年春上海（之二）〉，連載 1930 年 11 月 10 日、12 月 10 日《小說月報》，第 21 卷，第 11、12 號，收入《一個人的誕生》（1931）。

丁玲《水》（上海：湖風書局，1931 年初版）。

丁玲〈一天〉，原載 1931 年 9 月 10 日《小說月報》，第 22 卷第 9 號。初收《水》（1931）。

丁玲〈水〉，連載 1931 年 9 月至 11 月《北斗》，第 1 至 3 期，初收《水》（1931）。

丁玲〈田家沖〉，載 1931 年 7 月 10 日《小說月報》，第 22 卷第 7 號，初收《水》（1931）。

丁玲〈法網〉，1932 年 4 月 21 日由上海良友圖書印刷公司收入「一角叢書」單行出版。

丁玲《夜會》（上海：現代書局，1933 年 6 月初版）。

丁玲〈奔〉，原載 1933 年 5 月《現代》，第 3 卷第 1 期，初收《夜會》（1933）。

丁玲〈消息〉，原載 1932 年 7 月 10 日《文學月報》，第 2 期，初收《夜會》（1933）。

丁玲〈詩人亞洛夫〉（原篇名爲〈詩人〉），載 1932 年 11 月 1 日《東

方雜志》，第 29 卷第 5 號，初收《夜會》（1933）。

丁玲〈夜會〉，原載 1932 年 10 月 15 日《文學月報》，第 3 期，署名
　　叢喧，初收《夜會》（1933）。

丁玲《意外集》（上海：上海良友圖書印刷公司，1936 年 11 月初版）。

丁玲〈團聚〉，原載 1936 年 9 月 1 日《文季月刊》，第 1 卷第 4 期，
　　初收《意外集》（1936）。

丁玲〈松子〉，原載 1936 年 4 月《大公報・文藝》，第 130 期，初收
　　短篇小說、散文集《意外集》（1936）。

丁玲〈一月二十三日〉，1936 年 7 月原載於開明書店十週年紀念刊《十
　　年》上，初收《意外集》（1936）。

丁玲〈楊媽的日記〉，原載 1933 年 8 月《良友圖畫雜志》，第 79 期，
　　初收《意外集》(1936)。

丁玲《一顆未出膛的槍彈》（上海：生活書店，1938）。

丁玲〈東村事件〉，連載 1937 年 5 月 31 日至 7 月 5 日《解放周刊》，
　　第 1 卷第 5 至 9 期。初收《一顆未出膛的槍彈》（1938）。

丁玲《丁玲文集》，長沙：湖南人民出版社，1982。

丁玲《夢珂》，北京：燕山出版社，1998。

F ㄈ

馮沅君〈旅行〉，載《創造季刊》，1924 年第 45 期。

馮沅君《劫灰》（上海：北新書局 1928 年版）

馮沅君〈我已在愛神前犯罪了〉，收入《劫灰》（1928）。

馮沅君〈潛悼〉，收入《劫灰》（1928）。

馮沅君著，袁世碩、嚴蓉編《馮沅君創作譯文集》，濟南：山東人民
　　出版社，1983。

馮鏗〈最後的出路〉，中篇小說，全篇共 28 章，前 6 章在 1929 年 9
　　月載於《女作家雜志》創刊號，署名馮占春，篇名〈女學生的苦

悶〉，其餘 22 章是未發表過的手稿。此篇原題爲〈一個女學生的日記〉。

馮鏗〈小阿強〉，原載於《大眾文藝》，1930 年第 2 卷第 5、6 期。

馮鏗〈重新起來〉，完成於 1930 年 5 月 1 日的未發表之手稿，由後人從其遺稿中整理出來，收入魯迅博物館文物資料部整理的《晨光——柔石　馮鏗遺稿》（1985）。

馮鏗《重新起來》（作品集），廣州：花城出版社，1986。

魯迅博物館文物資料部整理《晨光——柔石　馮鏗遺稿》，北京：書目文獻出版社，1985。

L ㄌ

凌叔華〈女兒身世太淒涼〉，載《晨報副刊》，1924 年 1 月 13 日。

凌叔華〈「我那件事對不起他」〉，載《晨報六周年紀念增刊》，1924 年。

凌叔華《花之寺》（上海：新月書店，1928 年 1 月初版）。

凌叔華〈酒後〉，原載《現代評論》，1925 年 1 卷 5 期，收入《花之寺》（1928）。

凌叔華〈再見〉，原載 1925 年 8 月 1 日《現代評論》，第 2 卷第 34 期。

凌叔華〈花之寺〉，原載 1925 年 11 月 7 日《現代評論》，第 2 卷第 48 期。

凌叔華〈病〉，原載 1927 年 4 月 2 日《現代評論》，第 5 卷第 121 期。

凌叔華〈她們的他〉（劇作），原載《現代評論》1927 年 6 月份的三周年紀念增刊。

凌叔華〈他倆的一日〉，原載 1927 年 9 月 17 日、24 日《現代評論》，第 6 卷第 145-146 期。

凌叔華〈女人〉（劇作），原載《小說月報》，1929 年 4 月，10 卷 4 期。

凌叔華〈鳳凰〉，載《新月》，1930 年 11 月，第 3 卷第 1 期。

凌叔華〈死〉，載開明書店創業十周紀念《十年》，1936 年

凌叔華〈千代子〉，原載 1934 年 4 月《文學季刊》，第 1 卷第 2 期。

凌叔華〈奶媽〉，原載 1936 年 4 月《文藝月刊》，第 8 卷第 4 期。

凌叔華〈一件喜事〉，原載 1936 年 8 月 9 日《大公報》副刊《文藝》。

凌叔華〈八月節〉，原載 1937 年 8 月《文學雜志》，第 1 卷第 4 期。

凌叔華〈旅途〉，原載 1931 年 6 月《文季月刊》復刊號。

凌叔華《小哥兒倆》（上海：上海良友圖書印刷公司，1936）。

凌叔華〈小英〉，《小哥兒倆》（1936）。

凌叔華《古韻》（英文自傳體短篇小說集）(Ancient Melodies)，又名《古歌集》，由倫敦 Hogarth Press Ltd 於 1953 年出版，共收小說 18 篇。1969 年曾再版一次，1991 年由傅光明譯成中文（臺灣：業強出版社）。

凌叔華著，陳學勇編《凌叔華文存》，四川：四川文藝出版社，1998。

廬隱《海濱故人》（上海：商務印書館，1925）。

廬隱〈靈魂可以賣嗎〉，原載 1921 年 11 月 10 日《小說月報》，第 12 卷第 11 號，初收短篇小說集《海濱故人》（1925）。

廬隱〈父親〉，1925 年 1 月 10 日載《小說月報》第 16 卷第 1 號。

廬隱著，郭俊峰、王金亭主編《廬隱小說全集》，長春：時代文藝出版社，1997。

Xㄒ

蕭紅〈手〉，載 1936 年 4 月 15 日上海《作家》月刊創刊號。

蕭紅〈王阿嫂之死〉，《跋涉》（合爾濱：五月出版社，1933 年 10 月）。

蕭紅《生死場》，上海：容光書局，1935 年 12 月。

蕭紅《後花園》，北京：北京燕山出版社，1998。

謝冰瑩《從軍日記》，上海：春潮書局，1928。

謝冰瑩《女兵自傳》，即《一個女兵的自傳》（上海：良友圖書印刷公司，1936）和《女兵十年》改正合訂本，1948 由 晨光出版；1956 年由臺北力行書局修訂出版；1980 年東大；1985 年四川文藝。

謝冰瑩《青年王國材》，上海：開華書局，1933。

謝冰瑩〈刑場〉、〈初得到異性的溫柔〉，作品原出處無法查證。根據艾以、曹度所主編的《謝冰瑩文集》（下）（合肥：安徽文藝出版社，1999）的小說部分，選取這篇作品，內文注明此作品完成於「1929 年，夏」。

謝冰瑩《前路》（上海：光明書局，1932）

謝冰瑩〈拋棄〉，《前路》（1932）。

謝冰瑩〈林娜〉，《前路》（1932）。

謝冰瑩〈清算〉，《前路》（1932）。

謝冰瑩《謝冰瑩創作選》（上海：新興書店，1936）。

謝冰瑩著，艾以、曹度主編《謝冰瑩文集》，合肥：安徽文藝出版社，1999。

謝冰瑩著，范橋、王才路、夏小飛編《謝冰瑩散文》，北京：中國廣播電視出版社，1993。

（二）中文專著

A ㄞ

艾以、曹度所主編的《謝冰瑩文集》（合肥：安徽文藝出版社，1999）

B ㄅ

白舒榮、何由合著《白薇評傳》，長沙：湖南人民出版社，1983。

卞孝萱主編，郝潤華著《婦女與道德傳統》，南京：江蘇古籍出版社，2002。

Ch ㄔ

陳學勇編《凌叔華文存》，成都：四川文藝出版社，1998。

陳家春《慾魘的透視──中國當代小說與性文化》，香港：香港教育圖書公司，1999。

陳玉玲《尋找歷史中缺席的女人──女性自傳的主體性研究》，台南：嘉義管理學院，1998。

陳寧寧選編《沉櫻小說‧愛情的開始》，上海：上海古籍出版社，1997。

啜大鵬主編《女性學》，北京：中國文聯出版社，2001。

周蕾 Chow, Rey《婦女與中國現代性──東西方之間閱讀記》（*Women and Chinese Modernity: The Politics of Reading between West and East* ），臺北：麥田出版社，1995。

D ㄉ

戴偉《中國婚姻性愛史稿》，北京：東方出版社，1992。

F ㄈ

范揚《陽剛的隳沉：從賈寶玉的男女觀談中國男子氣質的消長軌迹》，北京：國際文化出版社，1989。

范橋、王才路、夏小飛編《謝冰瑩散文》，北京：中國廣播電視出版社，1993。

G 《

郭俊峰、王金亭主編《盧隱小說全集》，長春：時代文藝出版社，1997。

H 厂

胡適《胡適文集》，北京：北京大學出版社，1998。

黃囇莉《人際和諧與衝突——本土化的理論與研究》，臺北：桂冠，
　　1999。

華梅《中國服裝史》，天津：人民美術出版社，1989。

L 匀

《李大釗全集》，石家莊：河北教育，1999。

《李達文集》，北京：人民出版社，1980。

《梁啓超全集》，北京：北京出版社，1999。

廖雯《女性主義作為方式——女性藝術》，遼寧：吉林美術出版社，
　　1999。

林丹婭《當代中國女性文學史論》，廈門：廈門大學出版社，1995。

林幸謙《張愛玲論述：女性主體與去勢模擬書寫》，臺北：洪葉文化
　　事業有限公司，2000。

劉爲民《「賽先生」和五四新文學》，濟南：山東人民，1997。

劉安海、孫文憲　主編《文學理論》，武漢：華中師範大學，1999。

劉思謙《「娜拉」言說——中國現代女作家心路紀程》，上海：上海
　　文藝出版社，1993。

劉慧英《走出男權傳統的樊籬——文學中男權意識的批判》，北京：
　　生活·讀書·新知三聯書店，1995。

劉明逵、唐玉良主編《中國工人運動史》，廣州：廣東人民出版社，
　　1998。

劉秀娟編著《兩性關係》Gender Education，臺北：揚智文化，1999。

劉秀娟編著《兩性教育》，臺北：揚智文化，1999。

劉達臨《婚姻社會學》，天津：天津人民出版社，19876。

劉達臨《中國古代性文化》，銀川：寧夏人民出版社，1993。

李仕芬《女性關照下的男性——女作家小說析論》，臺北：聯合文學
　　出版社，2000。

李碧華《中國男人》，香港：天地圖書出版社，1993。

李銀河主編《婦女：最漫長的革命：當代西方女權主義理論精選》，
　　北京：生活・讀書・新知三聯書店，1997。

黎活仁《林語堂和簡媜筆下男性和女性》，臺北：大安出版社，1998。

《魯迅全集》，北京：人民出版社，1973。

M ㄇ

毛文芳《物・性別・觀看：明末清初文化書寫新探》，臺北：臺灣學
　　生書局，2001。

茅盾、傳憎享等著，張國星主編《中國古代小說的性描寫》，天津：
　　百花文藝，1993。

馬玲編《名家談男人女人》，成都：成都出版社，1995。

孟悅、戴錦華合著《浮出歷史地表：中國現代女性文學研究》，臺北：
　　時報文化，1993。

閔家胤主編《陽剛與陰柔的變奏：兩性關係與社會模式》，北京：中
　　國社會科學出版社，1995。

N ㄋ

聶石樵主編《古代文學中人物象論稿》，北京：北京師範大學出版社，
　　2000。

倪文杰、李本剛、汪澎主編《最佳男性描寫辭典》，北京：中國國際
　　廣播，1993。

P ㄆ

彭懷真《社會學概論》，臺北：洪葉文化，1994。

浦曼汀主編《冰心名作欣賞》，北京：中國和平出版社，1993。

Q ㄑ

錢理群編《父父子子》，北京：人民文學出版社，1990。

喬以鋼《中國女性的文學世界》，武漢：湖北教育出版社，1993。

S ㄙ

孫琴安《中國性文學史》，臺北：桂圖圖書公司，1995。

Sh ㄕ

盛英主編《二十世紀中國女性文學史》，天津：天津人民出版社，1995。

世界書局編輯部編《最新現代漢語大詞典》，吉隆坡：世界書局（私
　　人）有限公司，1981。

T ㄊ

譚正璧《中國女性的文學生活》（即後來的《中國女性文學史》），
　　天津：百花文藝，2001。

唐弢主編《中國現代文學史》，北京：人民文學，1979/2001。

W ㄨ

王先明《近代紳士：一個封建階層的歷史命運》，天津：天津人民出
　　版社，1997。

王德威《如何現代，怎樣文學？——十九、二十世紀中文小說新論》，
　　臺北：麥田出版，1998。

王行《解放男人：男性的自覺與成長》，臺北：探索文化，1998。

王雅各《男性研究》，臺北：五南文化事業機構，2003。

吳宗蕙《女作家筆下的女性世界》，北京：首都師範大學出版，1995。

武岩、廖樹芳、秦興洪　合著《中國農民的變遷》，廣州：廣東人民
　　出版社，1999。

X ㄒ

謝鵬雄《文學中的男人》，臺北：九歌出版社，1992。

徐清泉《中國服飾藝術論》，太原：山西教育出版社，2001。

《現代漢語大詞典》編委會　編，《現代漢語大詞典》，上海：世紀
　　出版集團、漢語大詞典出版，2000。

Y ㄧ

楊義《中國現代小說史》，北京：人民文學出版社，1986年初版，1998
　　年第一次印刷。

閻純德《二十世紀中國女作研究》，北京：北京語言文化大學出版社，
　　2000。

殷國明、陳志紅合著《中國現當代小說中的知識女性》，廣州：廣東
　　高等教育出版社，1990。

易中天《中國的男人和女人》，北京：中國文聯出版社社，1998。

Zh ㄓ

張小紅《左聯五烈士傳略》，上海：人民出版社，2001。

張競生《美的人生觀》，上海：北新書局，1925/1927。

張競生《美的社會組織法》，北京：北新書局，1926。

趙軍譯《辛亥革命與大陸浪人》，北京：中國大百科書出版社，1991。

趙金鈺《日本浪人與辛亥革命》，成都：四川人民出版社，1988。

鄭擇魁、黃昌勇、彭耀春著《左聯五烈士評傳》，重慶：重慶出版社，

1995。

周陽山主編《從五四到新五四》，臺北：時報文化出版，1989。

鄒平《閱讀男人：文學百雄批評》，上海：上海學林出版社，2001。

朱德發《主體思維與文學史觀》，濟南：山東教育出版社，1997。

朱棟霖主編《文學新思維》，南京：江蘇教育，1996。

中國科學院語言研究所詞典編輯室編《現代漢語詞典》，香港：商務
　　印書館香港分館，1977。

中華文化復興運動推行委員會主編《孝道與孝行研討會論文集》，臺
　　北：中華文化復興運動推行委員會出版，1983。

（三）中文期刊、文章

C ㄘ

蔡翔〈情與慾的對立——當代小說中的精神文化現象〉，《文學評論》，
　　1988 年第 4 期，頁 36-43。

Ch ㄔ

常彬〈作者情感態度的男性世界〉，《河北學刊》，2000 年第 4 期，
　　頁 59－62。

陳學勇〈論凌叔華小說創作〉，《中國文化研究》，2000 年春之卷，
　　頁 122－128。

陳獨秀〈《新青年》宣言〉，原題爲《本志宣言》，發表時未署名，
　　收入《獨秀文存》時改爲標題。

陳獨秀〈東西民族根本思想之差異〉，載 1915 年 12 月 15 日《青年雜
　　志》第 1 卷第 4 號。

陳獨秀〈婦女問題與社會主義——在廣東女界聯合會演說〉，演講日
　　期爲 1921 年 1 月 29 日，後分別於 1 月 31 日至 2 月 1 日刊於《廣

東群報》，以及 2 月 14 日於《民國日報》副刊《覺悟》上，署名
　　隻眼。

陳獨秀〈敬告青年〉，載 1915 年 9 月 15 日《青年雜志》，第 1 卷第
　　1 號。

陳獨秀〈新青年〉，載 1916 年 9 月 1 日《新青年》，第 2 卷第 1 號。

《陳獨秀著作選》，上海：上海人民出版社，1993。

陳龍〈對話與潛對話：「女性書寫」的現實內涵〉，《當代外國文學》，
　　2002 年第 1 期，頁 134-40。

陳寧〈簡論「五四」女作家小說的敘事特徵〉，《天津大學學報》，
　　2001 年 12 月，第 3 卷第 4 期，頁 282-6。

陳望道〈生育節制運動的感發〉，載《民國日報》副刊《婦女評論》，
　　1922 年 5 月 3 日。

H ㄏ

何國瑞〈歌頌革命暴力、愛國主義和國際主義的文藝——社會主義文
　　藝本質論之二〉，《武漢大學學報》，1999 年第 6 期，頁 57-61。

何彬〈談談女作家小說中視角的模糊性〉，《徐州教育學院學報》，
　　2001 年 12 月，第 16 卷第 4 期，頁 40-43。

胡適〈我的兒子〉（詩），載 1919 年 8 月 3 日《每周評論》，33 號。

胡適〈「我的兒子」〉，載 1919 年 8 月 10 日至 17 日《每周評論》第
　　34、35 號。

胡適〈貞操問題〉，原載 1918 年 7 月 15 日《新青年》，第 5 卷第 1
　　號。

J ㄐ

賈玉民〈20 世紀中國工業文學的歷程和展望〉，《鄭州大學學報》，
　　第 30 卷第 5 期，1997 年 9 月，頁 5-12。

金垠希〈試探凌叔華的小說創作〉，《蘇州大學學報》，2001 年 7 月
　　第 3 期，頁 73-8。

金鑫〈在場缺席者──馮沅君、宗璞小說的男性形象塑造〉，《遼寧
　　大學學報》，2000 年 5 月，第 28 卷第 3 期，頁 81-3。

L 为

李達〈女子解放論〉，原載 1919 年 10 月《解放與改造》，第 1 卷第
　　3 號，署名李鶴鳴。

李大釗〈青年與老人〉，1917 年 4 月 1 日《新青年》，第 3 卷第 2 號。
　　該文曾被 1917 年 5 月 18 日《甲寅》日刊轉載，署名守常。

李大釗〈婦女解放與 Democracy〉，《少年中國》第 1 卷第 4 期「婦
　　女號」，1919 年 10 月 15 日出版。

李大釗的〈暴力與政治〉，載 1917 年 10 月 15 日《太平洋》，第 1
　　卷第 7 號，署名守常。

李仕芬〈女兒的父親──當代臺灣女作家小說研究〉 "Daughter's
　　Father: A Study of Contemporary Taiwanese Women Writers'
　　Fiction"，《中國現代文學理論季刊》，1999 年 6 月，第 14 期，
　　頁 188－203。

李仕芬〈男人的恐懼──臺灣女作家小說一探〉，《人文中國學報》，
　　1999 年 4 月，第 6 期，頁 53－93。

李仕芬〈當代臺灣女作家小說中的母子關係〉，《師大學報：人文與
　　社會科學類》，1998 年 4 月，43 卷 1 期，頁 47－63。

李仕芬〈軟弱與挫敗──女性小說中的男性〉，《聯合文學》，1998
　　年 3 月，第 14 卷第 5 期，頁 161－169。

李仕芬〈剛強之外──臺灣女作家筆下男性角色的自我省視〉，《廣
　　州師院學報》（社會科學版），1998 年第 19 卷第 10 期，頁 16-24。

李湜〈明清時閨閣畫家人物畫創作的題材取向〉，《美術史研究》，

1995 年第 1 期，頁 43-47。

李文輝〈論社會學視野中的失業〉，《山東省青年管理幹部學院學報》，
　　2001 年 7 月，第 4 期，頁 45-46。

李玲〈直面封建父權、夫權時的勇敢與怯懼——馮沅君小說論〉，《江
　　蘇社會科學》，2000 年第 6 期，頁 172-7。

李玲〈重返社會公共生活領域——「五四」女性文學研究之一〉，《漳
　　州師院學報》，1998 年第 3 期，頁 36-42，及頁 107。

李玲〈「五四」女性文學中的童心世界〉，《河北師範大學學報》，
　　1999 年 1 期，頁 120-126。

《兩性平等教育季刊》第 12 期，2000 年 8 月

梁啓超〈新民說〉，《新民叢報》，1902 年 2 月 8 日，頁 1-10。

劉曉南〈試論張愛玲筆下的男性形象〉，《湖南教育學院學報》，1996
　　年第 4 期，頁 24-29。

劉愛華〈女性關懷與男性批判——梅娘小說創作論〉（上、下），《丹
　　東師專學報》，1998 年第 3 期，頁 64-69，和 1999 年第 3 期，頁
　　1-3。

陸文采、徐淑媛〈丁玲與女性文學〉，《武陸學刊》，1991 年第 3 期，
　　頁 17-20。

魯迅〈我之貞節觀〉，原載 1918 年 8 月《新青年》，第 5 卷第 2 號，
　　署名唐俟。

魯迅〈狂人日記〉，載 1919 年 4 月《新青年》，第 6 卷第 4 號。

魯迅〈我們現在怎樣做父親〉，載 1919 年 11 月《新青年》，第 6 卷
　　第 6 號，署名唐俟。

魯迅〈男人的進化〉，載 1933 年 6 月 16 日《申報·自由談》，署名
　　旅隼，後收入《准風月談》。

M ㄇ

毛正天〈精神分析學・性愛文學及理論在中國的發展〉，《當代》，
　　2002 年 7 月 1 日，第 179 期，頁 104-123。

茅盾〈冰心論〉，《文學》，1934 年第 3 卷第 2 號，頁 502-518。

O ㄡ

歐陽軍喜〈論五四新文化運動時期的「自覺」思潮〉，《史學月刊》，
　　2000 年第 3 期，頁 57-62。

Q ㄑ

丘貴芬〈性別／權力／殖民論述：鄉土文學中的去勢男人〉，鄭明娳
　　主編《當代臺灣女性文學論》，（臺北：時報文化，1993），頁
　　13-36。

琴廬〈產兒制限與中國〉，《婦女雜誌》1922 年 6 月第 8 卷第 6 號。

Sh ㄕ

邵飄萍〈避孕問題之研究〉，載《婦女雜誌》1922 年第 6 卷第 5 號。

沈兼士〈兒童公育〉，載《新青年》，1919 年第 6 卷第 6 號。

史書美〈林徽因、凌叔華和汪曾祺——京派小說的現代性〉（李善修
　　譯，《天中學刊》，1995 年增刊，頁 17－23。

S ㄙ

蘇桂艷〈女性寫作的男性化敘述——論丁玲二十世紀 30 年代的男性
　　觀〉，《德州學院學報》，2002 年 3 月，第 18 卷第 1 期，頁 38-43。

蘇琳〈五四運動與人性解放〉，《社會科學研究》，1995 年第 1 期，
　　頁 121-125。

W ㄨ

王愛松、賀仲明〈中國現代文學中「父親」形象的嬗變及其文化意味〉，《首都師範大學學報》（社科版），1999 年，第 4 期，頁 73-81。

王行〈男人的「性」與「性別」迷思〉，《解放男人：男性的自覺與成長》（臺北：探索文化，1998），頁 95-113。

王燁、陸文喜〈女性的本文性：逃亡與孤獨——丁玲早期女性小說本文論之二〉，《淮北煤師院學報》，2000 年第 1 期，頁 61-4。

王富仁〈母愛.父愛.友愛——中國現代文學三母題談〉，《雲夢學刊》，1995 年第 2 期，頁 49-57。

王誠良〈試論父愛對作家人格的影響〉，《湘潭師範學院學報》，2001 年第 23 卷第 4 期，頁 66-70。

王宇〈男性文本：女性主義批評不該忘却的話語場地〉，《文藝評論》，2003 年第 2 期，頁 9-14。

萬直純〈女性尋找：自世界.男性世界.整個世界——從丁玲創作看現代中國女性的精神歷程〉，《山東師大學學報》（社科版），1992 年第 2 期，頁 66-70。

吳虞〈說孝〉，載《星期日》社會問題號，1920 年 1 月 4 日。見吳虞著，《民國叢書》編輯委員會編《民國叢書》（第二編第 96 冊）》之《吳虞文錄》（上海：上海書店，1990），頁 14-23。

X ㄒ

向警予〈女子解放與改造商榷〉，載《少年中國》2 卷 2 期。

徐岱〈民國往事：論五四女性小說四家〉，《杭州師範學院學報》，2001 年第 5 期，頁 1-8。

蕭佩華〈中國現當代文學農民形象軌迹〉，《江西社會科學》，2000 年第 6 期，頁 32-36。

Y 一

姚玳玟〈現代女性雙重追求的衝突與互補——從丁玲、冰心早期小說的比較談起〉，《當代文壇》，1988：3，頁 65-69。

葉紹鈞〈女子人格問題〉，載《新潮》第 1 卷第 2 號，頁 252-259。

游友基〈凌叔華小說論〉，《信陽師範學院學報》，1989 年第 1 期，頁 76-83。

Yu ㄩ

余宗岱〈革命文學中的「崇高軀體」〉，《文藝理論與批評》，2002年第 5 期，頁 58-66。

Zh ㄓ

張鴻聲〈從人道主義到社會主義——論「五四」勞工文學〉，《鄭州大學學報》，第 30 卷第 5 期，1997 年 9 月，頁 13-19。

張競生〈第三種水與卵及生機電和優種的關係——又名「美的佳慾」〉，載 1927 年《新文化》，第 2 期，頁 23-48。

鄭明娳〈當代臺灣女作家散文中的父親形象〉，《人文及社會學科教學通訊》，1992 年第 3 卷第 2 期，頁 94-103。

鄭毓瑜〈神女論述與性別演義——以屈原、宋玉賦爲主的討論〉，見洪淑苓等著《古典文學與性別研究》（臺北：裏仁書局，1997），頁 29-56。

周作人〈人的文學〉，載《新青年》1918 年 12 月。

周作人〈新中國的女子〉，載《語絲》73 期 4 月 5 日，收入《澤瀉集》（上海：北新書局，1927）。

周作人〈關於英雄崇拜〉，載《華北日報》1935 年 4 月 2 日，收入《苦茶隨筆》（上海：上海北新書店，1935）。

周作人〈家之上下四旁〉，1936 年 10 月作，選自《瓜豆集》（上海：

上海宇宙風社，1937）。

周陽山〈五四時代的主觀對中國政治發展的影響〉，見余英時、包遵信等著，周陽山主編《從五四到新五四》（臺北：時報文化出版，1989），頁 448-9。

周雪琴在〈解讀凌叔華的小說特色〉（《晉中師範專科學校學報》，2000 年第 17 卷第 1 期，頁 12, 13 及 52。

（四）中文論文

學位論文：

李仕芬　撰「臺灣當代女作家小說中的男性角色」（ "The Male Characters in the Fiction of Contemporary Taiwanese Women Writers"），香港大學博士學位論文，香港：香港大學出版社，1997。

李玲　撰「『五四』女作家的女性情懷」，中國蘇州大學文學博士論文，1997。

宋耕　撰 "The Fragile Scholar: The Construction of Masculine in Traditional Chinese Romances and its Cultural Constituents," PhD. Dissertation, Hong Kong: Hong Kong University, 2000.

鍾學萍　撰 Zhong, Xueping, "Representing Chinese Men: Male Subjectivity and Issues of Modernity in Contemporary Chinese Literature," Ann Arbor, Mich: UMI, 1994.

會議論文發表：

王力堅〈清代「閨詞雄音」的兩難困境〉("A Paradox: Masculine Style in the Female Ci-Poetry of the Qing Period")，《2000 年澳門國際詞學研討會》和國立新加坡大學中文系演講(2.9.2000)。

二、英文書目

（一）英文專書

Barlow, Tani E., (ed.), *Gender Politics in Modern China: Writing and Feminism*, Durham and London: Duke University Press, 1993.

Beauvoir, Simone de, *The Second Sex* (1947), London: J. Cape, 1953.

Berger, John, *Ways of Seeing*, London: British Broadcasting Corporation and Penguin Books, 1972.

Biller, Henry B., *Fathers and Families: Paternal Factors in Child Development*, Westport, CT: Auburn House, 1993.

Brod, Harry & Michael Kaufman, *Theorizing Masculinities*, SAGE Publications, 1994.

Brod, Harry, (ed.), *The Making of Masculinities: The New Men's Studies*, Boston: Allen & Unwin, 1993.

Brownell, Susan and Jeffrey N. Wasserstrom, (eds.), *Chinese Femininities/ Chinese Masculinities*, Berkeley, Los Angeles and London: University of California Press, 2002.

Clatterbaugh, Kenneth, *Contemporary Perspectives on Masculinity*, Coloroda & Oxford: Westview Press, 1990.

Connell, R. W., *Gender and Power: Society, the Person and Sexual Politics*, Cambridge: Polity Press, 1987.

Connell, R. W., *Masculinities*, Cambridge: Polity Press, 1995.

Connell, Robert W., *The Men and the Boys*, St. Leonards: Allen & Unwin, 2000.

Dienhart, Anna, *Reshaping Fatherhood: The Social Construction of Shared Parenting*, Thousand Oaks, London: Sage Publications, 1998.

Dowd, Nancy E., *Redefining Fatherhood*, New York: New York University Press, 2000.

Eisler, Riane, *The Chalice and The Blade: Our History, Our Future*, New York: HarperCollins Publishers, 1988.

Feuerwerker, Yi-tsi Mei, *Ideology, Power, Text: Self-Representation and the Peasant "Other" in Modern Chinese Literature*, Stanford, California: Stanford University Press, 1998

Ford, A., *Men*, London: Weidenfeld & Nicolson, 1985.

Foucault, Michel (1976), translated by Robert Hurley, *The History of Sexuality: Volume 1- An Introduction*, New York: Vintage Books/Random House, 1980.

Foucault, Michel (1984), translated by Robert Hurley, *The History of Sexuality: Volume 3-The Care of the Self*, London: Penguin Books, 1990.

Gagnon, J. H., & R. G. Parker, (eds.), *Conceiving Sexuality: Approaches to Sex Research in a Postmodern World*, New York: Routledge, 1995.

Gamman, Lorraine and Margaret Marshment, (eds.), *The Female Gaze: Women as Viewers of Popular Culture*, Seattle: The Real Comet Press, 1989.

Giddens, Antony, *The Transformation of Intimacy: Sexuality, Love and Eroticism in Modern Societies*, Cambridge: Polity Press, 1992.

Goetz, Masa Aiba, *My Father, My Self: Understanding Dad's Influence on Your Life, A Guide to Reconciliation and Healing for Sons & Daughters*, Shaftesbury: Element Books, Inc., 1998.

Goldstein, Joshuo S., *War and Gender: How Gender Shapes the War System and Vice Versa*, Cambridge: Cambridge University Press, 2001.

Held, David, *Models of Democracy*, Cambridge: Polity Press, 1987.

hooks, bell, *Talking Back: Thinking Feminist, Thinking Black*, Boston: South End Press, 1989.

Horney, Karen, *Our Inner Conflicts: A Constructive Theory of Neurosis*, New York: W. W. Norton & Company, Inc., 1945.

Horney, Karen, *The Neurotic Personality of Our Time*, New York: W. W. Norton, 1937.

Horrocks, Roger, *Masculinity in Crisis: Myths, Fantasies and Realities*, London: St. Martin's Press, 1994.

Horrocks, Roger, "Male Sexuality," *An Introduction to the Study of Sexuality*, London: MacMillan, 1997.

Jesser, Clinton J., *Fierce and Tender Men: Sociological Aspect of the Men's Movement*, Westport, Connecticut, London: Praeger Publisher, 1996.

Jukes, Adam, *Why Men Hate Women*, London: Free Association Books, 1993.

Jung, Carl G., "Part 9: The Archetypes and the Collective Unconscious," in R. F. C. Hull (trans.), *The Colleted Works* (London: Routledge & Kegan Paul, 1959), pp. 3-74 ·

Kilmartin, Christopher T., *The Masculine Self* (2nd Edition), Boston: McGraw Hill, 1994/2000.

Kimmel, M. S. & M. A. Messner, (eds.), *Men's Lives*, New York: MacMillan, 1992.

Lamb, M. E., *The Role of the Father in Child Development*, New York:

Wiley, 1976.

Larson, Wendy, *Women and Writing in Modern China*, Stanford, California: Stanford University Press, 1998.

Loue, Sana, *Intimate Partner Violence: Societal, Medical, Legal, and Individual Responses* (New York: Kluwer Academic/ Plenum Publishers, 2001)

Louie, Kam, *Theorising Chinese Masculinity: Society and Gender in China*，Cambridge: Cambridge University Press, 2002.

Millett, Kate (1970), *Sexual Politics*, London: Hart-Davis, 1971.

Morgan, David H.J., *Discovering Men*, London and New York: Routledge, 1992.

Morreau, Jacqueline & Sarah Kent, (eds.), *Women's Images of Men*, London & New York: Writers and Readers Publishing, 1985.

Parke, Ross D., *Fatherhood*, Cambridge, Massachusetts, London: Harvard University Press, 1996.

Parsons, Talcott and Robert F. Bales, *Family, Socialization, and Interaction Process*, Glencoe, Ill.: Free Press, 1955.

Popenoe, David, *Life without Father: Compelling New Evidence that Fatherhood and Marriage Are Indispensable for the Good of Children and Society*, New York: The Free Press, 1996.

Reiter, Rayna R. (ed.), *Toward an Anthropology of Women*, New York: Monthly Review Press, 1975.

Robinson, Bryan E. and Robert L. Barret, *The Developing Father: Emerging Roles in Contemporary Society*, New York: Guilford Press, c. 1986.

Sanger, Jack, *The Compleat Observer? – A Field Research Guide to Observation*, London & Washington, D.C.: The Falmer Press, 1996.

Secunda, Victoria, *Women and their Fathers: the Sexual and Romantic Impact of the First Man in Your Life*, New York: Delacorte Press, 1992.

Sinclair, Peter, *Unemployment: Economic Theory and Evidence* (New York: Basil Blackwell, 1987.

Snarey, John R., (ed.), *How Fathers Care for the Next Generation: A Four-decade Study*, Cambridge, Massachusetts: Harvard University Press, 1993.

Tannen, Deborah, *You Just Don't Understand: Women and Men in Conversation*, New York: Morrow, 1990.

Woolf, Virginia (1929), *A Room of One's Own*, London: Hogarth, 1931/1935.

Zilbergeld, Bernie, *Male Sexuality*, Toronto: Bantam Books, 1978.

Zilbergeld, Bernie, *The New Male Sexuality: The Truth about Men, Sex, and Pleasure*, New York: Bantam Books, 1992.

（二）英文文章

Bernard, Jessie, "The Good-provider Role: Its Rise and Fall," *American Psychologist*, 1981, vol. 36, No. 1, pp. 1-12.

Budge, Belinda, "Joan Collins and the Wilder Side of Women: Exploring Pleasure and Representation," in Gamman, Lorraine and Margaret Marshment, eds., *The Female Gaze: Women As Viewers of Popular Culture* (Seattle: The Real Comet Press, 1989), pp. 102-111.

Canaan, Joyce E. & Christine Griffin, "The New Men's Studies: Part of the Problem or Part of the Solution?" in Hearn, Jeff and David H. J. Morgan, (eds.), *Men, Masculinities and Social Theory: Critical*

Studies on Men and Masculinities (London: Unwin Hyman, 1990), pp. 206-214。

Collinson, David and Jeff Hearn, "'Men' at 'Work': Multiple Masculinities/ Multiple Workplaces," in Máirtín, Mac an Ghaill, ed., *Understanding Masculinities: Social Relations and Cultural Arenas* (Buckingham, Philadelphia: Open University Press, 1996), pp. 61-76

Connell, R. W., "A Very Straight Gay: Masculinity, Homosexual Experience, and the Dynamics of Gender," *American Sociological Review*, 57, pp. 735-751.

Davis, Natalie, "Women's History in Transition: The European Case," *Feminist Studies*, No. 3 / 4 (Winter 1976), pp. 83-103.

Foucault, Michel, "Afterword: The Subject and Power，"in Dreyfus, H. L. and P. Rabinow, eds., *Michel Foucault: Beyond Structuralism and Hermeneutics* (2nd edition), Chicago: The University of Chicago Press, 1982/3, pp. 208-226 .

Frazer, Elizabeth, "Democracy, Citizenship and Gender," in Carter, April & Geoffrey Stokes, eds., *Democracy Theory Today: Challenges for the 21st Century* (Cambridge & Malden: Polity Press & Blackwell Publishers, 2002), pp. 73-96.

Gamman, Lorraine, "Watching the Detectives: The Enigma of the Female Gaze," in Gamman, Lorraine and Margaret Marshment, eds., *The Female Gaze: Women As Viewers of Popular Culture* (Seattle: The Real Comet Press, 1989), pp. 8-26.

Goddard, Kevin, "'Looks Maketh the Man': The Female Gaze and the Construction of Masculinity," *The Journal of Men's Studies*, Vol. 9, No.1, Fall 2000, pp. 23-39.

Gross, A. E., "The Male Role and Heterosexual Behaviour," in M. S.

Kimmel & M. A. Messner, eds., *Men's Lives*, New York: MacMillan, 1992, pp. 424-32.

Hearn, Jeff, "Men, Fathers and the State: National and Global Relations," in Hobson, Barbara, ed., *Making men into Fathers: Men, Masculinities and the Social Policies of Fatherhood* (Cambridge: Cambridge University Press, 2002), pp. 245-272.

Hood, Jane C., "The Provider Role: Its Meaning and Measurement," *Journal of Marriage and the Family*, May 1986, vol. 48, no. 2, pp. 349-359。

Jankowiak, William, 'Proper Men and Proper Women: Parental Affection in the Chinese Family', in Brownell, Susan and Jeffrey N. Wasserstrom, eds., *Chinese Femininities/ Chinese Masculinities* (Berkeley, Los Angeles and London: University of California Press, 2002), pp. 361-380.

Jesser, Clinton J., "Men and Work," in *Fierce and Tender Men: Sociological Aspect of the Men's Movement* (Westport, Connecticut, London: Praeger publisher, 1996), pp. 85-95.

Johnson, J., "Arguing for Deliberation: Some Skeptical Considerations," in Elster, Jon, ed., *Deliberative Democracy* (Cambridge & New York: Cambridge University Press, 1998, pp. 161-84

Kent, Sarah, "Looking Back", in Jacqueline Morreau & Sarah Kent, ed., *Women's Images of Men*, London & New York: Writers and Readers Publishing, 1985, pp. 55-74.

Lewis, Robert A., Robert E. Salt, eds., "Chapter 5: Husbands' Jealousy," in *Men in Families* (Beverly Hills: Sage Publications, 1986), p.97-114.

Louie, Kam and Louise Edwards, "Chinese Masculinity: Theorizing *Wen* and *Wu*," *East Asian History* 1994: 8, pp. 135-148.

McRae, Susan, "Chapter 4: Husbands and Wives at Work," in *Cross-class Families: A Study of Wives' Occupational Superiority* (New York: Clarendon Press, 1986), pp. 51-71.

Palkovitz, Rob, "Reconstructing 'Involvement': Expanding Conceptualizations of Men's Caring in Contemporary Families," in Alan J. Hawkins, David C. Dollahite, eds., *Generative Fathering: Beyond Deficit Perspectives* (Thousand Oaks: Sage Publications, 1997), pp. 200-216.

Parker, Rozsika, "Images of Men," in Jacqueline Morreau & Sarah Kent, ed., *Women's Images of Men* (London & New York: Writers and Readers Publishing, 1985), pp.44-54(Reprinted from *Spare Rib*, No. 99, October 1980).

Parsons, Talcott, "The Father Symbol: An Appraisal in the Light of Psychoanalytic and Sociological Theory," in L. Bryson, L. Kinkelstein, R. MacIver, & R. McKeon, eds., *Symbols and Values* (New York: Harper & Row, 1954).

Pleck, J. H., "Men's Power with Women, Other Men, and Society: A Men's Movement Analysis," in M. S. Kimmel & M. A. Messner, eds., *Men's Lives*, New York: MacMillan, 1992, pp. 19-27.

Reskin, Barbara and Irene Padavic, "Paid Work and Family Work," in *Women and Men at Work* (Thousand Oaks, London, New Delhi: Pine Forge Press, 1994), pp. 143-164.

Rubin, Gayle, "The Traffic in Women," in Reiter, Rayna R. ed., *Toward an Anthropology of Women* (New York: Monthly Review Press, 1975), pp. 157-210.

Scott, Joan W., "Gender: A Useful Category of Historical Analysis," in

Scott, Joan W., "Gender: A Useful Category of Historical Analysis," in Robert Shoemaker and Mary Vincent, eds., *Gender and History in Western Europe* (London: Arnold, 1998), pp. 42-64.

Showalter, Elaine, "Feminist Criticism in the Wilderness," in Elaine Showalter, ed., *The New Feminist Criticism: Essays on Women, Literature, and Theory* (New York: Pantheon Books, 1985), pp. 243-270.

Stacey, Jackie, "Desperately Seeking Difference: Jackie Stacey Considers Desire between Women in Narrative Cinema," in *Screen*, (Winter) 1987.1.8, pp. 48-61.

Willott, Sara and Christine Griffin, "Men, Masculinity and the Challenge of Long-tern Unemployment," in Máirtín, Mac an Ghaill, ed., *Understanding Masculinities: Social Relations and Cultural Arenas* (1996), pp. 77-92.

三、翻譯著作

顧燕翎、鄭至慧主編《女性主義經典：一八世紀歐洲啓蒙，二十世紀本土反思》，臺北：女書文化，1999。

蘇姍．斯丹福．弗裏德曼 Friedan, Susan Stanford, "'Beyond' Gynocriticism and Gynesis: The Geographics of Identity and the Future of Feminist Criticism"，譯文見王政、杜芳琴主編《社會性別研究選譯》*Selected Works on Gender Studies*（北京：三聯書店，1998），頁 423-460。

高羅佩（1961）著，李零、郭曉惠　等譯《中國古代房內考》，上海：上海人民出版社，1990。

〔日〕國分康孝著，王鐵鈞　譯《婚姻心理分析》，福州：福建人民

出版社，1987。

〔美〕阿瑟‧科爾曼 Arthur Colman 和莉比‧科爾曼 Libby Colman 著，劉文成、王軍　譯《父親：神話角色的變換》（原書名爲 *The Father Mythology and Changing Roles*, Wilmette, Illinois: Chiron Publications），北京：東方出版社，1998。

羅勃‧布萊 Robert Bly 著，譚智華　譯《鐵約翰：一本關於男性啓蒙的書》（*Iron John: A Book About Men*），臺北：張老師文化事業股分有限公司，1996。

〔美〕費正清、費維愷編，楊品泉　等譯《劍橋中華民國史 1912-1949 年》*The Cambridge History of China*，北京：中國社會科學出版社，1993 初版，1998 重印版。

Anderson, Christopher P. 著，施寄青　譯《父親角色——瞭解父親就是了解自己》*Father: The Figure and the Force*，Warner Books, Inc., 1983，譯版出處：臺北遠流出版事業股份有限公司，1993。

李銀河主編《婦女：最漫長的革命：當代西方女權主義理論精選》，北京：生活‧讀書‧新知三聯書店，1997。

Stoop, David 等著，智庫文化出版《父愛不缺席》，臺北：臺北智庫文化出版社，1995。

Gelles, Richard J.著，劉秀娟　譯《家庭暴力》*Intimate Violence in Families*，臺北：揚智文化，1996。